JN105811

Conspiracy Theories: A Primer Joseph E. Uscinski

陰謀論入門

誰が、なぜ信じるのか？

ジョセフ・E・ユージンスキ
北村京子［訳］

作品社

『陰謀論入門——誰が、なぜ信じるのか?』目次

第三章 陰謀・特異なものへの信念の支持

第四章 陰謀論の心理学と社会学……097

第五章 陰謀論の政治学……115

第六章 トランプ大統領、インターネット、陰謀、陰謀論……157

陰謀論入門

——誰が、なぜ信じるのか？

凡例

- 本書は、Joseph E. Uscinski による著書 Conspiracy Theories: A Primer（Rowman & Littlefield Pub Inc, 2020）の全訳である。
- 原書のイタリックによる強調部分は、ゴシックで示した。
- 訳者による補足は［ ］で示した。

日本語版への序文

『陰謀論入門』日本語版をお届けできることをうれしく思う。わたしはアメリカ人であり、母国の陰謀論を中心に取り上げているが、世界中のどこにいようとも、陰謀論は人間のあり方の一環だ。したがって、この入門書は、すでにこれを読んだアメリカやその他の国の人々にかかわるものであると同様に、この日本語版を読んでいる人々にかかわるものでもある。全人類を結びつけるものは数多く存在し、陰謀論を信じることも、そのひとつであることは間違いない。

多くの人が、アメリカ人はだれよりも陰謀論を信じやすいと非難する。たしかに、アメリカはいろいろな面で例外的な国であり、それを自認するアメリカ人も多いが、陰謀論を信じることは、その中には含まれない。その点においては、われわれはごく平凡なのだ。同じことは日本にも言える。一部の陰謀論は日本で非常に多くの注目を集め、一方で別の陰謀論はそれほど話題にはなっていない。世界のある地域の人たちは、日本の人々よりも陰謀論に傾倒しやすいが、また別の地域の人たちは、日本人ほどのその傾向が強くない。地理的な境界や地域政治の特性にかかわりなく、われわれはだれもが人間であり、程度の差こそあれだれにも、人生で出会う予測のつかない出来事を、秘密主義の強力な集団の行動のせいにして説明したがるところがある。

新型コロナウイルスのパンデミックが全世界に影響を与えたように、パンデミックに関する陰謀論もまた、全世界に影響を与えた。パンデミックは意図的に放出された生物兵器であった、フェイクである、政府や企業による詐欺である、追跡装置を人々に注入するための計画であると考える人たちが、どこの国にも存在した（そして今でも存在する）。そうした信念は、パンデミックや、パンデミック発生以降に起こった出来事とはほぼ無関係だし、また、数多く出回っているフェイクニュース、誤情報、偽情報に触れているかどうかともほとんどかかわりがない。むしろ、それらの信念をもつに至る原因の大部分は、それを受け入れた人間の側にある。その意味では、人々が信じる陰謀論の量と、どの陰謀論を信じるかは、その人の世界観、性格特性、集団アイデンティティを表す指標となる。わたしたちが何者であるかが、何を信じるかを決定する。二〇一九年に陰謀論に親和性の高い考え方を持っていた人たちは、二〇二〇年に新型コロナウイルスについての陰謀論を信じやすい状態にあった。そうした人たちが二〇一九年の時点で嫌っていた集団が、二〇二〇年に、新型コロナウイルスの原因はお前たちだとの非難を受ける対象となった。つまり、陰謀論への信念は、たとえそれが何か新しいことに関するものであったとしても、人々がすでに信じていることの反映なのだ。

したがって、陰謀論そのものはある程度予測が可能だ。マイクロソフトの元CEOビル・ゲイツが地球を支配するためにパンデミックを仕組んだという話は、いかにも突拍子もないが、そうした発想はごく平凡なものであり、うんざりするほど退屈だ。ビル・ゲイツにまつわる陰謀論が登場する前には、多くの人たちが、億万長者のジョージ・ソロス、コーク兄弟、ロックフェラー一族、ロスチャイルド一族についての似たような陰謀論を信じていた。どうやら数年ごとに、新たな大金持ちが標的となって、われわれに対する陰謀を企んでいると告発されているように思われる。そのほかの陰謀論も、似たような軌跡をたどる。

理屈は同じで、対象が違うだけだ。携帯電話技術の5Gは、二〇一九年にはわれわれの脳を破壊していたが、二〇二〇年には新型コロナウイルスを広めていた。二〇一九年には、ワクチンは自閉症の原因となり、そして今は、われわれに追跡装置を注入したり、磁力を帯びさせたりしている。理論は新しい状況に合わせて改変され、同じ人たちがそれを練り上げ、修正し、信じ、共有する。

陰謀論が増加しているとして、その原因が何らかの新しい力が働いているせいだと考えるのは容易い。ソーシャルメディアやインターネットなどのコミュニケーションテクノロジーのせいにすれば、責任をどこか別のところに押し付けることができる。喜ばしいニュースは、陰謀論は増加してなどいないということだ。そうデータからは読み取れる。陰謀論が増加しているように見えるのは、単にわれわれが以前よりもそれに注意を払うようになったためだ。一方、残念なニュースは、人々を陰謀論者に変えていく「悪者」が存在するわけではないということだ。人はその人自身であり、その人が持つ信念は、その人の内面が表れているものに過ぎない。

陰謀論をめぐってわれわれが今日直面している闘いは、四年前にわたしが本書の英語版を執筆したときから変わらない。陰謀論は、それが間違っていて、人々がそれに基づいて行動する場合には危険なものになりえる。しかし同時に、政府による言論の制限、人々の意見の統制、ネット環境の検閲もまた、同等かそれ以上に大きな危険をはらんでいる。どのようにすれば、権威や公式見解に対して、荒唐無稽な憶測に陥ることなく、適度な疑いを持つちょうどよいバランスを見つけることができるだろうか。この問いに対する優れた答えを自分が持っているかどうかはわからないが、自信を持って言えるのは、陰謀論が大いにはびこることと政府の検閲は、そのいずれも、わたしたちに害をなす可能性があるものに対する適切な答えにはならないということだ。

本書に書かれている議論は、日本を含むアメリカ以外の国にも多くの点で当てはまる。日本の歴史、政府構造、社会的分断、国際秩序における立ち位置は、そのすべてが市民に陰謀論を信じさせる力の一環となる。それは、アメリカの歴史、政府構造、社会的分断、国際秩序における立ち位置が、アメリカ人が何を信じるかに影響を与えるのと同じことだ。一般に、自分が自分の信念を信じているのはその信念が真実だからだと、人は考える。しかし実際には、わたしたちの一人ひとりが、間違っていること、間違っている可能性が高いこと、あるいは単に証拠による裏付けがないことを、ひとつならず信じている。わたしたち一人ひとりがどんな人間であるかということが、それぞれが置かれている社会的、政治的状況と相まって、わたしたちがだれを信頼し、だれを非難し、何を信じるかに影響を及ぼす。本書はつまり、あなたはなぜ、あなたが信じているものを、それが真実であれ間違いであれ、信じるのかについて書かれている。

この本を執筆していた当時から、世界は変化している。トランプが登場し、去っていった。新型コロナウイルスは世界を混乱に巻き込み、ようやく後退する気配を見せている。新たな飛躍的発展、新たなトラブル、新たな問題、新たな解決策は、これまでも、そしてこの先も現れ続ける。人々は、一見無意味な世界について、手に入るツールをなんでも用いてその意味を解明しようとするだろう。しかし結局のところ、世界が変わり、情報が変わり、コミュニケーションテクノロジーが変わろうとも、人は人だ。そして人は、自分がすでに信じていることを拠りどころにして世界を理解する。

わたしは本書を心から楽しんで執筆したし、これを皆さんとわかちあえることはわたしにとって最大の名誉だ。皆さんが、この本を読むことを、わたしが書くのを楽しんだのと同じくらい楽しんでくださることを願っている。

ジョゼフ・E・ユージンスキ
二〇二二年二月二四日

序文

陰謀論が現在もたらしている問題はふたつある。ひとつ目は、陰謀論の信者はその信じるところに従い、ときには極めて有害な意図を持って行動するということ。ふたつ目は、陰謀論への強い嫌悪は——権力の座にある者がそうした感情を持つ場合にはとくに——、言論・報道の自由、およびインターネット上での自由な意見交換を脅かすということだ。

数年前、陰謀論者に関するＦＢＩの報告書がリークされた。この報告書は、ＦＢＩが陰謀論者のことを潜在的な恐怖、安全保障上の脅威として認識しつつあることを示している。報告書の公開後まもなく、錯乱した男が銃で二二人を殺害、二四人を負傷させた。銃撃犯はある種の「白人ジェノサイド理論」に基づいて行動していた。白人が安価なマイノリティ労働者と置き換えられつつあるとする陰謀論だ。この事件を受けて、陰謀論をインターネットや公開討論会の場から一掃せよとの声が数多く上がった。もし陰謀論の禁止を望む人々の意見が通れば、**陰謀論**の定義に合致する多くの思想が禁じられることになる。わたしがこれを懸念するのは、陰謀論の大半が不正確であるのみならず、一部には危険なものも含まれる一方で、そのほとんどは無害であり、中には役に立つものや正しいものも存在するからだ。

このささやかな本は入門書だ――あらゆる陰謀論（陰謀論は無数に存在する）や、陰謀論によってもたらされたあらゆる状況（こちらもたくさんある）をカバーすることはできない。しかし、これだけの長さの本では完全な像を描くことはかなわずとも、**おおよその全体像**を示すことはできるだろうと、わたしは考えている。本書では主要な用語と概念を解説し、陰謀論にまつわる神話の一部を解き明かしていく。もうひとつ言っておきたいのは、本書には物議を醸す内容が書かれているが、それは意図的なものではないということだ。本書では真実と権力という、意見の相違を引き起こしがちなふたつのトピックに言及する。この本はおそらく、特定の陰謀論を信じる人たちだけでなく、党派主義者たちの気分も害するだろう。わたしはきっと、この集団やあの集団の陰謀論を正当化している、ほんとうの陰謀を陰謀論と呼んでいる、陰謀論者を侮辱している、体制側に肩入れしているといったそしりを受けるに違いない。これらはどれもわたしの意図するところではないが、そうした非難は今に始まったことではない。だれかの陰謀論に同意しないせいで、わたしの受信箱はこんなメールであふれている。「わたしが言っているのは、あなたが加担しているということではなく、あなたはどうやら極めて怠惰な研究者であり、だれにも、何も教えるべきでないということだ」「あなたは民衆の敵だ」「あなたはあの敗者たちがいよいよ絞首台に連れて行かれるというときに、彼らに味方することを決めた」「あなたはどうしようもないバカなのか、それとも沈黙の申し合わせに積極的に加担しているのか」などなど。陰謀論についての研究とはそうしたものであり、だからこそ、公平に、思いやりと理解の両方をもって行なわれなければならない。

おそらく本書を読んでいる皆さんには例外なく、強い陰謀信念を持っている親戚、友人、知り合いがいるだろう。たくさんの人たちがわたしに、陰謀論によってどんなふうに人間関係が破壊されつつあるかを訴えてくる。だれかの両親や妻から、息子や夫が陰謀論にはまり、仕事をしたり、文明的な会話をしたり、親しい付き合いを維持したりといったことができなくなってしまったという話を聞く。言うまでもなくわたしは、自分がそうした人たちへの答えを持っていたらよかったと思っている。魔法の弾丸や解毒剤となる答えを差し出せたならよかった。しかしそれは叶わぬ願いだ。もしかしたらいつの日か、そうした修正が可能になるのかもしれないが、今のところわたしたちにできるのは、せいぜい他者に共感することくらいだろう。社会学者は過去一〇年間で陰謀論について数多くの発見をしており、わたしはそれを本書にまとめた。この本を書いたことが、次世代の学者たちがより新しく、よりよい答えを求めるきっかけとなることを願っている。

謝辞

本書の企画をレビューしてくれた以下の方々に感謝を。リー・バシャム（サウステキサスカレッジ／テキサス大学リオグランデバレー校）、M・R・X・デンティス（ニューヨーロッパカレッジ）、マリウス・ラーブ（バンベルク大学）、アルフレッド・ムーア（ヨーク大学）、ジョアン・ミラー（デラウェア大学）、キャスリン・オルムステッド（カリフォルニア大学デービス校）、ヒューゴ・ドロチョン（ケンブリッジ大学）。

第一章

なぜ陰謀論を学ぶのか

一般に人類のもっとも偉大な業績のひとつとみなされている行為として、ニール・アームストロングとバズ・オルドリンが地球の大気圏を離脱し、宇宙空間を三八万キロ以上移動した後、月面を歩いたというものがある。もしかするとそれ以上に驚くべきは、彼らの偉業がテレビの生中継を通しておよそ五億三〇〇〇万人もの人々に見守られていたことかもしれない。[1] 地球に戻ってきた宇宙飛行士たちは、その勇気によって英雄として迎えられ、またアポロ一一号による月面着陸の成功は、さらに五回にわたる月面探査ミッションの実施へとつながった。

しかし、これは実際に起こったことなのだろうか。アメリカ人宇宙飛行士たちは、ほんとうに大気圏を離れ、月まで行って、その上を歩き、無事地球まで戻ってきたのだろうか。月まで行くことなど、そもそも可能なのだろうか。それとも、すべてはただの手の込んだいたずらだったのだろうか。

アメリカ人の多くは月面着陸を誇りに感じている。なぜならそれはアメリカの創造力の表れであり、冷戦時代における揺るぎない意志の証だったからだ。しかし、そうは感じていない人たちにとって、月面着陸はまるで違ったものに見えている。たとえば、ソビエト連邦を打ち負かしたいアメリカが、ライバルたちをだますために策を講じ、アメリカの技術力はソビエトのそれを確実に上回っていると信じ込ませたのだと主張する者もいる。[2] また別の人たちは、超自然的な見解を持ち出して、悪魔の軍勢が月面ミッションを捏造して、聖書に書かれている宇宙の成り立ちに関する記述に世界の人々が疑いを抱くよう仕向けたのだと訴えている。[3] さらには、月に着陸することは不可能だと考える人たちもいる。なぜかと言えば、ほんとうはあの場所は、異星からやってきて、われわれを遠くから監視している邪悪な支配者に占拠されているからだ。[4]

そのほか、月面着陸が行なわれたのは確かだが、その方法は当局がわれわれに信じ込ませてきたものとは異なるという意見もある。一部の人たちは、宇宙飛行士は異星人の基地を見つけたものの、その驚くべき発見は一般市民には知らされていないのだと主張している。[5] また、月面着陸の映像は、この出来事についてより好ましいイメージを定着させるために捏造されたのだという話もある。ここでよく引き合いに出されるのが有名な映画監督のスタンリー・キューブリックで、彼は政府のために映像を作成し、その後、代表作『シャイニング』の中で、（秘密の暗号を使って）自身の関与を告白していると言われている。[6]

数々の歴史的に重要な出来事の中で、疑念の目を向けられているのは月面着陸だけではない。選挙、戦争、自然災害、テロ、銃乱射事件などに対しては、その存在を否定する意見や、一般的なものとは異なる説明が数多く聞かれる。一九六三年一一月二二日に起こったジョン・Ｆ・ケネディ大統領の暗殺が、その最たる例だ。ウォーレン委員会［ケネディ暗殺事件を検証するためにジョンソン大統領が設置した調査委員会］が、銃撃はリー・ハーヴェイ・オズワルドという名のひとりの男によって行なわれたと断定しているにもかかわらず、これまでに何人もの人たちが、暗殺自体に限らず、暗殺を調査した人たちについても、これに反するそれぞれの筋書きを主張してきた。陰謀に加担したとして名を挙げられている人物や組織は無数に存在する。当時の副大統領リンドン・ジョンソン、軍部、防衛関連企業、フィデル・カストロ、ソビエト連邦、ＦＢＩ、ＣＩＡ、シークレットサービス、ダラス警察、マフィア、リチャード・ニクソン、ニューオーリンズのゲイ・コミュニティ、聖職を追われた小児性愛者の神父などなど。[7] そして、これよりもさらに多くの関係者が、数十年間におよぶ隠蔽工作にかかわっていると非難されてきた。[8]

こうした代替的な説明——本書ではこれを「陰謀論」と呼ぶ——が示唆するのは、以下のふたつのうちのどちらかだ。(一)有力な関係者が、疑いを抱いていない一般市民を犠牲にして金や権力を手に入れようとしている。(二)政府機関、メディア、科学者、学術界などの認識論的権威、つまり真実を発見して広める責任を担う主体が、腐敗している/信頼できない/積極的な欺瞞に関与している。前者である場合、その主張は、疑わしい証拠に基づいてある集団をスケープゴートにし、悪とみなす。後者である場合、その主張は、専門家による見解、事実、確かな知識を得るためにわれわれが用いる手法への信頼を毀損する。

陰謀論は、大々的にニュースに取り上げられる出来事の多くについてまわる。ジョン・F・ケネディ大統領とその弟ロバート・ケネディの暗殺は、一九六〇年代以降、まさに避雷針のごとく陰謀論を引き寄せてきた。また、フロリダ州のオーランド、パークランド、ラスベガス、コネチカット州サンディフックなどで起きた有名な銃乱射事件の数々は、「偽旗」攻撃と呼ばれることが多い[9]。そうした立場を取る説は、乱射事件について、報道されている通りに起こったのではない/まったく起こっていない/あるいは政府によって政治的意図をもって行なわれたものだと主張する。米国内外の選挙結果について、勝者にとって有利な方向へ不正操作されたのではないかとの陰謀論が囁かれるのはしょっちゅうだ[10]。飛行機が墜落すれば、決まって陰謀論がわいてくる(例:トランスワールド航空八〇〇便の墜落事故、ユナイテッド航空九三便のテロ事件、アメリア・イアハートの最終飛行など)。たとえばマレーシア航空三七〇便は、レーダーから姿を消した後、残骸も見つからなかったことから、またたく間に陰謀論者の餌食となった[11]。二〇〇一年九月一一日のニューヨークおよびワシントンDC、二〇〇五年七月七日のロンドンの地下鉄、二〇一五年一一月一三日のパリで起こったテロ事件はいずれも、個人の自由を奪うことを正当化するために政府によって仕組まれたものだと考える者たちからの陰謀論を引き寄せた[12]。

陰謀論はまた、あまり知られておらず、歴史にさほど大きな影響を与えない小さな事件のまわりにも存在する。些末な犯罪や地域の著名人の死といった、ニュースバリューの少ない出来事からも陰謀論は生まれるが、そうした例はより広く知られている出来事に付随するそれに比べて、注目を集める力が弱い傾向にある。[13]

陰謀論はしばしば政策議論を引き起こし、ほとんどの政策分野には、少なくともいくつかの陰謀論がまとわりついている。たとえば自転車のシェアリング計画や土地利用政策について、住民から地域の支配権を取り上げたうえで、圧政を敷くことを狙う不正な国際組織に権力を引き渡すために行なわれていると信じる人たちもいる。[14]地域の水道水に添加されるフッ素化合物の規制をめぐっては、五〇年以上にわたって激しい議論が続いている。政治的右派の多くはかつて、共産主義者がフッ化物を使って人々を「愚鈍に」しようとしていると考えていた。一方、近年では左派活動家が、フッ化物添加は有害な物質で人々の健康を害そうとする陰謀であり、その背後には大企業がいると信じている。[15]移民政策には陰謀論が絡み付いている。多くのヨーロッパ人は、政府や企業が白人を安価な海外労働者と置き換えようとしているという「白人置き換え論」を信じている。[16]一部には、こうした陰謀論に基づいて行動し、残虐な犯罪をおかす者もいる。ニュージーランド、クライストチャーチの銃乱射事件はその一例だ。アメリカでは、億万長者で慈善家のジョージ・ソロスが、南部の国境で庇護を求める移民キャラバンに対して資金援助をしているという陰謀論が生まれた。これを信じたことにより、ロバート・グレゴリー・バワーズは、ピッツバーグのシナゴーグ「トゥリー・オブ・ライフ」で罪のない一一人の人々を殺害した。[17]

政府機関の中でもとくに大きな力を持つところには、陰謀論者の怒りが向けられる。米国の連邦準備制度、CIA、軍隊は、長年にわたって陰謀論の標的となってきた。大西洋の向こう側では欧州連合が、さらなる統合の極秘計画を持っている、秘密の軍隊を作っているといった非難を受けている。[18]戦争に陰謀論はつきものだ。一部の人たちは、フランクリン・ルーズベルト大統領は、第二次世界大戦への参戦を正当化するために真珠湾攻撃を黙認したと考えている。二〇〇三年のアメリカによるイラク侵攻に対して大勢が反対の声を上げたのは、彼らがこの戦争の裏の目的は石油だと信じていたからだ。[19]

特定の出来事以外にも、富の不均衡、人種・ジェンダーによる格差などの社会情勢をきっかけとして、組織的な操作を疑う声が上がることもある。米上院議員で大統領候補となったバーニー・サンダースは、国民の「一パーセント」が米国の経済・政治システム全体を不正に操作し、それによって一般のアメリカ人が「生き延びる」ことを難しくしてきたと断言している。[20] イギリス版サンダースとも言えるリベラル派の政治家で、労働党党首だったジェレミー・コービンも、ほぼ同様の見解を表明している。[21] フェミニスト活動家の中には、「家父長制」という、権力を握る男性の秘密集団が女性の利益を損なっていると主張する者もいる。[22] 自らの政治的・経済的権利が剝奪されている理由の説明として、一部のアフリカ系アメリカ人は折に触れて、とくに政府やユダヤ人が関与する陰謀論を唱えてきた。[23]

大多数の科学者の総意によって裏付けられた科学的知見にさえ、陰謀論は疑義を呈する。ごく少数の人たちは、地球は球ではなく平らだと信じている。「地球平面説」を信じる人たちによると、地球は平たい「円盤」で、周囲を氷の壁に囲まれている（そして海が端からこぼれ落ちるのを防いでいる）という。[24] 地球平面説は、あらゆる政府機関や飛行機のパイロットが持つ地球についての知識も、地理学者、物理学者、宇宙飛行士の総意も、完全に無視している。

一方、比較的多くのアメリカ人が信じているのが、地球は人為的な炭素排出によって温暖化しているのではないという説だ。彼らは、地球は温暖化していない、あるいは人間の活動とは無関係な何らかの要因によって温暖化していると考えている。自分たちの正しさを主張するために、気候変動否定派は一般に、科学関連機関に非難の矛先を向け、彼らが助成金を得るために研究結果を捏造している、共産主義支配のもとで地球を奴隷化する計画の手先になっていると言い募る。[25]

同様の主張は、遺伝子組み換え作物（GMO）の安全性を研究する科学者に対してもなされている。安全性と有用性を証明する研究が数多く存在するにもかかわらず、科学者たちは、有力な利害関係者のために研究を捏造していると非難される。[26] また、バイオテック企業が健康を害する遺伝子組み換え野菜を販売して利益を得ていると主張する者もいれば、バイオテック関係者が地球の人口を減らすことによって世界を征服しようとしていると言いはる者もいる。[27] かつては何百万人もの命を救う手段として高く評価されていたワクチンも、今では陰謀論によって悪者扱いされている。いわゆる反ワクチン陰謀論による影響をとくに強く受けているのが、一度は抑制されたと思われていた病気が最近になって再度流行する事例だ。[28] ロバート・デ・ニーロ、ジェニー・マッカーシー［米モデル、女優］、ジム・キャリーといった著名人によって、この陰謀論は大きな注目を集めている。[29] 陰謀論はさらに、現代医学全般の有効性にも嚙みついて、医学界は金儲けや人殺しのために代替的な自然療法を隠していると主張する。[30]

世の中には果てしない数の陰謀論が存在する。陰謀論はありとあらゆるものの解釈を試み、そうすることによって、この世界のほぼ全員を、何らかの陰謀論にかかわっているとして非難する。アメリカの場合、主要な陰謀論の標的とされることが多いのは、ユダヤ人、カトリック教徒、イスラム教徒、モルモン教徒、キリスト教徒、無神論者、女性団体、共和党支持者、民主党支持者、保守派、リベラル派、過激派、富裕層、貧困層、政府機関、外国政府、外国人、メディアなどだ。さらに続けることもできるが、言いたいことはおわかりいただけるだろう。陰謀論は実にさまざまなことについて、さまざまな人を非難する。

陰謀論はなぜ重要か

陰謀論とは、ある意味では愉快で、おもしろいとさえ思えるものだ。それは計略と策謀の物語であり、卑劣な悪漢と同情を誘う犠牲者が登場する。権謀術策の世界を垣間見せることによって、陰謀論はわれわれの想像力をかき立てる。数々の人気映画やテレビシリーズが陰謀論をテーマとしており、ぱっと思い浮かぶものだけでも『X-ファイル』『LOST』『FRINGE／フリンジ』『イン・サーチ・オブ』『古代の宇宙人』、オリバー・ストーン監督の映画『JFK』などがある。さらには、年に一度の「コンスピラ＝シー・クルーズ［Conspira-Sea Cruise、陰謀を意味するConspiracyと海のSeaをかけた名称］」という船旅も存在し、これに参加する乗客は、さまざまな陰謀についてのセミナーを受けたり、夜空に異界からの訪問者を探したりすることもできる。[31] ただし、陰謀論とは単に「ジョン・ケネディをだれが撃ったのか、ニューメキシコ州ロズウェルではだれがだれを調査したのか」を当てて楽しむ「なぞなぞ遊び」ではない。[32]

陰謀論においては、強大な敵が想定され、その敵は人類の存続にかかわる脅威をもたらしかねない目的を持っている。したがって、そうした理論をきっかけとして、それを信じる者たちが行動を起こすかもしれないと想定するのは理にかなっている。このように、陰謀論については、明確な懸念とまではいかずとも、関心を持つべき理由はたくさんある。

そうした理由のひとつ目としては、現実の陰謀を阻止し、白日の下にさらし、防ぐことは、何よりも重要であることが挙げられる。もし陰謀論の内容がほんとうで、広範な不正や、社会の基本的なルールに対する重大な攻撃が実際に行なわれているのであれば、そうした悪事を将来的に起こりにくくするために、一般市民に知らせておかなければならない。陰謀を企てている者を止め、悪事の責任を追及し、可能であれば償いをさせることは絶対に必要だ。

では、もし陰謀論の内容がほんとうでない場合はどうだろうか。そこにはまだ真実にとっての価値はあるだろうか。その答えはイエスだ。この世界の認識論的権威たちが常に正しいとは限らない。彼らはときとして意図せずに間違い、またあるときは意図的に間違う。いずれにせよ、間違いを探り出す唯一の方法は意見を主張することだ。たとえある特定の陰謀論が間違っていたとしても、それがきっかけとなって、訴えを認めさせたり誤った評決を覆したりするための基礎が培われることもある。陰謀論は、それが的外れであったとしても、透明性を高める方向に働く。たとえば、われわれがケネディの暗殺と九・一一のテロ攻撃についてこれほど多くのことを知っているのは、陰謀論者たちが公式見解に疑問を呈し、さらに詳しい情報を求めたからだ。[33] 長期的に見れば、陰謀論は善き振る舞いを促す可能性がある。権力者が陰謀を企てようとすれば、陰謀論者たちがそれを監視、調査、公表するだろう。この作業は報道機関が行なうべきものだが、ジャーナリストはジャーナリストなりの盲点を持っている。陰謀論者のおかげで、ジャーナリストが見落としている問題が表面化することもある。

陰謀論に関心を持つべき第二の理由は、個人レベルでも集団レベルでも、信念は行動に影響を与えるからだ。社会が共有する現実とは乖離した見解によって行動が引き起こされる場合、それは愚かかつ不必要であるのみならず、危険なものとなる可能性がある。

集団レベルにおいて、民主主義は人が情報に基づいた選択をすることを要求する。もし不正投票があるという考えによって人々が投票を控えるようになれば、有権者の多くが投票に参加しないことによって、民主主義はまともに機能しなくなる。これが現実として起こっているのがアメリカであり、陰謀論的思考の市民は、それ以外の市民に比べて、投票、ボランティア、選挙運動への寄付、庭に支持者を応援するための看板を出すといった協力を控える傾向にある。[34] あえて既存のシステムに参加しようとしないそうした態度は、彼ら自身をさらに社会から疎遠にし、その結果、自分が孤立している理由を説明するために陰謀論に与したいという気持ちがいっそう高まることになる。この問題に対するもっともシンプルな解決策は、陰謀論者にも社会への参加を促すことだが、こちらもまた恐ろしい結果をもたらしかねない。もし大多数の人たちがあやしげな陰謀論に基づいて決断を下せば、その決断に全員がしばられることになる。

その実例が、二〇一六年にイギリスで実施された、EU加盟を継続するかどうかを問う国民投票、いわゆる「ブレグジット」投票だ。EU離脱に賛成票を投じた多くのイギリス人は、虚偽の主張に基づいて行動していた。たとえば、彼らはイギリスに入ってくる移民のほんとうの数とそこにかかるコストは隠蔽されていると信じていた。[35]「離脱」を支持した人の四六パーセントは、えんぴつを使うと内容が書き換えられてしまうため、投票用紙にはペンで記入すべきだと考えていた。[36]五二パーセントがEU離脱を支持したこの投票の結果は、イギリス、ヨーロッパ、そして世界に、広範な影響を与えることになるだろう。

トルコの有権者は、「ディープステート」「金利ロビー団体」、欧州の煽動家といった陰謀論に影響を受けて、レジェップ・エルドアンを大統領に選出したのみならず、大統領がさらなる「陰謀」を阻止することができるよう、国民投票によって彼により多くの権限を与えた。エルドアンを大統領の座から引きずり下ろすための真の陰謀が企てられたことにより、陰謀論は現実のものとなった。その結果生まれた政策は、陰謀に関与したとされる大学教授を投獄したり、正当な選挙結果を覆したりといった、大規模な権利侵害を引き起こした。[37]

陰謀論的な思考の有権者によって選ばれた指導者が、支持者たちが唱える理論に従って何らかの取り組みをすべきだと考えることもある。たとえば、テキサス州知事のグレッグ・アボットは、連邦政府による乗っ取りという陰謀論に屈した。テキサスでは当時、多くの住民が、バラク・オバマの指示によって、米軍が今にも自州に侵攻しようとしていると信じていた。アボットは、テキサス州ジェイドヘルム地域で行なわれる軍事演習を監視するよう州兵に命じ、これが陰謀論の信憑性をさらに高めることにつながった。皮肉なことに、そうした陰謀論の多くは、フェイクニュースでテキサスの人々を扇動しようというロシアの陰謀に由来するものだった。[38]

選挙で選ばれた役人が、市民が信じる陰謀の内容に従って、より積極的に行動する場合もある。またときに役人は、いずれにせよ実施していた行動を正当化するために、自ら陰謀論をでっちあげてそれを広めようとする。遺伝子組み換え食品をめぐる陰謀論が原因で、アメリカの州および地方政府は、安全で、効率的で、環境によいと繰り返し証明されてきた食品に対し、厳格な表示などの規制を採用せざるを得なくなった。そうした政策は、実質的な利点もないまま、食品コストの上昇と消費者の選択肢の減少をもたらしている。[39] 欧州は遺伝子組み換え食品の輸入を禁じており、これはアフリカに深刻な損害を与えてきた。海外にそうした作物を販売できないことが原因で、彼らはより効率的に栽培できる遺伝子組み換え種子を使用できずにいる。経済学者の推測では、これによってアフリカ人数百人が命を落としたとされる。[40] 地方公務員たちは、陰謀論者からの圧力に屈して上水道に添加されたフッ化物を除去したり、フッ化物の添加を拒否したりしてきた。そうした政策の代償を払っているのは人々の歯だ。フッ化物添加を中止した都市では、虫歯の数が増加している。[41]

気候変動はおそらく、現在地球が直面している、われわれ全員にとっての最大の危機だが、それでもアメリカでは四〇パーセントもの人々が、人為的な気候変動を認めようとせず、気候変動についての話はどれも、共産主義者、グローバリスト、悪辣な政府高官によって、われわれからお金、自由、質の高い生活を奪うために念入りに仕組まれた作り話だと信じている。[42] アメリカ市民の多くが気候変動という概念を拒絶しているせいで、議会はこの問題に対処するための有意義な法案を通過させることができずにいる。

二〇一六年以降、アメリカはインターネットに厳しい制限を導入しており、これは巨大な（しかしおおむね架空の）性的人身売買組織に対抗するためだとされている。[43] FBIは数年前、「Backpage.com（バックページ・ドット・コム）」という、顧客と安全に連絡を取りたいセックスワーカーが多く利用するサイトを押収している。政府は、児童性的人身売買を助長したとしてバックページを告発した。実際には、（一）そうした証拠はほとんどなく、（二）バックページはFBIによる性的人身売買の調査に積極的に協力していたという事実にもかかわらずだ。[44] こうした児童性的人身売買にかかわる信念の中には、ピザゲート［二〇一六年米大統領選ヒラリー・クリントン陣営をめぐる陰謀論。二八ページ参照］やQアノン理論のようなより極端な陰謀論と結びついて、大規模な児童性的人身売買組織が政府高官によって運営されていると主張するものもある。[45] 性的人身売買集団をめぐるこのような陰謀論は、（一）ただでさえ弱い立場にあるセックスワーカーの状況をさらに悪化させ、（二）人身売買業者が大規模な性奴隷事業や児童誘拐を積極的に行なっているという不正確な認識を世間に植え付け、（三）権力側に大々的な権利侵害を行なわせ、（四）個人の集団が、想定される（ときには架空の）人身売買業者に対して嫌がらせや暴力的な威嚇を行なう動機となってきた。[46] アメリカ国内に性的人身売買が存在することは間違いないが（これは阻止しなければならない）、それに関連する政府の発表には入手可能な証拠以上の内容が含まれており、パニックを引き起こしている。[47] そしてついには、権利の侵害が起こるようになった。

歴史を遡れば、欧州の習慣をアメリカに持ち込んだ入植者たちが、悪魔と共謀したとされる「魔女」を徹底的に追い詰め、絞首刑にした例がある。[48] いくつもの裁判が繰り返されるなか、証拠基準が引き上げられることで、あやしげな証拠（幻視、啓示、悪魔の声など）の使用は排除されていった。これと同様に、一九五〇年代には共産主義者に対する過剰な恐れが、アメリカ政府を違憲行為に走らせた。[49] 不安がようやく鎮静化したのは、共産主義の脅威がかつて考えられていたほど恐ろしいものではないことが明らかになってからのことだった。アメリカ以外の例としては、アドルフ・ヒトラーがユダヤ人に対する大量虐殺を正当化するために用いた陰謀論に満ちたプロパガンダや、スターリンが自らに異を唱える者たちを殺害し、飢えさせ、投獄したことを正当化するために用いた陰謀論などがある。残念なことにこうした例はいくらでも挙げられるが、ここで重要なことは、陰謀論は政府の役人によって採用されたときにもっとも大きな害を及ぼすということだ。なぜなら、政府はそうした陰謀論に基づいて、唯一の権威者として行動することができるからだ。

陰謀論はまた、個人や少人数の集団がそれに基づいて行動する際にも、厄介な問題を引き起こす。たとえば陰謀論は、二酸化炭素排出量を減らす、あるいは社会のためになる行動をとるといったことへの意欲を減退させることが明らかになっている。[50] 陰謀論は人をいらだたせ、仕事をやめたいと思わせる。[51] それどころか陰謀論は、ワクチンやがん治療などの近代的な医療行為を忌避させて、その人自身を危険にさらすこともある。[52]

非常に極端な場合、陰謀論の影響を強く受けている人は、(一)有害な心理的特性を複数あわせ持っており、(二)目標を達成するために陰謀を企てる意思を持ち、(三)政府に対する暴力を受け入れる傾向にあることがわかっている。[53] 加えて、陰謀論に与している人たちにとっては、怒りが動機づけの要因になることもある。[54]

その一例がティモシー・マクヴェイだ。マクヴェイは、ルビーリッジやテキサス州ウェーコで起こった事件への政府の対応に怒りを感じていた。彼は、政府が市民を管理するために人々が銃を所有する権利を取り上げようと画策していると信じ、また、自身の体内には監視のためのチップが軍によって埋め込まれていると思い込んでいた。[55] 自分自身と全アメリカ国民に対する政府の陰謀と彼がみなしたものへの報復として、マクヴェイは政府への陰謀を企て、オクラホマシティ連邦政府ビルを爆破して一六八人を殺害、七〇〇人を負傷させた。

二〇一六年、エドガー・マディソン・ウェルチは、ノースカロライナ州の自宅を出てワシントンDCのとある飲食店におもむいた。大規模掲示板「Reddit」で知った「陰謀」を阻止するためだ。ウェルチの入手した情報によると、ヒラリー・クリントンを含む民主党関係者が、ピザ店「コメット・ピンポン」を隠れみのにして、凶悪な児童性的人身売買組織を運営しているということだった。店に入ったウェルチは銃を一発発砲し、あやしげな地下室への入り口があると信じてドアを開けた。ところがそのドアの向こうにあったのは、ただの掃除用具入れだった。ウェルチは逮捕され、懲役四年を言い渡された[56]。

二〇一七年、ジェームズ・ホジキンソンは、練習に励んでいた米議会議員の野球チームを襲撃し、共和党下院議員スティーヴ・スカリスら数人に向かって発砲した。ホジキンソンを焚き付けたのはどうやら、反トランプ陰謀論だったようだ[57]。二〇一八年には、凶悪な性的人身売買組織（ウェルチがその存在を疑っていたのと同じもの）にまつわる陰謀論に刺激された男性の武装集団が、性奴隷となった子供と人身売買業者を探すために、アリゾナ州の砂漠でパトロールを始めた。件の凶悪な性的人身売買組織は今に至るまで捕らえられていないが、この集団によると、決定的な証拠はすでに見つかっているということだ（ただし、当局はこれを否定している[58]）。

強大な影の力によって、罪のない人々が虐げられているという話を聞くと、毒をもって毒を制してやろうとする人たちが出てくる。幸いなことに、陰謀論的な信念は必ずしも暴力沙汰につながるわけではなく、実際のところ、そうなることはめったにない。政治的な暴力は、（大半の西欧諸国では）ありがたいことに稀有であり、陰謀論に焚きつけられた暴力はそれ以上に少ない。それでも、陰謀論をきっかけとして行動を起こす人たちがいるのは確かだ。陰謀論はまた、本来は理性的な個人を、集団パニック、魔女狩り、集団による暴力に加担させることもある[59]。

誤解の多いトピック

歴史的にも現代においても重要な意味を持っているにもかかわらず、陰謀論というものについて、社会科学者たちは今ようやく理解をし始めたに過ぎない[60]。陰謀論が初めて研究の対象となったのは、一九五〇年代末から六〇年代にかけて、歴史家のリチャード・ホフスタッターが過激派集団を調査したときのことだ。ホフスタッターはアメリカ人の政治思想の特徴は「パラノイド（被害妄想）・スタイル」であると結論づけている。[61] それからの数十年間、このトピックに手を出す歴史家はいくらかいたものの、協同的な研究計画は、一九九〇年代に文化研究者たちが興味を示すようになって初めて登場した。[62] 世紀の変わり目前後にこれに続いたのが哲学者たちで、おもに陰謀論の信憑性を判断する基準についての考察を行なっている。[63] 二〇〇七年になって心理学者がこのトピックを本格的に研究し始め、その後、政治学者や社会学者が追随した。そして二〇一九年には、陰謀論についての学術的な研究が毎週のように発表されるようになった。

学者たちの努力により、陰謀論については多くのことが明らかになっており、本書では、現在われわれの知識がどこまで広がっているかを詳細に説明していく。ただし、これから発見すべきこともまだたくさん残されている。答えの出ていない疑問は山ほどあり、研究者が今日提供する答えは、新たな証拠が見つかれば、よりよい答えに取って代わられることになるだろう。いずれにせよ、現在わかっている証拠の数々は、不十分な点はあるにせよ、陰謀論というものについて再三繰り返されている主張の多くは真実ではない、あるいは裏付けがないことを示している。具体的な例を見ていこう。

陰謀論は以前よりも広く支持されている／陰謀論は増えている

ジャーナリストは、「今」は陰謀論の時代だと言いたがる。アルジャジーラによる二〇一八年の記事には、「今日、陰謀論は真の『大衆のアヘン』となった」とある。[64] 二〇一三年、『ニューヨーク・タイムズ』紙の編集者アンドリュー・ローゼンタールは、アメリカにおける陰謀信念をこう表現してみせた。「説明は不要。ここは陰謀の国だ」。[65] 二〇一一年の『ニューヨーク・デイリー・ニューズ』紙は、アメリカは「conspiratocracy（陰謀主義社会）［conspiracy（陰謀）と -cracy（主義／社会）からの造語］だ」と書いている。「〔陰謀論が〕これほど急速に国中に広まったことはかつて一度もない。アメリカ人の精神にこれほど深く根付いたこともない。そして、これほどすんなりと受け入れてくれる聴衆を獲得したこともない」[66]

その一年前、コラムニストのデヴィッド・アーロノヴィッチは、西欧は現在、「陰謀論主義がもてはやされる時代を迎えている」と主張した。[67] その六年前には『ボストン・グローブ』紙が、われわれは「陰謀論の黄金時代」にいると論じた。[68] その一〇年前の一九九四年には、『ワシントン・ポスト』紙が、ビル・クリントンの一期目は「新たな陰謀論時代の幕開けとなった」と断じたが、同紙はそのわずか二年前、われわれは「陰謀論の時代」を生きていると書いていた。[69] 一九七七年の『ロサンゼルス・タイムズ』紙には、アメリカは「陰謀に傾倒するようになった。……まるで一八八〇年代のバルカン半島にいた汎スラヴ民族主義者のようだ」とあり、そして一九六四年の『ニューヨーク・タイムズ』紙は、陰謀論が「雑草のようにはびこる」この年は陰謀論の年と呼ぶにふさわしいと断言していた。[70] ジャーナリストにとって、陰謀の氾濫を報道することはいつでも流行の先端だが、先ほど挙げた記事の数々には、感情以外の論拠はほとんどない。どれについても、それを裏付ける体系的な証拠は存在しない。アメリカが「一八八〇年代の汎スラヴ民族主義者」のように陰謀論に染まっているかどうかなど、だれにわかるというのだろうか。どんなデータが、その主張を裏付けるというのだ。

また、「今」が陰謀論の全盛期だという主張はまるで正確さを欠いている。記者たちはどうやら、陰謀論の数と、そうした説を信じる人の数と、そうした信念が社会の中でどれだけの存在感を持っているかという論点を混同しているように思える。これら三つのうちのどれが上昇したとしても、それは各々異なることを示唆しており、各々別のやり方で測定が行なわれる。すなわち、こうした概念はどれも、その数や程度が測定されたことはほとんどなく、にもかかわらずジャーナリストたちは、それらすべてが増加しているのだと、いかにも確かな情報という体で断言してきた。

陰謀論とは極端なもの

ジャーナリストはとかく、陰謀論とは極端な意見であるとか、極端な政治的イデオロギーの信者たちが唱えるものであると説明しがちだ。たとえば、ニュースの解説者は、Qアノン陰謀論――小児性愛者からなるディープステート〔正当な政府の裏で権力を行使する闇の政府〕が、トランプ大統領への妨害工作を行なっているという主張――について、よくそのような言い方をする。[71] しかし、そうした主張は、何よりまず「極端」をどのように定義するのか、またその定義をどんな場合でも一貫して適用しているかどうかによって意味が変わってくる。たとえば、オリバー・ストーン監督の大作映画『ＪＦＫ』の内容は、小児性愛者によるディープステートがケネディ大統領に対する陰謀を企てているという陰謀論に基づいている。

政治的に極端な意見を持つ人たちが陰謀論を信じるというのは事実だが、一部には、穏健派にも受け入れられている陰謀論も存在する。ＪＦＫ暗殺にまつわる陰謀論は、アメリカの世論調査では常に多数派を占める。「白人置き換え」論を信じている人はフランスの調査で五〇パーセント近くに達する。そしてイギリス人の大半は、ＥＵはさらなる統合の極秘計画を持っていると信じていた。[72] 中道的な政治的見解を持つ人たちが、そうした陰謀論を信じている。つまり陰謀論とは、社会において過激な政治思想を持つ人ばかりが信じるものとは限らないということになる。

陰謀論の**内容**を過激なものと定義することは可能だが、そうするためには、あるものを過激と分類し、また別のものを過激ではないと分類する客観的な方法が必要となる。しかしながら、そうした分類はたとえ行なわれたとしても、主観的なものになりがちだ。たとえば、九・一一のツインタワー破壊の背後にはジョージ・Ｗ・ブッシュがいたと信じる人たちの多くは、その一方で、バーサー――バラク・オバマが出生証明書を偽造したと考える人たち――の話は過激すぎて信じられないと主張している。[73] しかしよくわからないのは、彼らがどんな測定基準を用いて、そうした主張をしているのかということだ。ある大統領について、自国民を三〇〇〇人殺したと非難することよりも、また別の大統領について、その地位を簒奪したと非難することの方が過激だろうか。ある大統領について、世界有数の大都市にひそかに爆発物を仕掛けたと非難することよりも、また別の大統領について、文書を偽造して実際の出生地を隠したと非難することの方が、ほんとうに過激なのだろうか。わたしが言いたいのは、これらふたつの陰謀論のいずれかに信憑性があるということではない。しかし、これらを明確に区別することは、一見したよりも難しいタスクであることは指摘しておきたい。

陰謀論を信じるのは精神的に病んでいる人

多くのジャーナリストは、陰謀論は精神的な疾患の一種だとみなしている。[74] **偏執的、狂気の、妄想的な**といった侮蔑的な表現が使われることもある。しかし、陰謀論を何らかの精神病理（精神的または行動的な障害）と結びつける証拠はほとんどない。まずひとつには、世論調査は、だれもが少なくともひとつ、またはいくつかの陰謀論を信じていることを示唆している。すべての人に精神病のレッテルを貼ろうというのでもない限り、陰謀論は精神疾患の証拠だと示唆すべきではない。

次に、ほんとうに精神的な疾患を持っている人たちは、陰謀論そのものには影響を受けない傾向にある。全米精神障害者家族会連合会の医学博士ケン・ダックワースによると、「深刻な精神病を患っている人たちの大半は陰謀論を信じていない」という。[75] 精神を病んでいる人たちは、たとえば「郵便局員がみんなでわたしたちを狙っている」といった集団を中心とした陰謀論よりも、「あの配達員がわたしを狙っている」のような自分を中心とした妄想をするケースが多い。[76] ダックワースはまた、陰謀論者が信じる説の多くは、精神疾患の患者からは笑い飛ばされるだろうと述べている。[77]

陰謀論を信じるのはリベラルよりも保守

こうした主張は、ホフスタッターが一九五〇年代に、右翼団体の被害妄想的スタイルを取り上げた有名な評論を発表して以来、広く行なわれてきた。[78] しかしながら、アメリカにおいて右翼が左翼よりも陰謀論に傾倒しやすいことを示す体系的な証拠はほとんどない。このテーマについては第五章でさらにくわしく論じるが、ここではとりあえず、世論調査では、アメリカの左派は、右派と同じくらい陰謀論に影響を受けやすいことが示されていることを指摘しておく。[79] たとえ違いがあったとしても、それはささやかなものであり、調査の仕方に起因する場合もある。たとえば、共産主義者を非難する陰謀信念だけに注目して調べた場合、これを信じているとデータが示すのは右派の思想を持つ人たちが大半で、左派の人たちは極めて穏当ということになる。一方で、企業や共和党員を攻撃する陰謀論に注目した場合には、正反対の結果が出るだろう。[80]

右派も左派も、陰謀論を信じる程度はほぼ同じだが、どちらも相手方を非難する内容のものを信じる傾向にある。[81] 重要な点は、共和党の政策、保守主義、右派の政治に、人々の考え方をより陰謀論的にする要素が本質的に含まれているわけではないということ、そして、右派の人たちがそれ以外の人たちよりも積極的に陰謀論に加担すると考える理由はないということだ。ただし、これは実証に基づいた知見であり、時の経過とともに変化したり、地理的なコンテクストによってさまざまに異なっていたりする可能性もある。

陰謀論はアメリカ（あるいはその他の場所）でとくに支持されている

アメリカ人は、多くの面で自分たちのことを例外的だと考えたがるが、われわれが例外的でない点をひとつ挙げるとすれば、それは陰謀論を唱えることだ。より多くの状況下における調査が必要ではあるが、既存の証拠は、世論調査が行なわれたすべての場所において、多かれ少なかれ陰謀論が広まっていることを示している。

人はとかく、特定の国民性に対して、あの人たちはとりわけ陰謀論に影響を受けやすいと決めつけたくなるものだ。『ニューヨーク・タイムズ』紙では、アメリカ人がとくに陰謀論に傾倒しやすいと示唆されているが、同紙は過去には、メキシコ人、アラブ人、アフガニスタン人、パキスタン人、バングラデシュ人、イラク人、アフリカ人、エジプト人、ロシア人、ブルガリア人、イタリア人、イエメン人、そしてゲイ・コミュニティについても、とくに陰謀論に加担しやすいと書いている。[82] この事実から言えるのはせいぜい、どこかひとつの国や地域がとりわけ陰謀論を信じやすいわけではないということくらいだ。より多くのデータが得られるまでは、そうした中傷は控えるべきだろう。

本書で取り上げる内容

ここまでの内容でわたしが伝えたかったのは、陰謀論を学ぶことは重要であるということだ。次の章では、陰謀論を語るうえでとくに頻出する用語の暫定的な定義について説明する。最初に取り上げるのは、もちろん**陰謀論**だ。その後は、陰謀論に関する最新の研究を紹介していく。第三章と第四章では、最新の世論調査の結果と、心理学者や社会学者による研究を取り上げる。第五章では陰謀論を唱えることの政治的な原因を、そして最後の章では、ドナルド・トランプが大統領時代に支持していた陰謀論や、大統領としてのトランプにまつわる陰謀論を見ていくほか、社会に存在する情報源の影響を論じ、陰謀論による悪影響を軽減する方法を提案する。

明確に申し上げておきたいのは、このささやかな本は入門書であり、あらゆる陰謀論や人がそれを信じるあらゆる理由を網羅することはできないということだ。この程度の長さの本であれば、完全な像を描くことはかなわずとも、おおよその全体像を示すことはできるだろう。本書は強い反発を呼ぶと考える人も多いだろうが、それは意図的なものではない。以下に連なる各章は、特定の陰謀論を信じる人たちだけでなく、党派主義者たちの気分も害することになるだろう。これを読んでいる**あなた**も、すでに気分を害しているかもしれない。

わたしはきっと、この集団やあの集団の陰謀論を正当化している、ほんとうの陰謀を陰謀論と呼んでいる、陰謀論者を侮辱している、有力者の広報係になっているといったそしりを受けるに違いない。そうした非難は陰謀論の研究においては日常茶飯事だ。このテーマを研究しているせいで、わたしの受信箱は侮辱と反論で埋め尽くされ、自分の家族を監視するのであなたの調査に役立ててほしいというおかしな申し出を受けたり、陰謀論に取り憑かれた家族の目を覚まさせたいので助けてほしいと懇願されたり、ときには脅迫を受けたりする。陰謀論を研究するというのはそうしたものであり、それこそが思いやりと理解を持ってこのテーマを研究すべき理由なのだ。

第二章

陰謀論とは何か

重要な用語

ビッグフット Bigfoot
チュパカブラ Chupacabra
cock-up 理論 cock-up theory
陰謀 conspiracy
陰謀信念 conspiracy belief
陰謀論者 conspiracy theorist
陰謀論 conspiracy theory
陰謀的思考 conspiracy thinking
認識論的権威 epistemic authority
認識論 epistemology
超感覚的知覚（ESP） extrasensory perception (ESP)
フェイクニュース fake news
反証可能性 falsifiability
ゴースト ghosts
誤情報 misinformation
超常的 paranormal
ポスト真実の世界 post-truth world
先有傾向 predisposition
疑似科学 pseudoscience
精神病理学 psychopathology
超自然的 supernatural
テレキネシス telekinesis

この章では、おそらくは本書におけるもっとも重要な課題、つまり、われわれのコンセプトの定義に取りかかる。定義は非常に重要だ。なぜなら、陰謀論についての議論は、何が陰謀論とみなされ、何がみなされないかという点で争われることが多いからだ。特定の陰謀論を信じている人たちがなぜそうするのかと言えば、彼らはそれが真実であり、十分な証拠に基づいていると信じているからだ。だからこそ彼らは、その説が**陰謀論**などではなく、**事実**としての陰謀であると考える。ここにこそ、この短い本で取り上げる主要な問題がある。その問題とは、何が真実で何がそうでないかについて、人々の意見は一致しないということだ。もしかしたらこの本は、すでにあなたが大切にしている信念のひとつを陰謀論と呼び、その正当性に疑義を呈したかもしれない。本章で提示される**陰謀論**の定義を読みながら、なぜ自分が陰謀論をカテゴライズしたり、信じたりするのか、その理由を考えてみてほしい。

議論は言葉の定義によってその行方が左右されることが多いが、本来はそうあるべきではない。定義は固定されているものではなく、言葉が持つのは固有の意味というよりむしろ用法だ。使用される言葉が何を意味するかについて意見が一致している限り、われわれは効果的に意思の疎通を行なうことができる。たとえば、**中流階級**というさまざまな場面で多用されている言葉がある。この言葉は、ある人にとってはあるひとつのことを意味している一方で、別の人にとってはまるで違う意味を持っていることがある。アメリカにおいては、政治家の演説が、中流階級の窮状に言及しないことはほとんどない。問題のひとつは、富裕層も貧困層も含む大半の人たちが、自分たちを中流階級とみなしているせいで、この言葉が意味を持たなくなっていることだ。さらに悪いことに、中流階級というのはどういう意味で使っているのかと問われたとき、たいていの政治家はその定義を答えることができない[1]。政治家が、わたしは中流階級に利益を与えたい、税金を課したいと発言する場合、彼らは具体的にはだれの話をしているのだろうか。

明確な意味が付与されていない用語を使うことは、言語を空虚にする深刻な問題だ。これを避けるために、本書では、**陰謀論**やそれに類する言葉、その他の関連用語を使うにあたり、左記の通りに定義する。ただし、ほかの場所では、これらの言葉が若干異なる意味で使われる場合もあることを心に留めておいていただきたい。コミュニケーションを取る際に大切なのは、重要な用語をどのように使用するかについてお互いに合意しておくことだ。さもなければ、話がまるで嚙み合わないということになりかねない。

陰謀論という言葉やその派生語は、武器として使われることもあるため、意味を明確にしておくことはことさら重要だ[2]。自分の考えに**陰謀論**というレッテルを貼られることを好む人はほとんどいないし、**陰謀論者**と呼ばれたいという人はさらに少ないだろう。そうしたレッテルは、人の評判をよくするようなものではないからだ[3]。**陰謀論**や**陰謀論者**という言葉は、意見や人を嘲笑する際に多用される。また、権力者が自らの不正行為に対する（ときに正当な）非難の矛先をそらせるためにこれを用いれば、危険をはらむものとなる。

わたしが**陰謀論**とその派生語を使用するのは、それらが一般的な言葉だからだ。わたしはこれを中立的に用いる。学者の中には別の語を使う者もいるが、そうした言葉は回りくどく、混乱を招く（たとえば、**陰謀論**の代わりに**民主主義に対する国家犯罪**〔state crimes against democracy、SCAD〕という用語が使われることもある）[4]。**陰謀論**という語を使用するにあたり、わたしはある意見が真実かどうかを判断したり、不正を行なう者を正当な裁きから遠ざけたり、陰謀論者を嘲笑したりすることを意図していない。

陰謀

陰謀というのは、権力を持つ個人からなる少人数の集団が、自分たちの利益のために、公共の利益に反して秘密裏に行動するものだ。この用語を、一般的な語法において、また本書の中で（法令用語としてではなく）使う場合、それが示唆するのは、権利を阻害したり、社会の基本的な制度に変更を加えたり、大々的な詐欺行為を行なったりといった大規模な試みを指し、その大半は従来の法律上の陰謀の定義には収まらない。したがって、この定義においては、コンビニに強盗に入ったり、保険金目当てに家族を殺害したり、麻薬を不正に取引したりといった一般的な違法行為は除外される。われわれの言う陰謀とは、当然ながらいくつもの法律に違反している可能性はあるが、それは必ずしも必要条件ではない。たとえば、ロックのアルバムに「逆再生すると意味が通じるメッセージ」を仕掛けて、一〇代の若者たちからなる共産主義者集団を組織しようとすることは、特定の法律に違反しているわけではないが、本書の趣旨においては陰謀としてカウントされる。

街の不良グループやマフィアの活動は、ここでの陰謀論の定義においてはおおむね除外される。なぜなら、そうした集団は社会の根本的なルールを改変することを意図しておらず、むしろそのルールのもとに活動しているからだ。テロリストの活動もまた、通常は除外される。彼らの戦術はともかく、その意図は一般によく知られているというのがその理由だ。[5] この定義ではまた、政府のロビー活動や議会における票取引も除外される。それは現代政治における不快な部分であるにせよ、ごく当たり前の民主主義のプロセスではあるからだ。

われわれの陰謀の定義に当てはまる例としては、一般にウォーターゲート、イラン・コントラ、タスキーギ実験と呼ばれるものが挙げられる。**ウォーターゲート**とは、リチャード・ニクソン大統領とその政権によって行なわれた数々の活動を包括的に表す言葉だ。彼らは法の支配を揺るがし、政治的利益のためにニクソン大統領の敵対者を処罰したり、不利な立場に追いやったり、またそうした活動を隠蔽しようとしたりした。[6]イラン・コントラは、レーガン政権が議会の意向に反して、人質と引き換えに武器を敵国に売却しようとした事件だ。合衆国政府が行なったタスキーギ実験は、何も知らされていないアフリカ系アメリカ人に梅毒を注射するというものだった。[7]これら三つは明らかな陰謀の例であり、残念ながら、こうした例はいくらでも挙げることができる。

　何らかの陰謀が起こったと非難する認知が正当化されるのは、適切な認識論的権威によって、それが実際に起こったと判断された場合であると、わたしは考える。**認識論**とは、人間が知識をどのように集め、構築するかを科学的に研究する学問であり、正当化された信念と正当化されていない信念との違いに焦点を当てる。**認識論的権威**は、「知識に関する主張〔何かが真実であるという主張〕」を生み出す。認識論的権威とは、「知識に関する主張を評価するための訓練を受けた仲介者の分散型ネットワーク」から構成され、「そうした主張の証拠やプロセスをネットワークの内外において精査できるようにする」存在のことだ。[8]つまり、適切な認識論的権威とは、関連分野における知識に関する主張を評価し、広く認められている方法を用いて有効なデータから偏りのないやり方で結論を導き出すための訓練を受けた人のことを指す。たとえば物理学者は、物理学に関する主張を行なったり評価したりするうえで適切な権威であり、歴史学者は歴史についての主張を行なうのが適切となる。ポイントは、対象となる分野に関連する専門知識を持っていることだ。ウォーターゲートの場合、これが**陰謀**と呼ばれるのは、議会や裁判所など、その審理や証拠が公開されているいくつもの調査機関によって陰謀とみなされたからだ。[9]ニクソンをはじめ、陰謀を企てた者たちの多くは、公開の場で自らの罪を認めている。

陰謀は頻繁に起こるものであり、われわれの政治における、望ましくはなくとも重要な一部として、決して見過ごされるべきではない。[10] 権力者はときにその力を濫用し、また、秘密の陰謀が仕組まれることも少なくない。政治に関心を持つ市民として、われわれは常に不正行為に注意を払わなければならない。ただし、陰謀が行なわれていると主張する見解、つまりは**陰謀論**のすべてが真実というわけではない。

陰謀論

陰謀論とは、過去、現在、未来の出来事や状況の説明において、その主な原因として陰謀を挙げるものを指す。陰謀と同じく、陰謀論にも権力を持つ人々の意図や行動がかかわっている。そのため、陰謀論は本質的に政治的なものと言える。陰謀論は、何かを非難する見解であり、真実あるいは虚偽である可能性があり、また認識論的権威による公式な意見が存在する場合には、それと矛盾するものだ。たとえば、ジョージ・W・ブッシュ政権が二〇〇一年九月一一日のテロ事件を画策したと主張する説は、FBI、CIA、九・一一委員会、『ポピュラー・メカニクス』誌によって表明されている見解に反している。[11] したがって、一般に「九・一一の真実説」と呼ばれるものは、「陰謀」よりも「陰謀論」と呼称されるのがふさわしい。[12]

適切な認識論的権威がまだ調査を行なっていない、あるいは結論に到達していないケースにおいて、真実を確認しないまま、これは陰謀であると主張するのも陰謀論だ。たとえば、マレーシア航空三七〇便の失踪事件に関しては、捜査を担う機関がその原因をいまだに特定できていないにもかかわらず、CIA、ウラジーミル・プーチン、北朝鮮が飛行機を撃墜した、あるいはハイジャックしたと主張する無数の説が存在する。これらは陰謀論だ。[13] ウォーターゲートホテルへの侵入事件に興味を引かれたことをきっかけと

リチャード・ニクソンは、部下に指示して犯罪を行なわせ、その犯罪を隠蔽した。Photofest© Photofest

して、ジャーナリストのボブ・ウッドワードとカール・バーンスタインはリチャード・ニクソンとその関係者にまつわる陰謀論を追い続け、やがて適切な権威によって、ニクソンとその取り巻きによる陰謀は実際にあったと判断が下されるに至った。陰謀の告発を「陰謀論」と呼ぶことも、そうした陰謀論をとりあえずは信じないでおくことも、適切な認識論的権威がそれを真実であるとみなすまでは正当な行為だ。それが真実であるという判断がなされたときにはじめて、われわれはそれを「陰謀」と呼ぶべきなのだ。

これと同じように、ドナルド・トランプがロシアと共謀して二〇一六年の大統領選挙を不正に操作したと主張する説は、ムラー報告書の公表以前には陰謀論であり、またムラーによる調査結果を考慮したうえでも、今後適切な認識論的権威によって報告書の内容が覆されない限りは、陰謀論であり続ける。もし、どこかの時点で、然るべき認識論的権威が、トランプ氏に対する陰謀の数多くの告発のうちどれかひとつを真実であると認めた場合、そのひとつの説は陰謀であるとみなされ、その他大量に存在するトランプ＝ロシア陰謀論はすべて、引き続き「陰謀論」という適切な呼称で呼ばれるだろう。

要するに、市民は適切に構成された認識論的権威による説明を信じるべきであり、（一）認識論的権威と真っ向から対立する説、（二）認識論的権威からまだ信頼できるというお墨付きをもらっていない知識を主張する説には、耳を傾けるべきではないということだ。ある陰謀論の内容は、それがほんとうだという可能性はあるが、相応の認識論的権威が真実であると判断するまでは、それを信じることは正当化されない。したがって、十分な証拠に基づいた陰謀論は――もし一定の証拠水準に達した場合には――、調査、訴え、再評価を行なうに足る根拠を持ちうるが、即座にはこれを信じるべきではない。

陰謀論を信じるとき、人はそれをひとつの説ではなく、事実として受け止めてしまいがちだ（もう一度確認しておくが、何が真実で何がそうでないかについては人によって意見が異なる）。陰謀論者はよく、自分たちの信念には証拠があるのだから、これは正当なものであると主張する。しかし、その証拠はあるいは、熱心な信者以外には説得力を持たず、とうてい関連分野の専門家を納得させられるようなものではないかもしれない。デーヴィッド・アイクは、数十年という時を費やして、古代から続く人間と爬虫類の交配種の血統が地球を支配しているとの陰謀論の研究に勤しんできた。アイクはこのテーマを取り上げた分厚い本を何冊も出版しており、そのすべてに具体的な証拠がここに示されていると書かれている。[▼14] アイクの信者たちはこれに納得しているようだが、大半の人たちは、彼の言う証拠に何の感慨も抱かない。なぜなら、人はだれもが証拠を判断する基準を自ら定めるからであり、その基準はまた、対象となる陰謀論によって大きく変わりうる。

人は、自身が所属する集団のだれかが何か悪いことをしたという話を信じるうえでは、敵対する集団のだれかが悪いことをしたという話を信じる場合よりも、多くの証拠を必要とする傾向にある。また、人は自分がだれかをだましたとは考えたがらない一方で、自分がだれかにだまされたという話を信じたがる。アメリカ人の全国代表サンプルを対象に、二〇一二年の大統領選においてどちらの陣営が「汚い手口」を使ったかという質問をしたところ、自分が応援する党よりも、相手方の党を非難する意見の方が多く聞かれた。[15] 民家の庭先に掲げられた選挙看板を盗む行為に対する意見の調査からは、人々は自分の側が盗んだ場合よりも、相手側が盗んだ場合について強い懸念を示すことがわかった。[16] 数年前に起こった、アメリカンフットボールをめぐるスキャンダルに対する意見に関する調査もまた、これと同じ傾向を示している。この騒動は、ニューイングランド・ペイトリオッツのクォーターバック、トム・ブレイディが、ボールの空気圧を低くして自チームのレシーバーがボールを受け取りやすいようにしていたとの疑惑に端を発している。しかしながら、事件の証拠をめぐっては激しい論争が繰り広げられ、ブレイディがそうした不正行為に関与していたのかどうかは今もはっきりとわかっていない。この件についての意見調査が示しているのは、ニューイングランドの住人（ペイトリオッツのファンである可能性が高い）はブレイディが不正を行なったと考えていない一方で、ニューイングランド以外の住人（別のチームのファンであり、ペイトリオッツの優勝を妬んでいる可能性が高い）は、ブレイディが実際に不正を行なったと考えているということだ。[17] 証拠はメディアによって報道され、だれもが同じ内容のそれを見ることができたはずだが、問題は、人々の忠誠心が、その証拠の解釈に及ぼした影響にある。一般に、人は自分がすでに持っている世界観に合致する意見に同調しやすい。自分の世界観と相容れない主張を突きつけられたとき、人は自分の意見に反する証拠からどうにかして逃れようとする。[18] 真実は主観的なものではないが、人々は自分の主観的な世界観を通して真実を解釈し、結果として、それぞれ大きく異なる結論に行き着く。

権威的知識に真っ向から反対する意見を唱えたり、それを超えた主張をしたりすることによって、陰謀論は、その権威的知識を確立する責任を担う権威そのものに疑惑の目を向ける。たとえば、ケネディ大統領の暗殺は壮大な陰謀のもとに行なわれたとする陰謀論は、暗殺の捜査を担当したウォーレン委員会について、少なくとも最初の時点においては、だまされていた、力不足であった、不誠実であったと主張する。「地球平面説」を支持する人たちは、知識を生み出す世界中の機関はほぼ例外なく、全人類をだます大規模な詐欺に加担していると訴えている。認識論的権威が間違いを犯すことももちろんある。そうした機会を利用すれば、陰謀論は、その主張を効果的に訴えるための足掛かりを作ることができる。しかし、不正確な意見に対処する最善の方法は、認識論的権威を見捨てて陰謀論を受け入れることではなく、むしろ認識論的権威の力をより多く結集することだ。

陰謀と陰謀論の違いはときとして曖昧になる。なぜなら多くの人が、専門家の意見を受け入れるよりも、自分の意見を正しいと考えることを好むからだ。専門家もまた陰謀に加担している可能性があると、人々は考える。トートロジー的な言い方になるが、人がある考えを信じるのは、それが真実だろうと思っているからだ。人はときに、自分の意見についてあえて正しくない説明をすることがある。[19] しかし、自分が嘘だと思っていることを信じることは絶対にできない。他者が唱える陰謀論について、なぜ彼らは明らかな嘘を信じるのかと尋ねることは簡単だ。しかし、それを信じる者たちにとって、それは嘘でも何でもない真実なのだ。別の言い方をすれば、人は他人を不快にさせるためだけに、自分が間違っていると思う意見をわざわざ探し出したり、それを受け入れたりするわけではない。陰謀論を信じる者たちは故意に現実を受け入れないのではなく、ほかの人たちと同じように、単に真実を見つけようとしているだけだ。

陰謀論やそれに類する言葉には偏見が付きものであり、陰謀論者たちはそれをよく知っている。たとえ自分の唱える見解が明らかに陰謀論とみなされるものである場合でも、〝陰謀論者〟と呼ばれたい人はそうはいない。だからこそ陰謀論者たちは、**陰謀論**という言葉は、ＪＦＫ暗殺にまつわる陰謀論の信憑性を貶めるためのＣＩＡによる陰謀の一環として作り出されたものだと主張してきた。[20] しかしながら、ＣＩＡ

がそうした計画に関与したことを示す証拠はほとんどないし、**陰謀論**という言葉はケネディ暗殺のずっと前から使われていた。[21] また、ケネディ暗殺陰謀論はアメリカにおいてもっとも広く知られているもののひとつであり、もしＣＩＡが造語によってそうした主張を抑え込もうとしたのであれば、それはまったくお粗末なやり方だったと言えるだろう。

反証可能性

何かを否定することの証明が難しいのと同じ理由から、陰謀論に反論し、ひそかに行なわれている影の陰謀が**存在しない**ことを示すのは容易ではない。陰謀論者から見れば、陰謀の証拠が見つからないというのは、陰謀者が自らの痕跡を隠すのに長けていることを示しているに過ぎない。陰謀が存在しないことを示す証拠が豊富にあった場合、それは陰謀者が捜査官を欺くのに長けているということになる。

このように、陰謀論は、その誤りを証明することができないものだ。反証可能性は科学的思考には欠くことができない。ある主張の誤りを示す証拠が存在しない場合――一部の哲学者によると――、その主張に耳を傾ける必要はない。[22] これは一見、意外に思えるかもしれない。なぜ、ある主張が間違っていることを証明できないとき、その主張を信じることは不合理とされるのだろうか。その理由は、できるだけシンプルな言い方をするならば、ある主張の間違いを証拠によって証明できない場合、その正しさもまた、証拠によって証明することはできないからだ。そこから先はもう、神学の領域に委ねるしかない。

しかし、反証可能性がないことが陰謀論の信頼を高めるのに役立たないことは確かだが、それで陰謀論はすべて誤りであると証明されると考えるべきでもない。陰謀を企む者たちが、おとりを使って調査を混乱させたり、自分たちの活動を示す証拠を隠したり、オペレーションを細分化して情報の漏洩を防いだりしてくるのは当然だ。しかし、反証が不可能であるからこそ、陰謀論は真実か虚偽かではなく、真実である可能性が高いか低いかで考えるべきなのだ。そして、陰謀論を裏付けるために提示された証拠については、真実か虚偽かで判断されなければならない。その好例として、一般向け技術誌『ポピュラー・メカニクス』の編集部が、九・一一の陰謀論者たちが提示する証拠をどのように扱ったかを挙げておきたい。影の陰謀など存在しないと証明することはできなくとも、彼らは、数々の陰謀論の裏付けに使われた主張（例：タワーが倒れた角度など）について検証し、その誤りを見事に証明してみせた。[23]

陰謀論者を相手に、その持論の真実性について議論する際には、まずは反証可能性に関するこんな質問をしてみるといい。「どのような証拠を示せば、あなたが間違っているとあなたに納得してもらえますか」。もし答えが「そんなものはない」であれば、そこで会話を打ち切ることをお勧めする。バーサー［バラク・オバマはアメリカ生まれではないため大統領になる資格がないと考える人々］たちの思い込みが、どれだけしつこいかを考えてみてほしい。こうした主張に対して示された証拠は、バーサリズムを終わらせるのに十分なものだったはずだ。ところが、証拠が示されても、熱心な陰謀論者たちはゴールポストを動かすのをやめようとしない。[24]オバマが大統領に就任すると、バーサーたちは、彼には出生証明書がないと主張した。オバマが簡易版の出生証明書を公表すると、彼らは原本でなければ意味がないと主張した。[25]出生証明書の原本が公表されると、それはオバマが捏造したものだと主張した。どのような証拠も、頑固なバーサーたちの心を変えることはできなかった。なぜなら、不都合な証拠は理由をつけて排除され、反論は彼らの信念に何の影響も及ぼさないからだ。

陰謀論の評価基準

明らかにおかしな陰謀論と、より真実である可能性が高い陰謀論とを区別するための、統一された基準があれば有益だろう。しかし残念なことに、これを実現する方法は確立されていない。反証可能性も、権威による裏付けもない主張の信憑性を判断することはだれにもできない。したがって、もっとも一貫性のある戦略は、陰謀論をいっさい信じないというものになる。なぜなら、一部の陰謀論を信じつつ、ほかの陰謀論を否定することは、その根拠として、ほぼ間違いなく一貫性のない証拠基準を採用しているということだからだ。これとは逆に、すべての陰謀論を信じれば、互いに矛盾した、相容れないいくつもの説を信じることになる。わたしが言いたいのは、陰謀論は無視すべきだということではない。陰謀論の中には、調査すべき理由があるものも存在する。適切な証拠が集まり、認識論的権威による分析が行なわれた場合には、自分の考えをアップデートしてもよい根拠が得られたということになるだろう。

とはいえ、認識論者によって提示される、陰謀論を評価するための基準はさまざまだ。たとえばカール・ポパー卿は、陰謀論は相手にすべきでないと述べている。なぜなら陰謀論とは、実現や反証が不可能な内容を主張し、認識論的権威を否定するものであり、また多くの場合、出来事や状況を説明するのに最善なものでも、もっとも可能性の高いものでもないからだ。[26] また、哲学者のブライアン・キーリーのように、陰謀論はすぐに否定するのではなく、その理論に含まれる陰謀者の数が、秘密を維持できる範囲を超えた時点で否定すべきだと考える学者もいる。[27] キーリーは、多くの陰謀論は、それが暴露を免れてきた理由を説明するために、陰謀に加担している対象をどんどん広げていかなければならなくなると指摘している（例：アメリカ中のメディアも陰謀に加担している。なぜなら、メディアは国民に証拠を見せないようにしているからだ）。

ただし問題は、陰謀にかかわる人数が多いほど、その計画が失敗する可能性が高まることであり、なぜなら大きな集団では秘密を維持することはできないからだ。[28] このほか、説得力のある説明がほかにある場合において、陰謀論を否定すべきだと考える哲学者もいる。[29] たとえば哲学者のピート・マンディクは、自らの意見を「Shit Happens!（ばかげたことは起こるものだ！）」という言葉に要約し、何か奇妙な、あるいは普通ではないことが起こったというだけでは、それを指示している影の陰謀があることにはならないと主張している。何らかの出来事や状況が起こった因果関係の所在を、偶然、運、アクシデントに求める場合、それは「cock-up［英スラングで大失敗、不手際の意］」だったと表現されることがある。陰謀論よりもこの解釈の方が、実態をよりよく説明できることも少なくない。[30]

さらには、陰謀論を信じるべき条件を策定し、信じることが完全に合理的な場合もあると主張する学者もいる。[31] また別の学者は、公的な説明を裏付ける証拠に、まるで仕組まれたものであるかのような印象が感じられる場合には、権威的な説明を捨て、陰謀論の内容を考慮すべきだと述べている。たとえば一部の研究者は、世界貿易センタービルの近くで、九・一一のハイジャック犯のパスポートが無傷で発見されたことについて、あまりに都合がよすぎると指摘している。[32]

そうした基準が役立つ場面もあるものの、多くの場合は、主観が入り込む余地が大きく、解釈を広げれば既存のあらゆる信念に適応できてしまう。いずれにせよ、どのような基準を適用するにしても、われわれは常にその基準を率直かつ一貫性を持って適用しなければならない。[33]

さまざまな陰謀論

本書における陰謀論の定義から除外されるものとしては、公益のために共謀しているとして集団を非難する説（例：科学者たちは人類の向上を目指してひそかにがんの根絶に取り組んでいる）、有害な集団を非難しているわけではない説（例：エルビス・プレスリーは自分の死を偽装した）、架空の物語に関する説（例：ミュージカル『グリース』は、ほんとうは主人公サンディがゆっくりと溺死していく間の幻覚を描いている）などがある。陰謀論は多くの点で多様だが、共通しているのは、自らの利益のために、公共の利益に反して、物事の基本原則を脅かしたり、広範な不正を行なったりするようなやり方で秘密裏に活動している集団の存在だ。[34] 陰謀論の多様性についてざっと紹介しよう。

悪役

多様な陰謀論に登場する陰謀者もまた多様であり、宗教的なもの（例：ユダヤ教徒、カトリック教会）から反宗教的なもの（無神論者、悪魔崇拝者）、左派（共産主義者）から右派（コーク兄弟［米資産家。保守派に資金を提供］）、よく知られているもの（『ニューヨーク・タイムズ』紙）からオルタナティブなもの（フェイクニュース・メディア）までが存在する。どのような集団であろうとも、陰謀を企てていると非難される可能性があり、その大半がどこかの時点で、一度や二度は陰謀を図っているとして非難されている。ただし、有名かつ力のある集団は、有名ではなく力のない集団に比べて、より多くの非難を集める傾向にある。

規模

陰謀論とは根本的に集団に関するもの、より具体的に言えば、ほかの集団に害をなすことを企んでいる集団に関するものだ。陰謀を企んでいると非難される集団の規模は、一〇〇万人以上（例：フリーメイソン）のものもあれば、数十人（例：トランプ陣営）のものもある。陰謀論の中には、一人の人物（例：ジョージ・W・ブッシュがツインタワーを破壊した）を非難しつつも、明確にはその名前を挙げずに、ほかの人間の関与をほのめかす意図を持つものもある（ブッシュは、自らの手でツインタワーに爆発物を仕掛けたと非難されているわけではない）。

時期

一九四一年の真珠湾攻撃、一九六三年のケネディ大統領暗殺、一九六九年の月面着陸など、陰謀論には歴史的な出来事にまつわるものが多い。このほか、最近の選挙など、より現代に近い出来事を取り上げるものもあれば、未来に影響が表れる企み（例：「新世界秩序」は今後一〇年以内の全人類奴隷化を目指している）もある。一部には、特定の出来事ではなく、不平等などの継続的な状況を対象とした陰謀論もある。

方法

陰謀の内容は、不正投票から、フッ素入りの水で国民の知的レベルを低下させるといったものまで多岐にわたる。ごく単純な方法もあれば、非常に手の込んだ計画もある。たとえばケムトレイル陰謀論は、有力な集団が、人々の健康を害するためにジェット機から化学物質を空中に散布していると主張するものだ。この計画はしかし、散布の方法に重大な欠陥がある。それほど高い位置からばらまけば、化学物質は人間に害を及ぼすどころか、海に落下して漂うだけに終わるのはほぼ確実だろう。

目的

陰謀論は本質的に、陰謀者が何かを成し遂げようとしていることを前提とする。その何かとは、不正な利益を得ることから、地球の住民を激減させることまでさまざまだ。ときには、その陰謀者の目的が達成されることもある。トランプ大統領がロシアと共謀して二〇一六年の選挙を不正に操作したと信じている人たちは、トランプが選挙に勝ったという事実を証拠として挙げることができる。一方で、陰謀論で主張されている目的が一度も達成されない例もある。学校で起こる数々の銃乱射事件は偽旗攻撃であって、銃所有の権利を抑制することを目的としていると信じる人々は、そうした攻撃の結果として、アメリカにおいて銃所有の権利が大幅に希釈された実例を挙げることができない。

これほど多くの陰謀論が存在するのはなぜかと言えば、ひとつには、事件や出来事についての「公式」の記録に該当するものが、陰謀論には存在しないからだ。九・一一委員会の報告書はひとつしかないが、九・一一にまつわる陰謀論のバリエーションは数えきれないほどある。陰謀論の大半はたいして注目を集めないことを踏まえると、その数を正確に数えることができるとは思えない。そうした意味では、陰謀論は創作物のファンによる二次創作作品のようなものとみなすこともできる。だれもが自分なりの解釈で作品を生み出すことができるからだ。

また、どの程度の注目を集めるかも、各陰謀論によって大きく異なる。無数の陰謀論が生まれては消えていくが、そのうちのごく一部だけが、多くの支持者を獲得したり、大規模な調査のきっかけとなったり、メディアの関心を引いたりする。陰謀論の大半は、その存在にほとんど気づかれることなく、オフィスやソーシャルメディアの片隅で束の間うわさになった後、ひっそりと消えていく。たとえば二〇一六年、米連邦最高裁判事アントニン・スカリアが死亡した直後には、バラク・オバマが彼を殺害したとの陰謀論が新聞の見出しを飾ったが、それ以降は、そのことを思い出す人はだれもいない。[▼35] 覚えておいてほしいのは、一般的には、現在の出来事ともっとも関連性の高い陰謀論に注目が集まりやすいということだ。しかし、そうしたものだけに目を奪われていると、全体像について偏った見方をしてしまう可能性がある。

陰謀信念（Conspiracy Beliefs）

陰謀信念とは、特定の陰謀論が真実である可能性が高いものであるという、個人の支持を指す。信念を直接測定することは難しいが、世論調査や人々の意見を調べることにより、ある程度意味のある洞察が得られる。アメリカでの世論調査から読み取れるのは、だれもが少なくともひとつの陰謀論を信じているということだ。先述の通り、陰謀論は無数に存在する。大半の世論調査は、質問の対象をいくつかの陰謀論に限っており、また多くの場合、各陰謀論についてはひとつのバージョンしか提示されない。最近行なわれたある世論調査は七種類の陰謀論について尋ねており、これによると、アメリカ人の五五パーセントが、そのうち少なくともひとつの陰謀論を信じていた[36]。また別の世論調査からは、より多くの陰謀論について尋ねられるほど、そのうちひとつも信じていない回答者の数が減っていくことがわかる。

信念をどのように測定するかというのは重要なことだ。世論調査は、信念を測定する最良の方法ではあっても、それなりの欠点もあることを考慮する必要はある。世論調査の回答者はときとして、ちょっとした遊び心から、ほんとうは信じていない陰謀論を信じていると言うことがある[37]。また、ある理論を信じていると言いながら、実際のところは、より一般的な意見を表明しようとしていただけという場合もある。たとえば、ある調査の回答者の中には、ヒラリー・クリントンが悪魔であると信じていると答えた人たちがいた。しかし、彼ら全員が、多くの物議を醸したあの大統領選の最中に、クリントンに対して抱いた激しい嫌悪感を表現する以上の意図を持っていたとは考えにくい[38]。ただし、ほとんどの人たちは、自分が信じる陰謀論に関して世論調査で嘘を吐くことはない[39]。それでもやはり、世論調査の結果には大いに解釈の余地がある。

調査項目がどのような言葉で表現されているかは、質問対象となっている説が陰謀論とみなされるかどうかに影響を与える。たとえば、回答者に「ワクチンは自閉症の原因となる」という意見に同意するかを尋ねる調査と、「製薬会社と政府はワクチンの危険な作用を国民から隠すために積極的に動いている」という意見に同意するかを尋ねる調査があるとする。後者は陰謀論を語っているが、前者は、反ワクチン陰謀論者がよく口にする意見ではあるものの、必ずしも陰謀論そのものではない。▼40

また、どの程度の確信を持っていれば、その人は陰謀信念を持っていると言えるかという問題もある。ケムトレイル陰謀論を取り上げた調査における質問の、ふたつのバージョンについて考えてみよう。ひとつ目のバージョンでは、ケムトレイル陰謀論に同意するか否かを尋ねていた。同意すると答えたのは五パーセント、よくわからないが八パーセント、同意しないが八七パーセントだった。▼41もう一方のバージョンでは、ケムトレイル陰謀論についてどう思うかを、「完全に嘘」「一部は嘘」「一部は正しい」「完全に正しい」「よくわからない」の選択肢から選ばせた。九パーセントが「完全に正しい」、一九パーセントが「一部は正しい」を選んだ。▼42「よくわからない」を選んだ人に、「もっとも正解に近いと思われるものを選ぶ」よう依頼すると、「完全に正しい」を選んだのは全体の一〇パーセント、「一部は正しい」を選んだのは二九パーセントとなった。相手の意見をどのように引き出すかによって、推定値には八倍もの違いが出る。最初のバージョンによると、ケムトレイル陰謀説を信じている人は五パーセントだが、二番目のバージョンでは約四〇パーセントになった。どちらの数字が「正しい」のかは、ひと目ではわからない。

陰謀的思考（Conspiracy Thinking）

社会学者の中には、特定の陰謀論に対する信念ではなく、一般的な**陰謀的思考**に焦点を当てている人たちもいる。[43] ときに「conspiracist ideation（陰謀論者的発想）」、「conspiracy mentality（陰謀的心理）」、「conspiratorial worldview（陰謀的世界観）」、その他もろもろの名称で呼ばれる陰謀的思考とは、程度の差はあれど、個人を陰謀論を支持する方向へと促す、持続的な先有傾向のことを指す。あるいは、自分の嫌いな有力者が陰謀を画策しているとするイデオロギーあるいは世界観と考えてもよいだろう。

陰謀的思考に焦点を当てるということはつまり、特定の陰謀論の特徴よりも、個人の特徴に注目することを意味する。世論についての従来的な理論でも、情報を受容する際の先有傾向の重要性は強調されている。[44]

先有傾向とは、特定の態度や行動を取りがちな傾向のことだ。人は一般に多くの先有傾向を持っており（政治的、社会的、人種的、宗教的なものなど）、それらが世界をどのように見るかに影響を与える。異なる先有傾向を持つふたりの人間は、まったく同じ情報から大きく異なる結論に到達する可能性が高い。（とくにアメリカの）政治学者によってもっとも多く研究されている先有傾向といえば、おそらく党派性だろう。共和党支持者あるいは民主党支持者を自認する人たちは、軽い気持ちでそうしているわけではない。そうした自認は、ときに非常に強い、心の底からの思いの表れであり、党派主義者たちの世界観を左右する。たとえば、共和党支持者と民主党支持者とでは、だれが大統領であるかによって、国の経済パフォーマンスに対する見方が大きく異なる。トランプ大統領時代、共和党支持者は（民主党支持者とは異なり）経済は絶好調だと考えていた。一方、オバマが大統領（かつ経済パフォーマンスの数字は同程度）だったとき、共和党支持者は（民主党支持者とは異なり）、経済は不調であり、好意的な報告は不正であるとみなしていた。[45] 党派性については後の章でも見ていくが、ここでは重要なポイントとして、先有傾向があると人は、出来事や状況について特定の見方をする傾向が強くなることを指摘しておきたい。

陰謀的思考についての研究の歴史は一〇年足らずであり、社会科学者たちはまだ、一部の人たちがほかの人たちよりもその傾向を強く持つ理由を発見できていないが、そうした傾向を示す人たちがいるということだけは確かだ。研究者のマイケル・シャーマーは、その原因は進化に由来するもの、つまりは適応特性である可能性を示唆している。

われわれは二種類のエラーを犯す。Ⅰ型のエラー（偽陽性）は、あるパターンがほんとうでないときに、それをほんとうだと信じることであり、Ⅱ型のエラー（偽陰性）は、あるパターンがほんとうであるときに、それをほんとうだと信じないことだ。草むらがガサガサいう音を聞いて、ただの風の音であるのに危険な捕食者だと信じる（Ⅰ型のエラー）人は、草むらの音が危険な捕食者であるのにただの風だと信じる（Ⅱ型のエラー）人よりも生き残れる可能性が高い。Ⅰ型のエラーを犯すことの代償は、Ⅱ型のエラーを犯すことの代償よりも小さく、また、捕食者が獲物とやりとりをする一瞬の世界では、パターンの違いを慎重に吟味する時間がないため、すべてのパターンがほんとうの危険であると考える傾向の強い動物の方が、自然淘汰において有利になったはずだ。

最悪の事態を想像した人間は、生き延びる可能性が高かった。そして草のゆらぎをただの風だと考えた人間は、いずれ捕食者の餌食になる可能性が高くなり、その結果、繁殖する可能性は低くなった。生き延びてより多くの（自分たちと同じような）人間を生み出したのは、草のゆらぎを危険だとみなす傾向がもっとも強い人たちだった。こうした進化論的な解釈は（進化論そのものを生物学者と悪魔崇拝者による陰謀として完全否定しない限り）、ある程度説得力のあるものだ。とはいえ、陰謀的思考が進化論的な原因に由来することを示す直接的な証拠は存在しない。▼46

これと似たような考え方から、一部の研究者は、陰謀的思考と、出生前のホルモン暴露などの生物学的要素との間に関連を見出そうとしている。しかしながら、そうした研究はまだ初期段階にあり、具体的な証拠は見つかっていない。[47] また、妄想的な思考スタイルなどの心理的要因は陰謀的思考と関連があり、その原因となっている可能性があるという証拠を発見した学者もいる。[48] 一方、別の研究者たちは、社会化——若者を社会に触れさせ、彼らの世界観を形成する過程——が、その後の人生でどの程度の陰謀的思考を有するかを決定すると主張している。たとえば、若いうちに陰謀論に触れたり、現実の陰謀の犠牲になったりした人は、それ以降、陰謀のレンズを通して世界を見るようになる可能性が高くなるとも考えられる。[49] 長期にわたる陰謀的思考の発達の追跡調査はまだ行なわれていないため、今のところ、一部の人たちがほかの人たちよりも高いレベルの陰謀的思考を示す理由を知ることは不可能だ。

陰謀的思考の測定には通常、次のふたつの方法のいずれかが用いられる。ひとつ目は、調査対象者に一連の具体的な陰謀論を提示し、そのうちいくつを信じているかを尋ねる方法だ。[50] もし信じている数が多ければ、その人物は高いレベルの陰謀的思考を有していることになる。ふたつ目の方法では、具体的な陰謀論には触れずに、一般的な世界観に関する質問が行なわれる。こうした調査においてはたとえば、回答者に「われわれの生活の大半は秘密の場所で企てられた計画にコントロールされている」、あるいは「戦争、近年の不景気、選挙結果などの重大な出来事は、大半の人たちの意に反して、秘密裏に活動する少人数の集団によってコントロールされている」といった質問に同意するか、しないかを尋ねる。[51] 前者の方法では、陰謀的思考以外の要因をきっかけとして、結果的に生じた可能性がある陰謀的信念を介しているのに対し、後者のやり方が優れているのは、より直接的に陰謀的思考に触れることを試みている点だ。

アレックス・ジョーンズは、おそらくアメリカ合衆国でもっとも成功したプロの陰謀論者。Jeff Malet Photography/Newscom

陰謀論者（Conspiracy Theorist）

陰謀論者という言葉はさまざまな意味に使われる。もっとも一般的なのは、何らかの陰謀論を信じている人という意味だろう。ただし問題は、すべての人が少なくともひとつの陰謀論を信じているせいで、この言葉の意味が失われてしまっていることだ。より限定された使い方としては、九・一一陰謀論者やＪＦＫ暗殺陰謀論者など、ひとつあるいは複数の具体的な陰謀論を信じている人を指す。一部には、陰謀論を作り出したり、発展させたり、調査したりする人を指す言葉として使う人たちもいる。さらには、陰謀論を個人的あるいは政治的な利益のために利用する人を指す場合もある。たとえば、アレックス・ジョーンズ［右派的な主張で知られるラジオ司会者。ウェブサイト「Info-Wars」を運営］やデーヴィッド・アイクといった人たちは、自分たちのささやかな帝国を築き、そこから大きな利益を得ている。政治家や活動家も、政治的な目的を達成するために陰謀論を利用してきた。すぐに思い浮かぶのは、ドナルド・トランプ、バーニー・サンダース、ジョー・マッカーシー、チャールズ・カフリン［一八九一〜一九七九年。反ユダヤ主義者のカトリック司祭］といった名前だ。本書においては、**陰謀論者**という言葉を濫用することは控え、その意味が明確な場合にのみ使用する。そして、ここでも改めて、これを決して侮蔑的な意図を持って使用しないことを断っておく。

ポスト真実の世界？

フェイクニュース、誤情報、偽情報は、とくに二〇一六年のアメリカ大統領選およびブレグジット国民投票以降、重要なトピックとなってきた。しかし、それらの概念と陰謀論との違いには注意を払っておくべきだろう。たとえば、すべてのフェイクニュースが直接的に陰謀論を広めるわけではないのに対し、陰謀論においてはフェイクニュースの周辺情報がおおむね伏せられている場合が少なくない。フェイクニュースの大半は、そこに含まれる特別な情報は権威を持つメインストリームの組織によって隠されており、代替的なソースを介してのみアクセスできるものであることを前提としているからだ。

二〇一六年のニュースでは、アメリカ（およびイギリス）は今や「ポスト真実」の時代に入ったとの主張が多く聞かれた。こんな記事がある。

ついにきた。真実は死んだ。事実は時代遅れだ……オックスフォード辞典は二〇一六年の国際的に注目を集めた言葉として「ポスト真実」を選んだ。大いに紛糾した「ブレグジット」の国民投票や、同じく激しい対立を呼び起こした米大統領選挙によって、「ポスト真実」という形容詞の使用頻度が急増したためだと、オックスフォード大学出版局は述べている。オックスフォード辞典は「ポスト真実」を、「世論の形成において、客観的な事実が、感情への訴えかけや個人的な信念よりも重視されない状況に関連する、またはそうした状況を示す」言葉であると定義している[52]。

ポスト真実をめぐっては、すぐにこんな大げさな物言いがされるようになった。「われわれはどのようにして、人々の意識が変容した大衆国家になってしまったのだろうか。これではまるでジョージ・オーウェルが『一九八四』で予見した世界だ（ただし、主人公ウィンストン・スミスの場合は、強烈な電撃を受けてはじめて、拷問者オブライエンの手に指が六本見えると信じるようになったのだが）。そして、なぜこれほど素早くそれが起こってしまったのだろうか[53]」。しかし、こうした見解は現実と合致していない。まず、誤情報、偽情報、フェイクニュース、陰謀論は、常に世間に存在した。そして人々は、二〇一六年よりもずっと前から、（事実よりも）感情や集団への愛着に強く影響を受けてきた[54]。これは今に始まったことではないのだ。次に、多くの人がポスト真実の世界に暮らすことに不安を感じているのはなぜかと言えば、われわれが真実に強い関心を持ち、真実に大きな価値を置いているからだ。もしわれわれが真実というものを知らなければ、ポスト真実の世界に生きることに不安は感じないだろうし、そうなったところで気にも留めないだろう。別の言い方をするならば、もしだれも真実を大切にしないのなら、われわれが「ポスト真実」の世界に生きることはありえないし、それはただ「真実」の世界と呼ばれるだろう。なぜなら、自分たちが真実だと思っていることが実際に真実であるかどうかを、だれも気にかけないのだから。われわれが真に直面している問題はより永続的なもの、つまり、「人間は真実を見つけることにそれほど優れてはおらず、真実について非常に異なった結論を出すことが少なくない」というものだ。

誤情報（Misinformation）

誤情報とは、見るからに誤りとわかる情報、あるいは人を誤った信念を受け入れるよう導くような情報のことであり、意図的にも非意図的にも広められる。[55] 陰謀論はときに誤りであり、その意味では誤情報の一形態だ。しかしながら、陰謀論はときに真実であり、必ずしも誤りではなく、したがって必ずしも誤情報ではない。むしろ陰謀論は——せいぜい推測に過ぎないため——、実際にはそうでないにもかかわらず検証済みの情報として提示されたときに、誤解を招く恐れがあるものと言える。

偽情報（Disinformation）

人を欺くという意図を持って、多くはプロパガンダという形態で広められる情報が**偽情報**だ。[56] 政府はときに、何らかの政治的目的のため、人をミスリードする運動を秘密裏に行なうことがある。たとえば合衆国政府の記録によると、ロシア政府は、二〇一六年の大統領選に至るまでの数カ月間、偽情報を拡散するために動いていた。ロシアの活動の中には「二〇一八年というごく最近に至るまで、合衆国内の不安や、さらには暴力まで煽る野心的な計画」も含まれていた。[57] 当然ながら、そうした活動に手を染めた国はロシアが初めてでも、唯一でもない。

フェイクニュース

フェイクニュースは二〇一六年の選挙後に重要なトピックとなり、もっとも正確な定義としては「ニュースメディアのコンテンツの形式を模倣した、捏造された情報」ということになる。フェイクニュースは、従来の報道機関に備わっていたファクトチェックや編集者による管理といった「情報の正確さと信頼性を確保する」ための規範をもって作られたものではない。[58] フェイクニュースはときに、誤情報あるいは偽情報、またはその両方を含んでいる。党派性のある政治的目的（例：有権者に影響を与える）、経済的目的（例：クリック数を集める）、グローバルな政治的目的（例：競争相手の国に不安を与える）のため、あるいはデマ（例：それ自体を目的として人をだます）として作成され、広められる。

フェイクニュースの提供元は数多く、正規のニュースと区別がつきにくい。なぜなら、フェイクニュースの提供者は、権威があるように見せかけるために、従来の報道機関の形態を模倣するからだ。そのせいで、情報の管理者がおらず、利用者がそのニュースがまっとうなものかどうかを自分で判断するしかないソーシャルメディアプラットフォームを介して、これが何百万人もの人の目に触れる余地が生まれる。二〇一六年の大統領選挙前の三カ月間に、平均的なアメリカの成人は、少なくとも一件から数件のフェイクニュースに接していた。[59] ソーシャルメディア上でフェイクニュースを見つけた人は、その内容が自分がすでに信じていることと一致している場合には、それを信じてシェアする傾向にある。たとえばある研究では、フェイスブックに投稿された、イタリア政府がバイアグラを空中に散布しているというフェイクニュースへの反応を追跡している。その結果わかったのは、この投稿に反応した人たちには、フェイスブック上にある陰謀論に満ちたコンテンツに反応した前歴がある場合が多いということだった。[60] 従来のメディアソースは、今も引き続き最大のリーチ力と影響力を維持しているものの、こうした研究結果は、権威ある情報がとくに必要とされる重要な局面において、フェイクニュースが人々に影響を与える可能性があることを示している。

ここで指摘しておきたいのは、**フェイクニュース**という言葉は、政治関係者によって、正当なニュースソースに対して使われることも多いという点だ。たとえばトランプ大統領は、自分に好意的でない報道の信頼を貶めるために、CNNはフェイクニュースだと頻繁に口にした。従来のニュースソースも間違いを犯し、ときには誤情報を広め、いくつもの偏見を持ち、過剰に持論や権威的な主張を展開する。従来のニュースソースが、そうした欠陥の修正に十分な努力を払わないこともある。しかし、従来のニュースソースが完璧でないというだけでは、それを見捨ててフェイクニュースを頼りにしたり、不誠実な政治家の言うことを鵜呑みにしたりする適切な理由にはならない。従来の報道機関は、情報管理、編集、ファクトチェックといった機能を何重にも敷いている。彼らは信頼に値するという評判を確立しようと努めており、ミスがあれば責任を問うこともできる。これが彼らと、より信頼性の低い情報源とを隔てるものだ。

従来の報道機関における現行の情報管理システムは、完璧ではなくとも、現在利用できる最良のものだ。同様に、科学的手法と査読プロセスによるチェックにも多くの課題はあるものの、これを行なうことによって科学は、疑似科学、迷信、天啓といったオルタナティブな手段よりもはるかに信頼できるものとなっている。

陰謀論という言葉は、一部では、ビッグフットや宇宙人のエイリアンといった、権威の裏付けのないさまざまな概念を含んだものとして使われている。陰謀論には、疑似科学、超常現象、超自然現象などの要素が含まれることがあるが、そうした概念の区別を明確にしておくことは重要だ。以下に、ときとして陰謀論と混同される概念を挙げていく。

疑似科学（Pseudoscience）

疑似科学には、科学的手法に基づいていると称していながら、実際にはそうではない信念や行ないが含まれる。さまざまな形態が存在し、われわれはインターネット、テレビ、水晶を売っている近所の店などで日々、これを目にしている。**疑似科学**と**陰謀論**とは同じ概念ではないが、一部重なる部分もある。どちらも自らの正当性を証明するために選りすぐった証拠に頼り、自らの主張を否定する証拠はすべて無視する傾向にある。陰謀論にはしばしば疑似科学的な概念が登場するが、それが必須の要素というわけではない。同様に、陰謀論が疑似科学的な主張の一部になることはあっても、必須ではない。たとえば疑似科学の中には、肯定的な証拠は、真実を知られないようにする陰謀によって一般市民からは隠されていると主張するものもある。

未確認動物学（Cryptozoology）

未確認動物学とは、動物に関する疑似科学的な研究のことであり、未確認動物学者の研究対象となるのは、生物学者によって実在が証明されていない動物である場合が多い。アメリカでもっともよく知られている例といえばビッグフットだろう。『ビッグフットを探して』『ビッグフットを殺す』『ビッグフットに賭けられた一〇〇〇万ドルの賞金』など、この神話上の生物をテーマとして作られたケーブルテレビ番組は数多い。そうした番組ではしかし、実際のビッグフットやその証拠となるものが発見されたことは一度もない。「ビッグフットフィールド研究者協会」のような、目撃情報の追跡や標本の発見を目指して結成された活動歴の長い団体も、いまだにその目的を果たしていない。ビッグフットを見たという人は大勢いても、実物がここにいると示すことができた人は皆無だ。[61]

狩猟家たちからはこれまでに、ビッグフットの体毛と思われるサンプルがいくつも提供されているが、その大半は検査によってクマのものであることが判明している。[62] また、ビッグフットのものかもしれないと言われた数多くの指紋からも、決定的な証拠は見つかっていない。[63] 多くの人が、自分の目でビッグフットを見たと証言しているが、分析結果はそうした目撃例はクマがすんでいる場所で発生していることを示唆しており、おそらくはクマをビッグフットと見間違えたものと思われる。[64]

ビッグフットを撮影した動画や写真が公開されることもある。中でもよく知られているのが、一九六七年にロジャー・パターソンとボブ・ギムリンによって撮影され、多くの論争を呼んだ「パターソンフィルム」だ。そこに映っているのは、黒っぽい毛皮の大型の生物で、北カリフォルニアの森の中を約一分間にわたって歩いている。しかしながら、この生物を探し出して映像が本物であることを証明する試みは、いまだに成功していない。[65] アメリカ以外の地域にも、似たような生物が神話に登場する例があり、たとえばイェティ（雪男）はヒマラヤ地方に生息するとされる。[66] そうした生物もまた、実在は証明されていない。

証拠がないにもかかわらず、ビッグフットを見たと主張する人の数が多いことからは、目撃談や個人的な証言はあまり優秀な証拠とはなりえないことがわかる。人は間違いを犯したり、妄想に陥ったりするものだ。記憶がまわりからの影響を受けたり、誤った記憶を作り出したりしてしまうこともある。

このほか、未確認動物学の対象となる生物としては、ヤギの血を吸うとされる小型の怪物チュパカブラがいる。目撃例はほぼ世界中に見られるが、おもにメキシコとラテンアメリカに集中している。[67] 怪物ネッシーは、スコットランドのハイランド地方にあるネス湖にすんでいると言われる。一九三三年に最初の目撃情報が公表されて以来、スコットランドの観光業に大きく貢献してきた。その後、ドラゴンや恐竜のような生物が写っているとされる写真は数多く撮影されたが、いずれも本物とは確認されていない。二〇〇三年に放映されたBBCのテレビ番組は、ソナービームと衛星追跡を用いた湖の徹底的な捜索を記録しているが、ネッシーの痕跡はいっさい見つからなかった。[68]

ビッグフット、チュパカブラ、湖の怪物は、それ自体が陰謀論というわけではない。未発見の生物が存在するだけでは、われわれの陰謀論の定義には合致しない。なぜなら、未確認動物がだれかに対する陰謀を企てているとは考えられないからだ。しかしながら、もしだれかが、政府が何かしら邪悪な目的のためにビッグフットの存在を隠蔽しているとか、企業が世界を征服するためにひそかに大量のチュパカブラを繁殖させているなどと言い出したなら、その人は陰謀論を唱えていることになる。また、こうした神話上の生物の存在からは、質の低い証拠や豊かな想像力は長く残る信念を作り出す力を持っているということがわかる。

超常的な現象（Paranormal）

超常的な現象は、陰謀論にまつわる議論に含まれることも多いが、それ自体は陰謀論の定義を満たしていない。超常現象は「疑似科学の一部」ではあるが、「ほかの疑似科学との違いは、その現象について、確立された科学の境界を大きく超えているとされる説明に依存していること」だ。そうした現象とはたとえば、超感覚的知覚（ESP）、テレキネシス、ゴースト、ポルターガイスト、死後の世界、生まれ変わり、信仰による癒し、人間のオーラなどを指す[69]。これと対照的なのが、超常的ではない現象に対する擬似科学的な説明であり、同じように非科学的ではあっても、こちらは**観測可能**な現象に、無理矢理にではあっても何らかの説明をつけようとするものだ[70]。

多くの人が、自分や自分が知っている人には超感覚的知覚が備わっていると信じている。ESPは、未来を予知したり、ほかの場所で起こっている出来事を見たり、思考を共有するだけでほかの人とコミュニケーションをとることができたりする能力と表現されることが多い[71]。自分の飼っているペットにそうした特別な能力があると信じている人もいる[72]。ESPの証拠を示すとされる研究はいくつもあるが、追加調査において、当該の研究結果を科学者が再現できた例はない。これはおそらく、そうした研究結果は統計的捏造であるか、ESPの証拠を確認したと主張する研究者が不適切または偏った方法を用いていることを示唆していると思われる[73]。

テレキネシスとは、心を使って物理的な物体を動かしたり、何らかの影響を与えたりする能力のことだ。この能力は一九七〇年代に注目を浴び、その大きなきっかけとなったのは、心を使ってスプーンを曲げることができると主張したユリ・ゲラーの存在だ[74]。ゲラーはまた、自分は地下にある水や鉱物の位置を探し当てたり、壊れた腕時計やテレビをサイキックパワーで再び動くようにしたりできるとも言っていた。しかしゲラーの能力は、単純な手品（例：前もってスプーンを曲げておく）と考えた方が、簡単に説明がつきそうに思える。[75] ゲラー以降、そうした〝能力〟に魅了される人々の気持ちを利用して金儲けをしようという者が何人も現れた。たとえばジェームズ・ハイドリックは、自分は超能力を使って電話帳のページをめくったり、えんぴつを回したりできると主張していた。[76] ところが、ハイドリックが電話帳やえんぴつに息を吹きかけている可能性を排除できる条件下で検証したところ、彼の能力は消滅してしまった。超能力（もしそんなものが存在するならだが）の軍事への応用については、アメリカとロシアの政府がこれを検討したことがあり、どちらもテレキネシス（念動力）を国政に活用することを目指す計画に投資している。大金を注ぎ込んだにもかかわらず、両国ともこれに成功したという記録を残すことはできなかった。[77]

ゴーストとは、生きている人が感じとることのできる（とされている）死者の本質(エッセンス)のことだ。ゴーストの存在を信じる気持ちは、信者の魂には死後、永遠の命が与えられるとする宗教的な教えにとっては都合がいい。ひとつ目の問題は、そもそも魂が存在するという証拠はなく、死後に魂が人のエッセンスをここではない別の領域、たとえば天国や地獄や、その他のどこかに移動させるという証拠もないということだ。また、数々のテレビ番組が、不気味な建物にカメラクルーを送り込み、怨恨を抱くゴーストにコンタクトを取ろうと試みているが、そうした魂が自然界に何らかの影響を及ぼすことができると、ましてや（ケーブルテレビの番組でよく言われるように）家屋、精神病院、廃墟となった病院に取り憑くと期待する理由は何もない。実際のところ、魂を定義かつ特定、あるいはそのどちらかをしようとした人たちで、これに成功した人はだれもいない。魂を定義しようというアイデアそのものが、それを言い出した人も答えられない疑問を提示している。[78] たとえば、ある人が死の直前にアルツハイマー病や健忘症をわずらった場合、彼らの魂は以前の記憶や人格を保持しているのだろうか。もしそうだとするなら、その仕組みはどうなっているというのだろうか。

死後の命というのは、魅力的な概念ではある。自らの死を恐れている人、永遠に生きたいと願う人、愛する人を失うことに耐えられない人にとってはとくにそうだろう。人々は毎年大金を支払って、ジョン・エドワード［霊媒師として米テレビなどで活動］や、テレビ番組『ロング・アイランド・ミディアム』に出演するテレサ・カプートといった霊媒師（チャネラー）を通して、亡くなった家族とコンタクトを取ろうとする。しかし、そうしたチャネラーたちが、制御された科学的条件下において自らの能力を証明できたことはなく、彼らが行なう死者との〝コンタクト〟は、あの世とのつながりというよりは、豊富な経験に基づく推測（コールド・リーディングと呼ばれる手法）、あるいは事前の調査（ホット・リーディングと呼ばれる手法）による産物であるように思われる。[79] このほかよく耳にする主張としては、リインカーネーション（死者が別の人間として生まれ変わること）、信仰療法（超自然的な力で病気が治癒されること）、体外離脱（心身に深い傷を受けた後、人が自分の体を離れてまた戻ること）といったものがあるが、これらはいずれも制御された科学的条件下においては実証されえない。[80]

超自然的な信念は必ずしも陰謀論的な性質を持つものではないが、多くの陰謀論には超自然的な要素が含まれている。**超自然的**という言葉を、わたしは神、天使、悪魔、運命、因果といった自然でない力に関係するという意味で使っている。たとえば「セイラムの魔女裁判」は、超自然的な要素を陰謀論に混ぜ合わせて、女性たちが悪魔と共謀していると非難したものだ。[81]

しかし、超自然的な力は制御された条件下において観察されたことが一度もなく、そのため事実であると立証されることもない。治療を受けている患者のために祈ることは、もしほんとうに何らかの影響をもたらすにせよ、益よりも害の方が多いように思われる。占星術（天の力を使って人間にかかわる出来事を予測する術）は、制御された条件下では失敗を繰り返している。そして、臨死体験の報告からは、超自然的な領域の証拠はいっさい得られていない。[82]

エイリアンを信じる気持ちは、その人がエイリアンをどのような概念だと考えているかによって、超自然的なもの、超常的なもの、そして疑似科学的なものに分けられる。エイリアンが地球を訪れて大勢の人々を拉致したと信じるのは、そうした証言は証明が不可能である以上、疑似科学的である。[83] 一方で、宇宙のどこかにはおそらく何らかの生命体が存在するだろうと主張するのは、科学的な態度と言える。[84] エイリアンの来訪が何か邪悪な目的のために政府によって隠蔽されていると主張するのであれば、その人は陰謀論に与していることになる。

まとめ

用語の定義は常に重要だが、陰謀論を論じる際にはとくにそうだ。なぜなら、使用する用語によって、われわれがその理論にどの程度の正当性を与えるかが示されるからだ。**陰謀**という言葉の使われ方はさまざまだが、本書においては、有力な個人からなる少人数の集団が、自らの利益のために、公共の利益に反して秘密裏に行動していることを指す。そして**陰謀論**とは、有力な個人からなる少人数の集団が、自らの利益のために、公共の利益に反して秘密裏に行動した／行動している／行動するだろうという、信頼に足る証拠なく対象を非難する認識のことを指す。

人が陰謀論を信じるべき――そしてそれを陰謀と呼ぶべき――なのは、その理論が適切な認識論的権威によって承認された場合だ。陰謀論は、証拠がある一定のしきい値に達したときに、それが陰謀であると訴える根拠を持つべきであり、また、より詳しい調査がなされるべきだ。しかし、適切な認識論的権威によって真実であると判断されるまでは、その陰謀論は疑わしいものとして扱われ、陰謀論という適切な呼称があてがわれなければならない。

陰謀論は、超常的あるいは超自然的概念のような、同様に信頼に足る証拠のない説と結びついていることが少なくない。陰謀論には、超常的な要素などが含まれる場合もあるが、そうした概念は必ずしも陰謀論ではない。陰謀論がそのほかのあやしげな概念と結びつく理由は、おそらくはそうした概念が、陰謀論と同じように主流から外れていて、権威ある説に異を唱えるものであるためだと思われる。

第三章

陰謀・特異なものへの信念の支持

重要な用語

特異なものへの信念 anomalous beliefs

あなたはジョン・F・ケネディが銃を持った単独犯に殺されたと思いますか、それとも陰謀によって殺されたと思いますか？　後者だと答えた方は、その陰謀を企てたのはだれだと思いますか？　ソビエト、フィデル・カストロ、マフィア、CIA、あるいはそれ以外のだれかでしょうか。月面着陸は冷戦時代の陰謀の一環としてNASAが捏造したものだと思いますか？　ワクチンについてはどうでしょう。ワクチンのほんとうの危険性が、不誠実な生物医学産業によって隠されていると思いますか？　あなたは遺伝子組み換え食品は安全ではないので食べるのが怖いと考え、その事実が市民から積極的に隠されていると思いますか？　あなたが飛行機や船で世界を旅するのを恐れているのは、そんなことをすれば地球の端から落ちてしまうと、だれかに説得されたからではないですか？

陰謀信念についてのこうした質問はいくらでも続けることができるが、陰謀論の数よりも先にページ数が尽きてしまうに違いない。もしあなたが、何らかの陰謀信念について、それを信じていますかという質問にイエスと答えたなら、もっとも一般的な意味において、あなたは陰謀論者ということになる。だからといって慌てる必要はない。陰謀論者はあなただけではないからだ。この章では、アメリカおよび世界の最新の世論調査データを用いて、陰謀論がいかに広くはびこっているかを示していく。陰謀信念の蔓延についての検証に加えて、その他の特異なものへの信念、つまり超常的、疑似科学的、超自然的な現象などの存在を主張する信念の蔓延についても言及する。

陰謀と特異なものへの信念

陰謀やその他の特異なものへの信念を測る研究においては、通常、アンケート調査が用いられる。具体的には、研究者が調査を行なうテーマを選び、質問を作り、サンプルとなる人々にアンケートを配布するというものだ。当然ながら、研究者がアメリカ国民の意見を調べようと思ったとしても、三億二〇〇〇万人全員に質問をすることはできない。そこで彼らは、管理可能な数のサンプル（通常五〇〇〜一二〇〇人）にコンタクトを取る。この場合、対象となる人たちができるだけ国民全体の典型となるよう、研究者は注意を払う。この集団だけに質問をして得られた結果が、アメリカ国民全員に質問をした場合に近いものになるよう期待するわけだ。

世論調査を行なうにあたって、考慮すべき重要な問題として、回答者を一人増やすたびにかかるコスト（回答者に支払う、あるいは回答者に連絡を取る人に支払う）と、調査時間にかかるコスト（回答者あるいは調査員に支払う）がある。調査結果を見る際には、実施された調査は、もしリソースが無限にあったなら実施できたはずの調査のごく一部に過ぎないことを理解しておく必要がある。

世論をもっともよく理解するうえで最善の方法は、同じテーマについて、さまざまな時期に、類似の方法および異なる方法の両方で行なわれた複数の調査結果を集めることだ。なぜなら、調査結果を作り出しているのは、一部は世論（測定されている概念）であり、一部は測定方法（例：質問がどんな言葉で表され、どんな方法で実施されたか）であるからだ。以下に、陰謀信念についての世論調査を読み解くにあたって、心に留めておくべき重要な点を挙げておく。

調査はいつ行なわれたのか。ある陰謀論を信じる気持ちは、時間の経過とともに、また同時期に起こった出来事に関連して増減する可能性がある。たとえば、九・一一の陰謀論についてのアンケート調査があるとして、それがテロの一週間後に行なわれたのか、それとも一年後、あるいは一〇年後に行なわれたのかによって、その結果は異なるかもしれない。とくに事件や出来事にまつわる陰謀論においては、時間の経過を意識する必要がある。

どんな手段で行なわれたのか。これはつまり、調査に使われたのはどんな質問だったのか、どんなふうに質問が行なわれたのか、回答者はどんな回答を提供することができたのかということだ。質問の言葉遣いを変えたり、回答者が選択できる回答を変えたりすることが、結果を大きく左右することもある。また、質問がほんとうに陰謀信念について尋ねていたのかも考慮しなければならない。たとえば、「九・一一委員会の調査結果は完全に正しい」という意見に同意するかと尋ねた場合、九・一一陰謀論者からはおそらく否定的な回答が出てくるだろうが、この質問には同時に、九・一一委員会が不注意による誤りをいくつか犯したと考えている人たちからも否定的な回答が寄せられるだろう。こうした場合、ベターなのは「九・一一委員会の調査結果は意図的な隠蔽工作の一部である」という見解に同意するかと尋ねることだ。

回答をどう解釈すればよいのか。陰謀信念に関する調査項目は一般に、調査対象者に五段階のリッカート尺度（例：「強く同意」から「強く反対」まで）で回答すること、あるいは「同意」または「反対」のいずれかを選ぶこと、あるいは「はい」または「いいえ」で答えを示すことを求める。五段階評価の回答はどのように解釈すべきだろうか。陰謀論信者とは、「強く同意」と答えた人たちだけを指すのだろうか。それとも、「強く同意」か「同意」を選んでいれば、その回答者のことは信者とみなすべきだろうか（正解や不正解はないが、通常は「強く同意」と「同意」を合わせた人たちが陰謀論信者であるとされる）。ここからは、回答形式が異なる世論調査同士をどのように比較するかという問題が提起される。

どのような出来事や状況が結果に影響を与えうるか。 世論調査を取り巻く状況は結果に影響を与える可能性がある。選挙結果が判明した直後に、選挙で不正が行なわれていたかどうかを尋ねれば、負けた側の回答者の中にはそう思うと答える人がいるだろう。[1] しかし、もし選挙の結果が違っていれば、敗者は別の人たちとなり、今度は**その敗者たち**が不正を信じる側になる。たとえば、民主党が選挙に勝ったときには、主に共和党支持者が、相手が不正を働いたと騒ぎ、この結果は詐欺行為のせいだと主張するが、逆に共和党が勝てば、詐欺を言い立てるのは民主党支持者となる。[2]

政治的な議論において、陰謀や陰謀論が頻繁に話題にのぼる時期には、人々が陰謀論への信仰を口にする傾向が強まるという可能性もある。たとえば、アメリカ人を対象に、米労働統計局（BLS）による失業統計の捏造をめぐる陰謀論について質問したところ、約三〇パーセントの人たちがこれを信じていると回答した。[3] 数カ月後の二〇一三年春、ニュースでいくつかのスキャンダルがしきりに取り上げられるようになり、そのどれもがオバマ政権による陰謀を示唆しているとも捉えられるものだった。研究者らがもう一度先述の質問をしたところ、BLS陰謀論を信じている人の割合は約二〇パーセントポイント上昇した。この急上昇は、ニュースのプライミング効果によるものだと研究者たちは考えた。これはつまり、ほかのスキャンダルにまつわる報道が、回答者の心に**先行する刺激**（プライム）**を与えていた**ために、この特定の陰謀論をより受け入れやすくなっていたという意味だ。[4]

人はときに、あまり深く考えたことのない事柄について、自分はそれを信じていると発言することがある。たとえば研究者らが、「合衆国政府が小型蛍光電球への切り替えを義務づけようとしているのは、そうした蛍光灯が人々をより従順にさせ、コントロールしやすくなるからだ」という陰謀論をでっちあげたところ、二〇パーセント近い人たちが、これについて「以前聞いたことがある」と答え（これだけでも非常に興味深い）、一一パーセントがこれに「賛成」であると答えた。[5]

それなりの問題はあるとはいえ、世論調査はおそらく陰謀信念を測定するうえで最適なツールと言えるだろう。重要なのは、個々の調査を額面通りに受け取らないこと、特定の結果には複数の理由がある可能性が高いと理解すること、さまざまな時期に行なわれた、さまざまな方法による調査の結果を追跡することだ。[6]

ケネディ陰謀論への支持

アメリカでもっとも安定した支持を得ている陰謀論といえば、おそらくケネディにまつわるものだろう。五〇年以上にわたって、アメリカ国民の五〇パーセント以上が、この陰謀論のいずれかのバージョンを信じてきた。[7] 一部の世論調査では、ケネディ暗殺陰謀論を信じる人は八〇パーセント近くに達している。[8] これはアメリカだけの現象ではない。たとえば二〇一七年にフランスで行なわれた調査は、同国民の五〇パーセント以上がケネディ暗殺陰謀論のいずれかのバージョンを信じていることを示している。[9]

これほど高い数字が出ることには、いくつもの理由がある。ひとつ目は、調査員がＪＦＫ暗殺陰謀論についてどのように尋ねたかに関連している。大半の調査では回答者に対し、陰謀あるいは隠蔽工作が行なわれたと思うかと尋ねている。このような質問に対しては、暗殺にまつわる**何らかの**陰謀説を信じてさえいれば、だれでも肯定的な答えを返すことができる。これに続けて、だれがケネディ暗殺の陰謀を企てたのかと尋ねれば、実にさまざまな答えが返ってくる。ＣＩＡ、フィデル・カストロ、マフィアが関与していると考える人もいれば、わからないという人も少なくない[10]。要するに、ケネディ陰謀論信念の標準的な測定結果とされるものは、いくつもの互いに相容れない陰謀論を信じている人の数を合わせたものだということになる。ふたつ目の理由は、JFK暗殺陰謀論があらゆる文化の中に浸透していることだ。この陰謀の謎を解くことを目的として、数々の映画、TV番組、書籍が作られてきた。そうしたすべてが合わさって、ケネディ暗殺の陰謀信仰を再生産する文化を作り出している[11]。ケネディにまつわる陰謀論を信じる人があまりに多いせいで、若い世代は例外なく大人になる過程でそれらに触れる機会を持ち、陰謀信念が根付いていく[12]。

異星人陰謀論への支持

第二次世界大戦以降、アメリカ人は、異星人やどこか別の世界からやってきた存在に魅了されるようになった。そうした思い入れが生まれる大きなきっかけとなったのが、一九四七年にニューメキシコ州ロズウェルに異星人が乗った宇宙船が不時着したとされる事件だ[13]。数十年がたつうちに、この話は奇妙で、複雑に込み入った、陰謀めいたものになっていった。米軍は、ロズウェルの砂漠ではおかしなものは何も発見されなかったと繰り返してきたが、陰謀論者たちは、軍は異星人の宇宙技術、遺体、武器を回収したと主張している。この事実からは、陰謀論的な物言いは、地面の上に棒とアルミホイルがあるという程度のことで爆発的に広まることがわかる。

二〇一三年の調査では、「一九四七年にニューメキシコ州ロズウェルにUFOが墜落し、合衆国政府がそれを隠蔽したと思うか、思わないか」という質問に対し、二一パーセントのアメリカ人がそう思うと答え、三二パーセントがわからないと答えている[14]。異星人に関する政府の隠蔽工作を信じる人の割合は、どの世論調査でも一定数存在する。しかし、一九九〇年代後半の複数の世論調査では、この数字が急増した。

1990年代、人気TV番組に陰謀論を持ち込んだ『X-ファイル』。Fox Broadcasting/Photofest

たとえば、一九九七年のCNNによる世論調査の結果は以下の通りだ。

質問に回答した成人一〇二四人のうち、四分の三近くが、自分はUFOを見たことがなく、見たことがある人も知らないと答えた一方で、五四パーセントが、地球外に知的生命体が存在すると信じていた。回答者の六四パーセントが、異星人は人類に接触したことがある、半数が、異星人は人類を誘拐したことがある、三七パーセントが、異星人は合衆国政府に接触したことがあると答えた。

これらは異常に高い数字であり、おそらくは世論調査にミスがあったか、この時期に人気を博していたTV番組『X-ファイル』の影響によって、異星人への興味が高まっていたものと考えられる。ひとつ重要な点は、調査の質問が一般的なものになるほど、引き出される同意のレベルは高くなるということだ。たとえば、宇宙のどこかに何らかの生命体が存在するかと聞かれた場合、これに同意するアメリカ人は約六〇パーセントにのぼる。しかし、より具体的な、たとえば、われわれに似た人間が宇宙のどこかに存在するかという質問をした場合、同意するアメリカ人は約四〇パーセントに過ぎない。[15]異星人に拉致された、あるいは拉致された人を知っていると答えたのは、無視できるほどではないものの、ごく少数であった。[16]

異星人の存在を信じる気持ちは、程度の差こそあれ、世界中に浸透している。二〇〇五年には、地球外生命体が過去のどこかで地球を訪れたことがあると思うかという質問に対して、アメリカ人の二四パーセント、カナダ人の二一パーセント、イギリス人の一九パーセントが思うと答えている。[17]欧州数カ国とアルゼンチンを対象に二〇一六年に実施された世論調査は、回答者に「人類は異星人と接触したことがあり、この事実は一般市民から意図的に隠されている」という内容に同意するか、しないかと尋ねている。同意すると答えたのは、アルゼンチン人の二五パーセント、ポルトガル人およびイタリア人の一一パーセント、イギリス人の九パーセント、ポーランド人の八パーセント、スウェーデン人およびドイツ人の六パーセントだった。[18]

爬虫類人（レプティリアン）エリート陰謀論は、政府が人間以外の生命体との接触を隠蔽していると非難するのみならず、次元を移動したり、姿かたちを変えたりすることができるトカゲたちが、ひそかに地球を支配していると主張するものだ。イギリス人のデーヴィッド・アイクが提唱したこの陰謀論は、世界各地での講演のチケットが売り切れるほどの注目を集めているが、熱烈な人気を博す一方で、あまり幅広い支持は受けていない。[19]『タイム』誌によって、史上「もっとも長続きしている」陰謀論のひとつに選ばれたにもかかわらず、レプティリアン陰謀論について質問したある世論調査では、これを信じると答えたのはアメリカ人のわずか四パーセントだった。[20]

移民陰謀論

ここで話題を、宇宙からやってくる生命体から、外国からやってくる人たちに移そう。移民の周囲にはいくつもの陰謀論が引き寄せられてくる（その多くが外国人嫌悪（ゼノフォビア）、人種差別、**自分たち以外の存在**に対する生来的な不安に結びついている）[21]。二〇一八年に行なわれたアメリカ人を対象とした世論調査では、五五パーセントが、政府は移民のために納税者や社会が負担する真のコストを隠していると考え、四一パーセントが、移民に反対する声を上げる者は「沈黙の申し合わせ」によって罰せられていると認識し、四〇パーセントが「過去二〇年間、合衆国政府は移民政策を通じて、意図的にアメリカ社会の民族的多様性を高めようとしてきた」という意見に同意していた。アメリカ人の中には、多様性はコストのかかる強制された計画であるという強い意識がある。

移民に関する陰謀論的な見解は、合衆国以外の場所でも蔓延している。二〇一八年に同じ質問をしたところ、イギリス人の五八パーセントが、自国政府は移民の真のコストを隠していると答え、五九パーセントが、移民に反対する声を上げた者は「沈黙の申し合わせ」によって罰せられていると認識し、五一パーセントが、イギリス政府は意図的にイギリス社会の民族的多様性を高めようとしてきたと考えていた[22]。二〇一六年に、「政府はこの国に実際には何人の移民が住んでいるかについての真実を意図的に隠している」と思うかと尋ねたところ、ドイツ人の四二パーセント、イギリス人の四一パーセント、スウェーデン人の三一パーセント、イタリア人の二九パーセント、ポーランド人およびアルゼンチン人の二〇パーセント、ポルトガル人の一六パーセントがそう思うと答えた。ポーランドではこの説を信じている人が比較的少ないように見えるが、近年、同国はさまざまな形で移民を禁じており、その政策があるために、同国の人々には政府が大きな隠し事をしていると考える理由がないのだ。ヨーロッパの一部で定着している理論のひとつに「白人置き換え理論」がある。これは、政府や企業はヨーロッパの白人をより安価な労働力と置き換えようとしているという主張だ。二〇一七年には、フランスの回答者の半数近くがこの説を支持していた。[23]

科学に関する陰謀論への支持

数多くの陰謀論が科学的知見を対象としており、そのような知識は科学者による捏造である、不法組織によってコントロールされている、政治的な詐欺の一部であると示唆している。こうした陰謀論は科学、ひいては進歩の妨げとなり、結果として人命を危険にさらす。もっとも顕著な例は気候変動だろう。気候変動が真実であることは、ヨーロッパのほとんどの国が認めている一方で、アメリカ人の多くはこれをなかなか受け入れようとせず、その代わりに陰謀論に目を向けて、何千人もの個別の科学者たちによる研究の成果を一蹴してきた。三七パーセントものアメリカ人が、気候変動はでっちあげであると考えている。[24] 気候変動懐疑論が大勢を占めているせいで、気候変動に対処するための重要な法案の可決が阻まれてきた。気候変動に対する懐疑的態度はオーストラリアでも顕著であり、二一パーセントが「地球温暖化は科学者によるでっちあげ」であると信じている。[25]

気候変動に対処するための法案が陰謀信仰によって妨げられてきた一方で、その後押しを受けてきたのが、遺伝子組み換え（GM）食品の使用を制限する法案だ。世界の多くの地域では、陰謀論が原因となって、非建設的な反GM政策の採用が進められてきた。ヨーロッパでは、陰謀論と経済的な利害に配慮した各国政府が、GM食品の輸入を禁じている。[26] この政策は、ヨーロッパの生産者にとっては経済的な利益を生んだが、アフリカの農家にとっては打撃となった。GM種子を使うことができれば、アフリカの農家は大きな利益を得られるはずだが、GM食品はヨーロッパには売ることができない。この政策は人命を奪っている。もしケニアが二〇〇六年に遺伝子組み換えトウモロコシを採用していたなら、「理論上では四四〇〜

四〇〇〇人の命が救われていた。同様に、ウガンダが二〇〇七年に黒シガトカ病耐性バナナを導入していたなら、それによって過去一〇年間で五〇〇〜五五〇〇人の命を救えていたかもしれない」[27]。現在、陰謀論のターゲットとなっているのは、農業用除草剤「ラウンドアップ」と、遺伝子組み換え米「ゴールデンライス」の安全性だ。ゴールデンライスに含まれるビタミンは、世界の最貧困層の子供たちの命を救える可能性がある。GM作物の安全性は証拠によって示されているにもかかわらず、陰謀論者たちは相変わらずその使用に対する攻撃を続けている[28]。

アフリカ諸国における影響は食料生産だけにとどまらない。何百万人もの人々が極度の飢餓に直面している状況において、アフリカの一部地域は、アメリカからのGM作物の提供を受け入れず、多くの人の命を危険にさらした[29]。アメリカにおいては、バーモント州などがいち早くGM表示規制を実施した。その結果、コストは上昇し、選択肢は減少した。さらに多くの州が陰謀論に屈しつつあるなか、連邦政府が介入し、新たな州法が導入される前に独自の規則を制定した。この対応について政府は、食品や環境の安全面でのメリットがあるわけではなく、陰謀論者の要求に応える程度の意味しかないことを認めている[30]。アメリカ人の約一二パーセントが、「モンサント社が進める遺伝子組み換え食品の世界的な普及は、ロックフェラー財団とフォード財団が世界の人口を減らすために立ち上げた『アジェンダ21』と呼ばれる秘密計画の一環である」という非常に具体的な陰謀論に同意を示し、また四六パーセントが「そう思うでも思わないでもない」と答えている[31]。単にGM食品の安全性について聞かれた場合には、「約半数のアメリカ人が、GM原料を使用した食品は非GM食品よりも健康に悪いと考えていた」。GM食品は安全であるという強い科学的コンセンサスがあるにもかかわらずだ[32]。

一九六九年の月面着陸は、人類文明における最大の偉業のひとつだった。これを捏造するのはほぼ不可能だが、それでもアメリカ人の五〜一〇パーセントが月面着陸はでっちあげだったと考えている[33]。フランス人の約一六パーセントも同様だ[34]。地球平面説を信じる人たちは何千年も前から存在しているが、地球は丸いという確かな証拠が発見されるにつれて、その数は減少してきた。つい数年前、何人ものNBA選手が地球平面説を信じるのはもうやめたと発言したことがあったが、地球が平らだと信じているのはアメリカ人のわずか四パーセント、フランス人の一〇パーセントに過ぎない[35]。

一般に広く認められている健康・医療関係の行為をターゲットにした陰謀論もまた人気がある。エリック・オリバーとトマス・ウッドは二〇一四年、アメリカにおける医療にまつわる陰謀論を調査し、そうした説が高い支持を得ていることを発見した。

サンプルの三七パーセントが、米食品医薬品局は製薬会社の圧力に屈して意図的にがんの自然療法を抑制しているという意見に同意し、二〇パーセントが、そうした製薬会社が公衆衛生当局に、携帯電話とがんの関連データを公開させないようにしている、また、医師はワクチンが危険であることを知りながら、それでも子供にワクチンを接種したいと考えているという意見に同意した[36]。

回答者の一二パーセントは、HIVはCIAによってばらまかれたという陰謀論にそう思うと答えていた[37]。二〇一三年の調査では、アメリカ人の約一五パーセントが「製薬業界は医療業界と手を組んで、金儲けのために新しい病気を『発明』している」という陰謀論に同意し、また一六パーセントがわからないと答えている[38]。

二〇一八年には、アメリカ人の三分の二が、「製薬会社はがんや糖尿病のような病気を完治させる薬の開発にはあまりお金をかけていない。なぜなら病気を完治させるよりも治療する薬を売った方が儲かるからだ」という内容について、そう思うと答えている[39]。このよくある言説はしかし、説得力に欠けている。

科学者たちは過去一世紀にわたって数々の病気を根絶してきた。がんや糖尿病を完治させる薬があれば、信じられないほどの利益を生むだろうし、科学者たちはわれわれがこうしている間にも、そうした薬の開発に取り組んでいる。まだ治療法のない病気があるからといって、それは治療法の開発が妨げられていることを意味しない。ただ単に、進歩には時間がかかるというだけだ。

一度は根絶されたと思われていた病気が、MMRなどのワクチンが安全ではないと主張する陰謀論のせいで復活する例もある。[40] 著名人の発言をきっかけに、疑うことを知らない無数の人々が、自分の子供のワクチン接種を控えてきた。[41] トランプは大統領就任以前に、反ワクチン信仰を支持するツイートをしている。特定の種類のがんに対して明らかな予防効果があるにもかかわらず、根拠のない陰謀論に影響された親たちは、HPVワクチンを自分の娘に打たせない決断をしている。[42] 政治家はこの問題の解決に寄与していない。共和党の元下院議員で大統領候補だったミシェル・バックマンは、テレビで全国放送された討論会において、HPVワクチン政策は陰謀の一環であり、このワクチンは人々を「知恵おくれにした」との虚偽の主張を行なっている。[43] ブラジルや合衆国で近年流行したジカ熱に対するワクチンはまだ開発されていないが、陰謀論者たちはすでに、それが患者を搾取し、実験台にし、その体に有害な物質を投与するための闇の陰謀の一環だと決めつけている。ジカワクチンにまつわる陰謀論は、ウイルスに関する科学的な情報を超える速度で拡散されている。[44] イギリス人の一〇パーセントは「ワクチンの真実は隠されている」と信じている。[45] アメリカ人の約二〇パーセントは、小児用ワクチンと自閉症との間には関連性があると考え、約三五パーセントはよくわからないと答えている。[46] これらの数字は並外れて大きいというわけではないが、陰謀論を信じる人たちがワクチンを接種しないことを選択した場合には、社会が集団免疫を獲得するのを妨げるのに十分ではある。

公共水道へのフッ化物添加については、医学コミュニティの大多数のみならず、フッ化物添加を行なわない方が経済的な利益が大きいはずの歯科医師たちもこれを支持している。たとえば、カナダのカルガリー市議会は二〇一一年に地元の飲料用水道水からフッ化物を除去することを決議した。数年後、フッ化物添加を続けていた近隣のエドモントン市と比較して、カルガリー市の子供たちには虫歯が大幅に増加した。[47] 安全性と有益性が証明されているにもかかわらず、フッ化物は長い間数々の物議を醸してきた。その原因は主に陰謀論にある。

一九五〇年代、フッ化物陰謀論は主に保守主義者によって広められた。彼らの主張は、政府がフッ化物添加を利用して共産主義を導入しようとしているというものだった。しかし、ここ数十年で状況は変化している。たとえばオレゴン州ポートランドでは、市議会がフッ化物添加の開始を決定した後、左翼が広めた陰謀論によって激しい政治闘争が起こった。反対派は左派であり、そこにはラルフ・ネーダー〔米弁護士、社会運動家〕、NAACP（全国有色人種向上協会）、自然保護団体シエラ・クラブなどの著名な個人や団体も含まれていた。ポートランドでは最終的に、投票によって市議会の決定が覆された。[48]

二〇一三年には、政府が水道水にフッ化物を添加したのは「歯の健康のためではなく、そのほかのもっと邪悪な理由のため」だと考えているのは、アメリカ人のわずか一〇パーセント程度だった。[49] フッ化物陰謀論は広く支持されているわけではないものの、地域の政策決定プロセスに大きな影響を与える可能性はある。一九五〇年代のある新聞記事を見ると、科学者や専門家も、陰謀論に対してはほぼ何の力も持たないことがわかる。

歯の健康に資するこの新たな策を推進する者たちはどうやら、敵を過小評価するという、軍事における古典的な誤りを犯したようだ。……彼らはフッ化物添加に承認を与えたAMA〔アメリカ医師会〕、ADA〔アメリカ歯科医師会〕、米公衆衛生局、州および地方の保健当局に対して有権者が寄せているはずの信頼に過度に依存していた。……（しかし、フッ化物添加反対派が）対抗策として演説、リーフレット、ダイレクトメール、新聞広告などの一斉射撃を繰り出したことで、あわれな有権者は困惑し、何が正しいのかわからなくなっている。フッ化物添加反対派の戦略は……有権者の心に疑念を抱かせることだ。いったんそうなってしまえば、人間は現状維持に票を投じる可能性が高いことを、彼らは知っている。[50]

フッ化物添加に反対する意見は世界各地にも見られる。ヨーロッパの一六カ国においてグループインタビュー形式で行なわれた研究では、協力者の大半がフッ化物添加に反対していた。ただし、ギリシャ、アイルランド、ポーランド、スウェーデンのグループでは賛成派が優勢となった。[51]

一九八〇年代に初めて確認された時点で、HIVとエイズは多くの人から誤解を受けていた。残念なことに、この病気からは今も——その理解と治療は大きく進歩しているにもかかわらず——、誤情報や誤解が生まれ続けている。アメリカでも、CIAが意図的にアフリカ系アメリカ人をHIVに感染させたと強く信じているか、その可能性を疑っている人は数多い。[52]

アフリカでは、エイズそのものよりも、これを予防する薬の方が恐れられてきた。[53] 南アフリカの元保健相マント・ツァバララ゠シマングは、同国のエイズ危機は「アフリカ大陸の人口を減らすことを目的とする世界的な陰謀」によって引き起こされたと発言している。[54] HIVに感染した人々はマッサージやビタミン剤で治療すべきであり、なぜなら大手製薬会社は西洋の陰謀に加担しているからだと、彼は主張した。この病気では、三〇万人もの人々が若くして亡くなっている。[55] 世界のほかの地域でも、同様の説は多かれ少なかれ受け入れられている。アルゼンチンでは二五パーセントの人が、「エイズウイルスは、秘密の集団や組織によって意図的に作られ、世界中に広められた」と信じている。[56] 二〇一七年には、フランス人の三〇パーセントが「エイズは実験室で作られ、アフリカ人を使って検証が行なわれた」と信じていた。[57] こうした考えは、安全でない性行為と相関関係があるとの研究もある。[58]

経済陰謀論への支持

経済学にまつわる陰謀論はいくつもある。経済学は素人にはとかくわかりにくいものであり、だからこそ、経済的成果に関しては、教科書的で複雑な説明よりも、陰謀論による説明の方がはるかにとっつきやすい。イスラエル、スイス、アメリカの回答者を対象としたある研究において、いくつかの異なる経済現象について質問したところ、陰謀論的な見解を受け入れている人の数は、「教科書的な」経済学の見解を受け入れている人と同程度であることがわかった。[59]

企業や富裕層に対する不信は世界中に見られる。さらに、一般の人々は経済について、訓練を受けた経済学者のそれに反する見解を持っている。彼らは資本主義制度に不信感を抱く傾向にあり、経済的な結果を少人数の有力者グループのせいにすることが多い。たとえば、「大企業を経営している」人をどの程度信頼するかという質問に対しては、ドイツ、イギリス、イタリア、ポーランド、ポルトガルの人々の七〇パーセントが、「あまり信頼していない」または「まったく信頼していない」と答えている。アルゼンチン人の約八〇パーセントは「あまり信頼していない」または「まったく信頼していない」と答えた一方で、スウェーデン人ではこの数値は四〇パーセントにとどまった。[60] 一般的な不信感から陰謀にまつわる意見に話を移すと、アメリカでは約四〇パーセントの人たちが、企業は「われわれに対し、秘密裏に活動している可能性が高い」と考えている。こうした考えが前提として存在する場合、政治家にとって、その感情を利用して企業や金持ちを悪者にした選挙活動を行ない、経済が「不正に操作されている」と主張することが容易になる。[61]

皆さんの中には、大手金融機関や富裕層に対するこうした陰謀論的な見解があるということは、労働団体への信頼が高いことを意味しているのではないかと思う人もいるかもしれないが、それは事実ではない。「労働組合の指導者たち」をどの程度信頼しているかという質問に対して、スウェーデン人とイギリス人の約六〇パーセント、ドイツ人の約七〇パーセント、ポーランド人、ポルトガル人、イタリア人の八〇パーセント以上、アルゼンチン人の九〇パーセントが、「あまり信頼していない」または「まったく信頼していない」と答えている。[62] アメリカでは約二五パーセントの人たちが、労働組合は「われわれに対し、秘密裏に活動している可能性が高い」と回答している。[63] 企業であれ労働組合であれ、大きな経済組織は陰謀論を呼び起こす傾向にあるようだ。

政府に関する陰謀論への支持

共和党・民主党といった党派的な陰謀論は後の章で詳しく取り上げるが、世論調査で示されているのは、だれがトップの座にあるかにかかわらず、陰謀論は政府に向けられることが多いということだ。二〇一六年の調査では、自国の政府閣僚が真実を語っていると思うかという質問に対し、アルゼンチン人、イタリア人、ポーランド人、ポルトガル人の八〇パーセント以上、ドイツ人とイギリス人の七〇パーセント、スウェーデン人の六〇パーセントが、「あまり思わない」または「まったく思わない」と回答している。[64] これらの国では、同じくらい多くの人たちが、EUや合衆国の最高幹部も真実を語っていないと考えていた。[65]

世界中の多くの人たちが、自分が暮らす国の民主主義が本物かどうかわからないと考えている。「いわゆる民主主義国家に暮らしてはいても、結局この国では常に少数の人たちが物事を動かしている」と思うかという質問に対しては、ポルトガル人とアルゼンチン人の七〇パーセント、イタリア人の六〇パーセント、ドイツ人、イギリス人、ポーランド人の五〇パーセント、スウェーデン人の三三パーセントがそう思うと答えている。アメリカ人に、「グローバリストの方針を持つ秘密のパワーエリートが、権威主義的な世界政府（新世界秩序）によって最終的に世界を支配すると企んでいるか否か」と尋ねたところ、二八パーセントが肯定的な返答をし、同数がわからないと答えた。[66] アメリカ人の一五パーセントは、「メディアあるいは政府は、テレビ放送の信号に秘密のマインドコントロール技術を付加している」と考えており、また別の一五パーセントがわからないと答えている。[67] 二〇一八年には、フロリダ州の住民の一四パーセントが、政府はハリケーンのような大規模な気象現象をコントロールしていると考えていた。[68] 政府や企業に対する人々の不信は大きく、ときとしてそれが陰謀信念として表れる。そうした懐疑的な態度を向けられるのは因果応報と言えなくもないが、陰謀信念は、証拠によって裏付けられた範囲を超えた主張になることも少なくない。

特異なものへの信念

ここからは陰謀信念を離れて、それ以外の特異なものへの信念もまた、人々の間にかなり浸透しているという事実を見ていこう。これまでに何人もの人が世界の終末を予言してきたが、その運命の日は、常にアルマゲドンが起こることなく過ぎ去っていった。二〇一一年には、アメリカ人の二七パーセントが「われわれは現在、聖書の預言にある終わりの時を生きている」という内容に同意していた。[69] これを裏付けるように、アメリカ人の三分の二が天使を、五七パーセントが悪魔を信じていた。[70] 一方、二〇一六年のイギリスでの調査では、天使を信じる人は約二〇パーセントとはるかに少なく、悪魔を信じる人は一五パーセントだった。[71]

超自然的なものへの信念の影響は、党派政治にも及ぶことが多い。二〇一三年にはアメリカ人の一三パーセントが、オバマ大統領は反キリストだと信じていた。二〇一六年のノースカロライナ州の世論調査では、二〇パーセントがヒラリー・クリントンは悪魔だと答えた。[72]二〇一七年には、アメリカ人の三六パーセントがトランプ大統領は悪魔よりも「恐ろしい」と考えていた。[73]

二〇一七年には、アメリカ人の約五二パーセントが「土地に霊が取り憑くことがある」と信じていた。[74]二〇〇八年には一三パーセントが、自身の家に「現在、ゴーストか霊が住んでいる」と考えていた。[75]二〇〇八年には五七パーセントのアメリカ人がゴーストの存在を信じていたが、二〇一六年のイギリスでの調査では、その数字はわずか三〇パーセントだった。[76]二〇〇八年にはアメリカ人の三五パーセントが、実際にゴーストの存在を経験したことがあると回答している。[77]二〇一六年、イギリス人の約三〇パーセントが「死後の世界」を、二〇パーセントが「不滅の魂」を信じていた。[78]二〇一七年には、アメリカ人の五分の一が、特定の個人は死者と接触できると信じており、二〇一六年にはそれと同じ割合のイギリス人が前世や生まれ変わりを信じていた。[79]

二〇〇五年には、アメリカ人の四〇パーセントが超感覚的知覚（ＥＳＰ）を信じており、「テレパシー：従来の感覚を使わずに心と心でコミュニケーションをとること」を信じる人は三一パーセント、「クレアボヤンス：過去を知り、未来を予測する心の力」を信じる人は二六パーセントだった。[80]二〇一七年には、約二〇パーセントのアメリカ人が「占い師や超能力者は未来を予見できる」と信じ、二五パーセントが人は心で物を動かすことができると信じていた。[81]

二〇〇五年には、アメリカ人の四人に一人が、惑星や恒星の位置が人々の人生に影響を与えるとする占星術を信じていた。[82]二〇一七年には、タロットカードや手相占いは未来を正確に予言できると信じているアメリカ人は一〇パーセントに満たなかった一方で、「超能力者や霊媒を自称している人の大半は偽物だ」と考える人は四七パーセントにとどまった。[83] 二〇〇五年にはアメリカ人の二一パーセントが魔女を信じ、二〇一八年には三〇パーセントが他人に「呪いをかける」ことができると信じていた。[84] こうした現象を信じている人はたくさんいるが、それを裏付ける強力な証拠が見つかったことは一度もない。[85] それでもなお、その信念はなくならない。

ビッグフットを探すケーブルテレビの番組が大量に作られたにもかかわらず、二〇一七年には、その実在を信じているのはアメリカ人のわずか一六パーセントだった。一方で五五パーセントもの人々が、「アトランティスのような、古代の高度文明がかつて存在した」と信じていた。[86] このほか、むしろ都市伝説とでも呼ぶべき、人々の関心を集めている信念もある。**都市伝説**とは、現代の俗説や民間伝承のことを指す（たとえば、スイカの種を食べるとおなかの中でスイカが育つという考えなど）。一九六〇年代半ば以降、ある都市伝説では、ビートルズのポール・マッカートニーが交通事故で亡くなり、ドッペルゲンガーと入れ替わったと言われてきた。この説を信じるアメリカ人は一〇パーセントに満たないが、これは今でも広く知られており、（そうでないにもかかわらず）陰謀論と呼ばれることも多い。[87]

まとめ

陰謀論や特異なものへの信念が一般市民の間にどの程度広まっているかを測るうえでは、おそらくは代表的サンプルによる世論調査が最適な方法であると思われる。なぜならこの手法であれば、人々の信念を全体として示しつつ、個人の見解に基づく話に触れずに済むからだ。Qアノンや地球平面説は、近年ニュースで取り上げられることが多いため、これを信じている人は非常に多いように思われがちだが、世論調査からは、どちらの説もさほど支持を得ているわけではないことがわかる。[88]『タイム』誌は、月面着陸と爬虫類人説を陰謀論の「トップ10」に数えているが、これらもやはり世論調査では、アメリカ人によって広く信じられているわけではないことが示されている。[89] このように、特定の考えを信じている人の数を知るうえでは、世論調査の方が、個人の見解による不確かな証言を集めるよりも優れている。

ただし、世論調査の結果は、そこから結論を引き出す前に文脈に応じて解釈する必要がある。なぜなら第一に、そうした結果は、調査が行なわれた環境に依存している可能性があるからだ。注目度の高いスキャンダルが取り沙汰されている最中であれば、世論調査で陰謀論を信じていると語る人の数が増えるかもしれない。また、政治的な状況（だれが政権の座にあるか）も、どの回答者が陰謀論を信じやすくなるかに影響を与える場合がある。第二に、回答者はその世論調査で聞かれる質問にしか答えることができないため、そこに研究者側の、どの陰謀論について質問するかという選択が入るのは必然であり、それがバイアスの原因となることがある。第三に、陰謀論に関してどのような言葉を使って質問するかは、信念を表明する人の数、さらには、その質問がほんとうに陰謀信念について尋ねることができているかどうかにも影響を与える。一般に、調査項目が非常に具体的な陰謀論を問うものである場合（例：カストロがケネディ大統領を殺したのか）には、より一般的な説を問うものである場合（例：ケネディは陰謀によって殺されたのか）に比べて、その理論を信じると答える回答者は少なくなる。第四に、調査においては、調査員が興味を持っていることについて尋ねるため、回答者は自分が深く考えたことのない概念について聞かれる場合がある。そのため、質問によっては無効回答（その回答者があまり考えたことのない概念に対するいい加減な回答）が引き出されることがある。また、[90] 研究者がでっちあげた陰謀論に対して、回答者がこれを信じていると積極的に表明することも少なくない。第五に、人はときに調査でふざけることもあれば、政敵に対する自分の思いを主張したいがために、ほんとうは信じていない陰謀論に賛意を表明することもある。最後に、世論調査にはお金がかかる。世論調査を頻繁に行なったり、あらゆる場所で行なったりすることはとうていできない。だからこそ、陰謀論に関する世論調査の大半は、裕福で開放的な社会において実施されている。テキスト（編集者への手紙、ツイート、ニュース記事へのコメントなど）の分析を行なうことで、そうした問題の一部を補えるとしても、そのテキストを書いている人たちは人口全体を代表しているわけではなく、そうした分析からわかるのは世論というよりも、公に自分の考えを表明する一部の人々によって示された思いの強さということになる可能性もある。

世論調査には確かに問題もあるが、ここで紹介した数多くの調査結果は、だれもが少なくともひとつの陰謀論を信じていることを示唆している。そして一部には、数多くの陰謀論を信じている人たちもいる。陰謀論の中には多くの支持者を集めるものもあるが、大半はごく少数の興味を引くだけだ。また、陰謀論としてはよく知られている一方で（例：月面着陸は捏造）、世論調査ではさほど支持を得られていないものもある。

世論調査からは、アメリカ人とその他の国の人たちが、特異なものへの信念を数多く共有していることがわかる。これらには、超常的なもの（例：超能力）や超自然的なもの（例：来るべき終わりの時）への信念が含まれる。陰謀論や特異なものへの信念は、インターネットや「ポスト真実」の時代よりもずっと前から広まっていたことを、ぜひ覚えておいてほしい。

第四章

陰謀論の心理学と社会学

重要な用語

愛着スタイル attachment styles
権威主義 authoritarianism
不正検出器 cheater detector
認知 cognition
連言錯誤 conjunction fallacy
損なわれた認識論 crippled epistemologies
妄想的思考 delusional thinking
妄想 delusions
教条主義 dogmatism
幻覚傾向 hallucination proneness
意図性バイアス intentionality bias
魔法的思考 magical thinking
マニ教的思考 Manichean thinking
動機付けられた推論 motivated reasoning
認知的閉鎖欲求 need for cognitive closure
独自性欲求 need for uniqueness
パラノイア paranoia
超常的発想 paranormal ideation
性格的特性 personality traits
統合失調症傾向 schizotypy
超自然的発想 supernatural ideation

どのような心理学的および社会学的な要因によって、人は陰謀論を受け入れるようになるのだろうか。**心理学的**要因とは、ここでは個人の心の中に生じるもの、具体的には認知、性格的特性、感情状態などを指す。**社会学的**要因とは、集団の一員であることや、集団の競争に対応することから生じるものを意味する。

心理学者たちはここ一〇年間、陰謀信仰の研究をリードし、他分野の学者よりも多くの論文を発表してきた。あるいはそのせいで、陰謀信念の原因はまるで個人の心理にあるかのような印象を受ける人もいるかもしれない。心理学的要因は陰謀信念を理解するうえで重要ではあるものの、むしろそれはきっかけであって結論ではない。陰謀信念をより詳細に説明するには、心理学的要因と、広範な社会学的・政治的なダイナミクスを組み合わせる必要がある。本章の後半では、社会学的な、つまり集団を中心とした要因を取り上げ、政治的な要因には次の章で言及する。

心理学的要因

陰謀信念についての研究の大半は心理学者によるものであり、その多くがここ一〇年の間に実施されてきた。心理学者たちはまた、特異なものへの信念についても、その数十年前から研究を続けている。一九九〇年代には、陰謀信念をより深く理解するための心理学的研究がいくつか行なわれていたものの、それらが大規模な研究課題の一環として取り上げられることはなく、二〇〇七年前後に、九・一一やダイアナ妃の死をめぐる陰謀論が注目を浴びるようになったことで、ようやく研究対象として認められるようになった。

信念を研究する方法はいくつもあるが、まずはもっとも一般的な調査設計の概要を紹介する。ひとつ目は、代表的なサンプルを対象に彼らの陰謀信念について調査し、さらにそれぞれが持つその他の信念、その人の特徴と人口統計学データについて尋ねるというものだ。そうしたデータがあれば、研究者はどのような要因が、人々が持つ陰謀信念の予測に資するのかを知ることができる。

ふたつ目の方法では、実験室内において、より小規模なサンプルを対象に行なう。たとえば、実験室に参加者を招き、その中から無作為に選んだ相手にストレスを感じるような処置を施し（ほかの参加者はその処置を受けない）、次に各参加者にある陰謀論を信じているかどうかを尋ねる。処置を受けた人たちの方が陰謀論を信じる傾向にあれば、「ストレス」を感じる処置が原因で、参加者がそうした考えを受け入れるようになったと推測できる。大人数を対象とした調査環境とは異なり、実験室で無作為に抽出した対象に処置を行なう方法を用いることで、研究者はどのような要因が陰謀信念の原因となるのかを確認することができる。

そのほかの研究方法は、人に質問をすることよりも、人々の書いた文章やソーシャルメディア上の活動を追跡することに重点を置いている。そうした研究としてはたとえば、新聞の編集部への投書、オンラインニュース記事のコメント欄、ツイート、大規模掲示板「Reddit」への投稿などにおいて、人々がどのように陰謀信念を表現しているかを調べるものがある。

心理学の文献は、陰謀信念の原因と考えられるものとして、認知的特性、性格的特性、心理学的条件の三つに注目している。本項では主に陰謀論的な信念に焦点を当てるが、特異なものへの信念を生み出す要因についても言及する。

認知的特性

認知とは、知識や理解を得る精神的なプロセスのことを指す。われわれは日々、何十億ものデータにさらされている。人間の脳はそれらすべての情報の意味を理解し、そこから学習することを使命としている。重要なのは、人はそれぞれが異なる認知的特性を持っており、それによって入ってくる情報に対して多少異なる解釈をするということだ。そうした認知的特性の一部が、人に陰謀論を信じやすくさせたり、信じにくくさせたりすることがわかっている。以下に、陰謀信仰と関連することが確認されている認知的特性をいくつか挙げていく。

自分の推論が連言規則を逸脱した場合、人は**連言錯誤**に陥る。著名な経済学者エイモス・トベルスキーとダニエル・カーネマンはこう述べている。「おそらく定性的な確率法則の中でもっとも単純かつ基本的なものは連言規則である」▼1。以下の例を見てほしい。

> 「リンダは三一歳、独身、率直な物言いをし、とても頭がいい。大学では哲学を専攻。学生時代には、差別や社会正義の問題に深い関心を持ち、反核デモにも参加した」。この説明の後、調査の参加者はリンダに関する複数の記述について、その可能性がどの程度であるかを評価した。その中には、以下の重要な命題三つも含まれていた。（i）リンダは精力的に活動するフェミニストである。（ii）リンダは銀行の窓口係である。（iii）リンダは銀行の窓口係であり、精力的に活動するフェミニストである。このように、参加者は単称命題〔例：リンダはAである、という形の命題〕をふたつ（象徴的なもののひとつ

と非象徴的なものひとつ）と、そのふたつの命題を成分とした連言命題［例：リンダはAかつBである、という形の命題］について、その可能性がどの程度であるかを判断する。連言命題の方を、個々の成分命題よりも可能性が高いものとして選んだ参加者は、連言錯誤に陥っている。連言の方が、それを構成する成分のひとつよりも可能性が高いということはありえない。なぜなら、前者は後者よりも必然的に、可能性が強く制約されることになるからだ。[2]

別のたとえで言うなら、もしスクラッチくじを二枚買ったなら、両方が当たる確率は、片方だけが当たる確率、あるいはどちらも当たらない確率よりも必ず低くなるということだ。ところが、人は推論において、二つの事象（それが起こる確率はどちらも一より小さい）が、単独で起こるよりも同時に起こる方が可能性が高いと考えて、連言規則に逸脱してしまうことが少なくない。この誤謬に陥る人は、陰謀論や超常現象を信じる傾向が強いことがわかっている。[3]

一部の人たちには強い**認知的閉鎖欲求**がある。この欲求は、不確実性に対する不寛容と考えることもできる。答えを今すぐに欲しがる人というのはいるものだ。近年のヨーロッパ難民危機と架空の飛行機事故にまつわる陰謀論に対する被験者の信念を調べた研究者たちは、陰謀論は「単純な答え」と「不確実な状況に対する説明」を提供するため、「不確実性に耐えられず、認知的閉鎖を求める個人にとって魅力的」であるという仮説を立てている。[4] 同研究の結果は、認知的閉鎖への欲求が強い参加者は、別の説明が見当たらない場合に、これらの出来事を説明するために陰謀論を受け入れる可能性が高いことを示していた。[5]

人は、おそらくは進化の過程において、心理学的な**不正検出器**、つまり他者の不正行為を疑いたいという欲求を発達させてきたものと思われる。一部の人たちは「過剰な」不正検出器を有しており、そのせいで証拠がほとんどない場合でも、ほかの人たちが不正行為を行なっているのではないかと考える。[6] たとえば高級な住宅が焼け落ちたとする。火事が発生したという限られた情報だけでは、陰謀によって家が放火されたのではないかと疑う理由はほとんどない。しかし、もしそこで家の持ち主が大きな借金を背負っていて、支払い能力を維持するために早急に現金を必要としており、家が焼け落ちるわずか数カ月前に家に多額の保険をかけていたことがわかったとしたらどうだろうか。研究では、そうした情報を知らされた人は、それを動機として持つ関係者が陰謀を図ったと信じやすくなることがわかっている[7]。

二〇一六年に最高裁判事アントニン・スカリアが亡くなったときのことを考えてみてほしい。スカリアの死は、当時のバラク・オバマ大統領にとって、裁判所のバランスを自分に都合のいい形にシフトする好機となった［最高裁判事九人のうち五人が保守派、四人がリベラル派だったものを、保守リベラル同数にすることができるため］。オバマが得をするという理由から、多くの人たちが、彼がスカリアを殺害したのではないかと考えた[8]。しかし冷静な目で見てみれば、肥満気味で、喫煙者で、糖尿病と心臓病を抱えた七九歳の男性が死ぬ可能性は、だれかに殺害されずとも十分に高い。どこかの祖母が亡くなるたびに、遺産を受け取る孫が彼女を殺したのではないかと疑っていたら、遺産を相続する孫はみんな殺人者だということになってしまう。そうした考えを支持することはできない。これは、また別の理由づけの誤りである**意図性バイアス**につながる。一

当初は多くの人が、スカリア判事が殺害されたと信じていた。
Polaris/Newscom

部の人たちは、結果から出発して動機、行動と逆にたどっていき、何かが起こったのだから、だれかが意図的にそれを起こしたに違いないと考える。思考がこのバイアスの影響を強く受けている人は、陰謀論を信じる傾向にある。[9] 問題は、行動は常に意図した結果をもたらすわけではなく、また逆に言えば、結果は常に意図的にもたらされたものではないということだ。

　陰謀信念はまた、情報環境とのかかわり方に起因することもある。キャス・サンスティーンなどの研究者は、陰謀論を信じる気持ちは、「そうした理論を唱えることは合理的であるとする」**損なわれた認識論**から生じると述べている。[10] したがって、陰謀論を信じる気持ちを理解するには、人々がどのように情報を得ているのかを検証する必要がある。自分はそれを知っていると信じている物事のほとんどについて、人は個人的な、あるいは直接的な情報を持っておらず、他人の思考に頼らざるをえない。ある種の領域に所属する人たちは、「損なわれた認識論」に蝕まれている。その意味するところは、彼らには知っていることがほとんどなく、知っていることは間違っているということだ。過激主義者の多くはこのカテゴリーに属する。彼らの過激さは合理性の欠如ではなく、（関連する）情報をあまり持っていないことに由来し、彼らの過激な見解は、彼らが知っている少ない情報によって支えられている。陰謀論への傾倒にも多くの場合、同様の特徴がある。九・一一のテロはイスラエルの仕業である、あるいはケネディ大統領を殺したのは中央情報局（CIA）であると信じている人たちもまた、自分たちが受け取る情報信号に対し、極めて合理的に反応している可能性は高い。[11]

　人はとかく、真実よりも、自分がすでに信じている内容と矛盾しない情報源を選ぼうとする。そうした選択が受け取る情報を決定し、その情報環境が、本人が現時点で持つイデオロギーを強化する（あるいは極端に偏向させる）。文化評論家ウォルター・リップマンの、よく引用される言葉によると、人がニュースを見るやり方は、酔っ払いが街灯の柱を見るときのそれと同じだという――その目的は光ではなく、体の支えにするためだ。この戦略は、正確な情報を得るうえでは役に立たない。

ここで示唆されているのは、多くの人が表明する意見は、信頼するエリートの意見のおうむ返しに過ぎないということだ。政治的な議論が膠着状態に陥るのは、たいていの場合こうした理由からであり、つまりは、表明される意見がそもそも丁寧な論理的思考を経てたどり着いたものでない場合、道理や証拠によってそれを変えることはできない可能性が高い[12]。

自分の世界観に反する情報に直面したとき、多くの人は理由をつけてその情報を否定しようとする。このプロセスは**動機付けられた推論**と呼ばれる[13]。こうした行動を取る際、人は自分の立場を支持する証拠よりも、反対の立場にとって有利な証拠により高い基準を設けることがある[14]。あるいは、自分や自分が属する集団の行動を大目に見る一方で、敵対する集団が同じことを行なった場合には非難するということも行なわれる[15]。動機づけられた推論によって、人は、相手を悪とみなす陰謀論を受け入れる一方で、自分自身を悪とみなす陰謀論は拒むようになる[16]。

同様に、分析的思考の能力が低い人も陰謀論を信じる傾向にある[17]。そのため当然ながら、教育水準の高さは陰謀論への抵抗力の一貫した予測因子となる[18]。批判的思考を学ぶ講座を受講した学生は、とりわけ強い抵抗力を持つものと思われる[19]。強調しておきたいのは、学歴と陰謀論の間の負の関係は、全体的な傾向であって、決して例外のない決定要因ではないということだ。高学歴の人の中にも、多くの陰謀論を信じている人は存在する。

性格的特性

数多くの**性格的特性**——思考や感情のパターン——が、陰謀信念とかかわりがあることがわかっている。そのうちのいくつかを簡単に見ていこう。まずは愛着スタイルだ。愛着スタイルとは、人が他者をどのように見、他者とどのように接するのか、そのやり方を指す。研究者は、特徴のあるスタイルとして安定型、不安型、回避型、恐怖型の四つを挙げている。成人が他者に依存し、相手から離れると不安を感じる場合、その人は**不安型の愛着スタイル**を持っているとされる。[20] 不安型を持っている兆候を示す人は、より陰謀論を信じる可能性が高いことが示されている。[21] また、**回避型の愛着スタイル**は「独立独行を重視する」ことから、陰謀論を信じる気持ちと関連があるとされる。[22]

独自性欲求とは、自分は特別であると感じたい思いのことだ。独自性欲求が高い人は、高い陰謀思考のレベルを示し、特定の陰謀論を信じるレベルも高い。[23] その理由はおそらく、陰謀論が、自らが特別な存在である人だけが得られる特別な知識として提示されることが多いためだと考えられる。**ナルシシズム**、つまり強い自己愛もまた、陰謀論を信じる予測因子となる。これはあるいは、ナルシシズムの傾向がある人は、他者のことをおぼろげにしか把握していないことに由来するのかもしれない。[24]

事実と空想を区別するのが難しい人は、あやしげな意見を信じやすい傾向にある。妄想とは、個人がかなり強く信じてはいても、入手可能な証拠とは矛盾する信念のことだ。**妄想的思考**とは、妄想への陥りやすさを指す。**魔法的思考**は、魔法が現実に存在し、たとえば、人の思考が外部の出来事に影響を与えることができるなどと考える思考スタイルを意味する。[25] **統合失調症傾向**とは、程度が進んだ場合には精神病や統合失調症の兆候を示す可能性のある、一連の性格的特徴を指す。**幻覚傾向**とは、程度が進んだ例において、内的に生じた感覚と外的に生じた感覚の区別をつけられない状態のことだ。[26] 幻覚を見やすい人は、エイリアンとの接触を報告する可能性が高いことが示されている。[27] これらの特徴（妄想的思考、魔法的思考、統合失調症傾向、幻覚傾向）はそれぞれ、陰謀論やその他の特異なものを信じる信念の予測因子となることがわかっている。[28]

マニ教的思考とは、政治は異なる結果を望む異なる集団間の継続的な交渉ではなく、善と悪との戦いであると考える傾向のことだ。**教条主義**とは主に、あまりにかたくなに思い込んでいるせいで、その信念について合理的な議論や交渉をすることができず、したがって証拠や反対意見を突きつけられても持論を曲げることができない傾向を指す。**権威主義**は、権威への従順さや下位の人間を抑圧したいという願望を予測させる特性だ。[29]これら三つの特性はそれぞれ、陰謀信念を持つ予測因子となることが研究によって示されている。[30]

マニ教的思考が陰謀信念につながることは直感的に理解できる。陰謀論というものは、悪の集団が無辜の民に害をなすように動いているという立場を取るからだ。教条主義のせいで、いったん形成されてしまった陰謀信念に人が**固執する**理由もわかりやすい。教条主義は信念への反論を遮断してしまうからだ。ただし、教条主義的な人たちがそもそもなぜ陰謀論を信じるのか、その理由は定かではない。権威主義は、陰謀信念との関連を示す研究がいくつかあるものの、その関連性はさほど強いものではない。権威を疑うよりもむしろ権威に従順になる方向へ人を導くことを考えると、権威主義は、陰謀論を否定する方向へ人を促すようにも思われる。なぜなら、陰謀論の多くは権威に挑戦するものだからだ。

超常的発想（超常的な現象を信じる傾向）、**超自然的発想**（超自然的な現象を信じる傾向）、そして陰謀信念は、複数の状況において互いに関係していることが示されている。[31]これはおそらく、超常的、超自然的、陰謀論的な信念に共通点があるためだろう。それは強力な証拠のない考えを積極的に信じる気持ちだ。したがって、これらの信念を強く信じている人は、先に述べたように、事実と空想を分けて考える能力を持っていない可能性が高い。

心理学的条件

心理学的条件とは、ここでは障害ではなく、個人が経験する一時的な感情の状態を指す。それは精神障害として表れたり、その兆候を示したりすることもあるが、そうと限るわけでもない。陰謀論の信じやすさを予測する条件として挙げられているものは数多く、退屈から、自殺につながる思考のような深刻なものまでさまざまだ。[32]

パラノイアという言葉は、陰謀論者のことを描写する際、深い考えもなしに用いられている。一部の研究では陰謀信念の予測因子とされているが、パラノイアと陰謀信念との違いを理解しておくことは重要だ。[33] パラノイアとは、他者が自分を個人的にやっつけようと狙っているのではないかという不合理な恐れを指す。一方、陰謀論に登場するのは、われわれをやっつけようと狙っている集団だ。[34] 無力感、社会的疎外感、自信のなさ、不安感、コントロールができないという気持ちは、陰謀信念と相関関係がある。[35] 疎外されている、他者にコントロールされている、無力である、将来が不安だという感覚を持つ人たちは、自分の置かれている立場を理解するために、あるいはうまく対処するためのメカニズムとして、陰謀論に傾倒する可能性が高い。このあたりについては、党派的な陰謀論を取り上げる次の章でもう一度見ていく。

心理学的アプローチへの批判

研究者たちはこれまでに、陰謀論を信じるかどうかを予測する心理的要因を何十個と特定してきた。この研究テーマは今やだれもが手軽に取り組めるものとなっており、何らかの特性について、どのような理由からあの陰謀論やこの陰謀論を信じると予測されるのかを詳細に述べた新たな研究が、続々と発表されている。ある人が陰謀信仰を受け入れるかどうかには個人差が大きくかかわっていることを示す論文が増えつつあるなか、いくつか当を得た批判もなされている。

第一に、ある陰謀論を信じることに関連する要因は、また別の陰謀論を信じることとは関連がない可能性がある。これはつまり、ある心理的特性や状態が、人にとある陰謀論を信じさせ、同時にほかの陰謀論を否定させるかもしれないということだ。一つひとつの心理学的要因の効果が、さまざまな陰謀論においてどの程度保持されるのかは明らかではない。

第二に、研究結果はときに矛盾するものだ。たとえば権威主義は、一部の研究においては陰謀論を信じることの有意な予測因子だが、ほかの研究においてはそうではない。[36] また、バーサー論と九・一一の真実論のどちらについても、権威主義はこれを信じることの強力な予測因子ではないが、完全には明らかになっていない理由から、権威主義はその両方を同時に信じることとの予測因子となっている。[37]

第三に、調査結果の多くは外的妥当性を欠いている可能性がある。これは、実験室や調査環境において信念に影響を与える要因が、現実世界では何の影響も与えないかもしれないという意味だ。すなわち、心理学の文献は、メディアやエリートが情報発信を担っている社会・政治の環境など、より広範な要因の役割についての説明を欠いている。そのため、これまでに特定されてきたすべての要因を統一された枠組みに結びつけることができる、より広範な科学的理論を開発しようという真剣な取り組みは、心理学においてはまだ行なわれていない。

社会学的要因

陰謀論は、ほかの集団（あるいは全体）の利益に反して秘密裏に動いている集団に焦点を当てる。被害者となる集団には、小さなもの（例：小さな町の勤勉な市民たち）も大きなもの（例：すべてのアメリカ人）もある。陰謀論に対する社会学的アプローチは、まずは集団、および集団の対立から始まる。**集団**というのは、ここでは互いに利害を共有し、協力を求め合い、権力を得るために競い合う個人の安定した集合体を指す。[38]集団は、国、地域、宗教、言語、階級、職業、党派、人種、民族など、さまざまな差異に基づいている。一部の集団は、ほかの集団よりも結びつきが弱い。たとえば集団としての「女性」あるいは「男性」は、その規模、多様性、組織の欠如から考えると、それほどまとまっておらず、組織化もされていない。

ある集団が置かれている特定の状況が、所属メンバーの信念を決定することもある。たとえば、一部のアフリカ系アメリカ人は、奴隷制度、ハラスメント、差別などの歴史を踏まえて、自分たちの根絶、不妊化、隷属化に焦点を当てた陰謀を信じやすい傾向にある。[39]アフリカ系アメリカ人の映画監督スパイク・リーが、合衆国政府は［二〇〇五年のハリケーン・カトリーナ襲来の際に］ニューオーリンズの堤防を爆破し、意図的に黒人居住区に水を流入させたという陰謀論を論じた言葉には、そうした陰謀論の背景にある歴史的要素がよく表れている。

それほど荒唐無稽な話ではない。……選択は避けられなかった。ある地域を救うためには、別の地域を水浸しにしなければならないんだから。たとえば、もしここがＬＡで、緊急事態になって、ビバリーヒルズから電話をかけた場合と、コンプトンから電話をした場合とでは、警察はどちらに先に来るだろうか［前者は高級住宅街で、後者は黒人住民が多く暮らす貧困率が高い地域］。……二〇〇〇年の選挙は公平だったと思うか？　不正操作されていたとは思わないか？　もし選挙を不正に操作できるなら、彼らには何だってできる！　この国の歴史を考えれば――たとえば、タスキーギ実験の話を聞いたことがあるか？　そんな話はいくらでもある。過去に遡って見ていけば、アフリカ系アメリカ人には実際にそうしたことが起こっていたんだ。この国の有色人種に対して、アメリカ政府はどんなことでもやりかねない。[40]

この言葉が示すように、人がどの陰謀論を信じるかは、所属する集団によって決まる傾向がある。集団同一視は、自尊心や帰属意識をもたらすため、メンバーがどの陰謀論を信じるかの予測因子となる。自分の所属する集団への攻撃は、容易に自分自身への攻撃として受け取られる。敵対する集団については、偏見に満ち、不道徳で悪意があると考えがちになる。そして、自分の集団に利益をもたらすことは、しばしば正義と混同される。

人は容易に内集団および外集団のアイデンティティに従って考え、行動するものであり、ときにはそれが恐ろしい結果を招く。集団を中心とした陰謀論は、集団的なナルシシズムと動機付けられた推論によって助長されることがあり、それによってメンバーは自分の集団の悪い行ないを問題にせず、対立する集団がやったとされる悪い行ないにのみ非難を向けることになる。[41]

集団を中心とした陰謀論には、集団のメンバーが、自分たちの利益が脅かされていると感じることから生じるものもある。キリスト教徒は非キリスト教徒に比べて、スターバックスがクリスマスを妨害する陰謀を企てているという話を信じる傾向にある。[42] キリスト教徒とイスラム教徒はユダヤ教徒に比べて、ユダヤ人陰謀論を信じる傾向にある。[43] ニューエイジ思想を持つ人たちはカトリック教徒に比べて、小説『ダ・ヴィンチ・コード』に登場する陰謀論を信じる傾向にある。[44] 党派主義者は、自分の党ではなく、相手の党が自分たちに対して陰謀を企てていると考える傾向にある。[45] 地域的な陰謀論は、重要な利害関係が絡んでいるときに顕在化することがある。たとえば南北戦争の直前には、奴隷主と奴隷廃止論者をめぐる陰謀論が数多く出回った。[46] さらに、集団を中心とした陰謀論は偏見を生じさせることもある。[47]

集団のメンバーは、その集団に明確な上層部が存在する場合には、集団のリーダーから手がかりを受け取る。党派主義的な集団は、とくに党幹部からの手がかりに影響を受けやすい。なぜなら、そうした幹部たちは、主要メディアを通じて多くの聴衆にリーチするからだ。党幹部が陰謀論を唱えれば、マスコミが

ダ・ヴィンチ・コード陰謀論においては、イエスは子供を残し、その子孫が今も生きているとされる。この説に基づいて作られた本と映画は大きな人気を博した。Columbia Pictures/Image Entertainment/Photofest

それを取り上げ、そうした説が広く支持されているという印象を与えることになる。一方で、幹部が陰謀論を唱えた場合でも、もとから陰謀論に関心のある党員以外には、さほど大きな影響力を発揮しない傾向にあるということは理解しておきたい。

まとめ

心理学者は、陰謀論やその他の特異なものへの信念に関連する多くの要因を特定している。その要因は、認知的要素、性格的特性、心理学的条件の三つのカテゴリーに分類される。そうした要因は、具体的にどのような人が、陰謀論に触れたときにそれを信じる可能性が高いのかを明らかにすることができる一方で、そもそもの段階で人を陰謀論に触れさせる、より広範な社会的・政治的な要因までは考慮されていない。

集団間の競争に焦点を当てた社会学的要因が、陰謀論の選択(例:ある個人がどの陰謀論を信じるようになるか）を促す力となる。人は、競合関係にある集団を非難する陰謀論を信じる傾向にあり、逆に自らが属する集団を非難する陰謀論についてはあまり信じようとしない。集団間の競争は得てして、集団内の個人が敵対する集団を非難する一方、味方の悪行を許してしまうという結果につながる。これはとうていよい特性とは言えない。

第五章

陰謀論の政治学

重要な用語

アジェンダ設定 agenda setting
確証バイアス confirmation bias
偽旗事件 false flag event
フレーミング framing
皮下注射論 hypodermic needle theory
最小効果モデル minimal effects model
党派的愛着 partisan attachments
ポピュリズム populism

陰謀論はそもそも政治的なものだ。陰謀論においては、権力を持っている人間と、その権力がだれも見ていないところで何に使われているかに焦点が置かれる。たとえば爬虫類人間陰謀論でさえ、重要な真実が世間から隠されている／権力が秘密裏に、謎めいた関係者によって行使されている／その関係者はわれわれに危害を加えようとしているといった、政治的な主張を持っている。陰謀信仰とは、政治の世界を解き明かすことを目指す見解であるため、それは政治的見解であり、その意味では大統領のパフォーマンスや争点の選好などに関する一般的な見解とさほど変わらない。本章では、人がなぜ、どのように陰謀論を信じるようになり、それを広め、その信念に基づいて行動するかに対して影響を与える政治的要因を取り上げる。そして、大衆の意見はどのように形成されるのか、エリートはどのように大衆に影響を与えるのか、政治的状況がどのように陰謀論を加速させるのかを検証していく。

権力と陰謀論

陰謀論は、権力を持つ人たちが共謀していることを非難する。陰謀を図っていると非難される対象は、実際に権力を有する、あるいは少なくとも権力を有していると他者から思われている存在だ。権力（政治的権力）とはここでは、変化をもたらす力、とくにほかの人たちの行動を変化させることができる能力を指す。そのため、当然ながら、現時点で政治的権力を握っている人間や、裏で権力を買ったり操作したりする手段を有している人間は非難の対象となる。ホームレスで手足の不自由な人が大規模な陰謀を企てているという話はめったに聞かない。

陰謀を企てているとして非難されるのは権力者（あるいは権力を有していると思われている人たち）のみであると聞いても、そんなの当たり前だと思う人もいるかもしれない。本書を読んでいる皆さんはおそらく、非常に支配的な集団あるいは個人を非難する陰謀論を、すでに何千と耳にしていることだろう。しかし、政治哲学者のマキャヴェッリは今から数世紀前、権力者だけを陰謀で告発するのでは、重要なものを見逃しかねないと指摘している。政治戦略について彼が書いた文章には、弱者から生じる陰謀に警戒すべきだとある。なぜなら、目的を達成するためにひそかに陰謀を企てなければならないのは、強者ではなくむしろ弱者だからだ。[1] 強者であれば、その力をもって望むものを手に入れることができる。

この理屈で言えば、権力者の陰謀を非難するという行為においては、力のある人間は影でこそこそせずとも欲しいものを得られるはずであるという事実が見逃されていることになる。たとえば、ジョージ・W・ブッシュ大統領に対しては、戦争をする口実として九・一一のテロ事件を企てたと非難する声が多く上がった。こうした陰謀論において考慮から外れているのは、アメリカの大統領は現実的な口実などなくとも、戦争を始める力を持っているということだ。たとえば二〇一八年、ホワイトハウスは七つの国々で軍事活動を進行させていたが、そこには正式な宣戦布告も、衝撃的な事件も、派手な宣伝活動もなかった。[2] オバマ政権最後の年、アメリカ軍は二万六〇〇〇個以上の爆弾を投下した。つまり「一日二四時間、一時間ごとにほぼ三個の爆弾」を投下していた計算になるが、自国が戦争状態にあることを認識しているアメリカ人はほとんどおらず、知っていたとしても相手がだれなのかはわかっていなかった。[3]

とはいえ、権力のある人間が欲しいものを手に入れるために陰謀を企てるという事態は、ときとして実

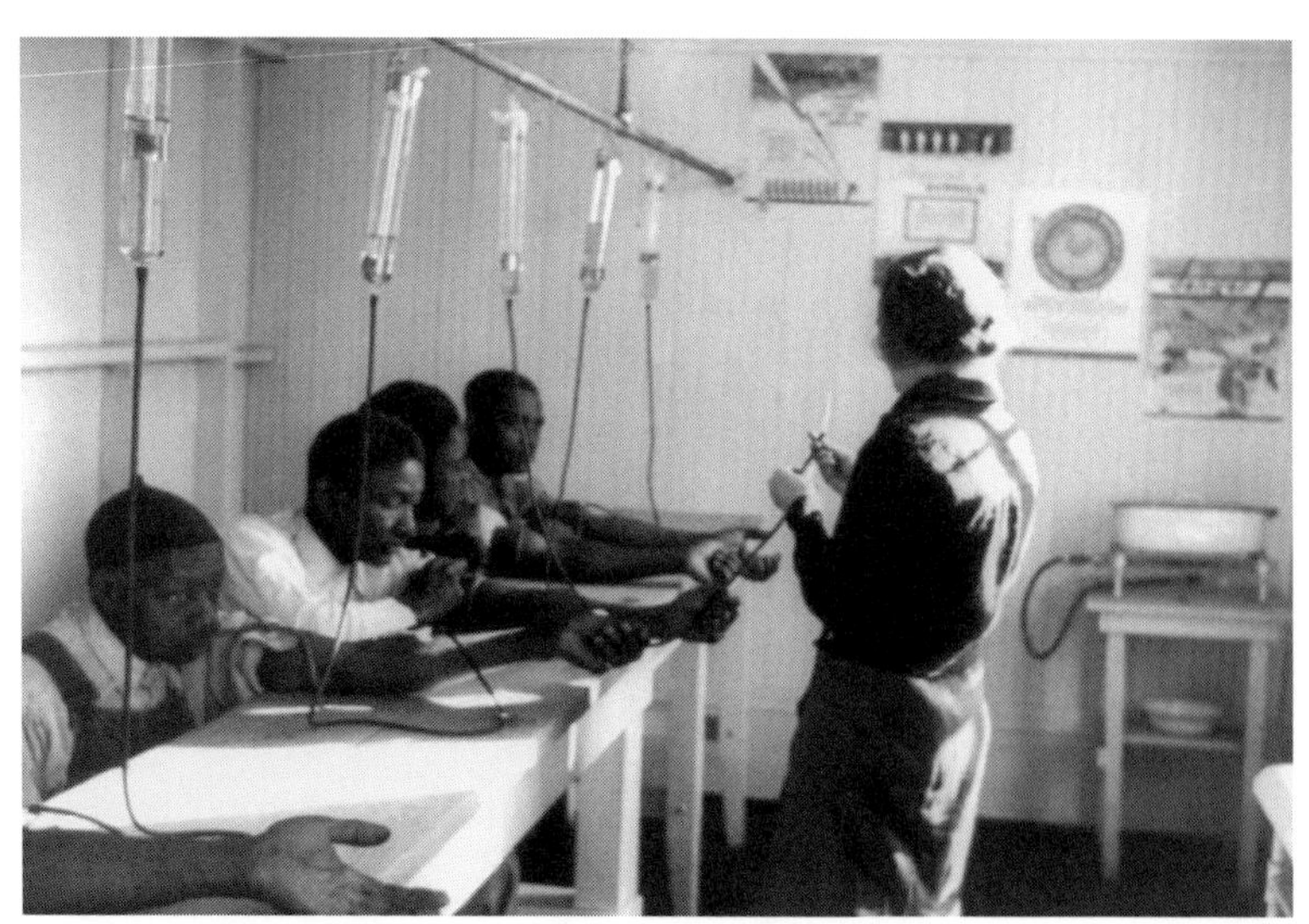

ジョージア州の性感染症診療所で点滴治療を受けるアフリカ系アメリカ人男性。同じころ、無治療の梅毒を持つアフリカ系アメリカ人男性を対象とした「タスキーギ研究」が行なわれていた。合衆国政府は後に被験者を梅毒に感染させたことを謝罪している。Everett Collection/Newscom

際に起こる。その理由のひとつとして考えられるのは、現代の民主主義は権力を制限しようとするからだ。ウォーターゲート事件が起こったのは、リチャード・ニクソンが権力を持ちすぎていたためというよりは、彼が政敵を恐れていたからだ。侵入が発覚した後、隠蔽工作が行なわれたのは、ニクソンが他の政府機関からその責任を問われることになるからだ。イラン・コントラ事件が起こったのは、議会がイランへの武器販売を規制し、それによってレーガン政権の力が制限されたためだ。その規制を回避するために、不正な取引が行なわれたのだ。権力者が陰謀を企てるもうひとつの理由は、そうすることによって、いずれにせよ自分たちが行なうだろう行為を力ずくで隠してしまえるからだ。タスキーギ実験を考えてみてほしい。政府は、何も知らない被験者の目や脊柱に梅毒を注射することに問題を感じてはいなかった。ただその活動を秘密にしておきたかっただけだ。[4]

弱者も悪いことをする可能性があると考える

ことは重要だ。誘惑にまったく動じない集団というものは存在しない。弱い者も、貧しい者も、何ひとつ持たない者も、残虐な行ないをすることはあるし、権力の非対称性の底辺にいるからといって悪意を持たないということにはならない。当然ながら、権力のある人間の方がない人間よりも多くの害を及ぼすことができるが、力がないことは美徳のしるしではない。

ある人に権力や権威があるというだけで、自動的にその人が腐敗していると考えるべきではないし、またある人に権力や権威がないからというだけで、その人には善意しかないと考えるべきでもない。だれであれ悪いことはできる。とはいえ、どうやら人は権力に対して自然と嫌悪感を覚えるようで、それが陰謀論の発生に資する。たとえば、企業に対する告発はどのように仕立て上げられるだろうか。告発者は、対象となる企業の規模、収益性、成功をしきりに指摘し、あたかもそうしたことが、その企業が何か特定の被害に対する責任を負っているかどうかに関係があるかのように言い募る。[5]「大手製薬会社」や「大手農業企業」を非難する陰謀論は、そうした業界の規模や、彼らが持つとされる権力を、悪意の証拠として用いるのが常だ。

権力に対するこのような嫌悪は、進化に由来するものだという意見もある。人類史の初期においては、力のある余所者に対して疑いを持つことは、とりわけ賢明な行為だった。[6]疑いを抱いている人間は、攻撃に対する備えができており、したがって生き延びてその遺伝子や行動を子孫に引き継がせる可能性が高かった。さほど疑いを抱かない人間は、攻撃に対して脆弱で、遺伝子を残す可能性が低い。こうした進化論からの見方は、世界中の人々が権力者や異質な集団のメンバーに対して抱く嫌悪感を（正当化はせずとも）説明することができる。[7]

権力の座

権力はどこに存在するのだろうか。イルミナティ〔一八世紀に現在のドイツで結成された秘密結社〕、フリーメイソン、ビルダーバーグ会議〔欧米の有力者が集まり重要問題を話し合う非公開会議〕、スカル・アンド・ボーンズ〔米イェール大学の秘密結社〕などの組織が、ひそかに権力を持ち、これを濫用していると非難する陰謀論は数多い。▼8 著名な陰謀論者であるイギリスのデーヴィッド・アイクは、数千年前に異次元からやってきた爬虫類のエリートが、人類と交配したと主張している。アイクによると、あらゆる国、政党、王室、企業のリーダーは、爬虫類と人間のハイブリッドであるという。このバカバカしい説は、政治や経済のエリートたちは人間でさえないと示唆しているのだ。これは、反ユダヤ主義者が歴史的に主張してきたユダヤ人観とよく似ている。▼9

アイクがまず提示するのは、「邪悪なファミリーのネットワーク」が人類をひそかに支配しているという、〔陰謀論者としては〕やや平凡な主張だ。

> 共和党と民主党、またこれに相当する世界中の政党は、ひそかに社会に張り巡らされた網である「多国籍企業」組織を介して、イルミナティの血統によって所有されている。……選挙でだれが「勝つ」にせよ、ロスチャイルド・イルミナティのネットワークが……政府を動かしている。▼10

ただし、アイクがこのネットワークの権力を握る主体として挙げているのは、さほど平凡な存在ではない。それは〝人間ではない〟爬虫類のエリートだ。

イルミナティの血統は、人類と爬虫類のハイブリッドであるということに、わたしは確信を持つようになった。……ロスチャイルド家とその血族ネットワークが執拗に、絶え間なく交配を繰り返すのは、彼らが自身の「特別な」遺伝的特徴を保持しようとしているからだ。これは一般人と交配すればすぐに薄まってしまうだろう。……人間社会をひそかにコントロールしている爬虫類族は、この次元と非常に近い次元から来ているが、そこは可視光線の範囲を超えており、そのためわれわれには見ることができない。一方、彼らは可視光線の範囲に入ったりそこから出たりすることができ、また地球内部には爬虫類族の〝都市〟や基地が存在する。軍の最高機密の地下基地には、そこにつながっているものもある。ロスチャイルド家のようなハイブリッドの血統は、地上の可視光の範囲内で爬虫類人の計画に奉仕している。[11]

アイクが唱える爬虫類エリート論は、世論調査においてはさほど支持されていないものの、文化的には大きな影響力を持っている。[12] 小規模なアリーナで行なわれる一日がかりのイベントは、チケットが売り切れることもしょっちゅうで、アイクは聴衆に、ダンスをして陰謀を吹き飛ばそうと呼びかける。

ＪＦＫ暗殺にまつわる持論で知られるアメリカの陰謀論者ジム・マーズもまた、同様に不穏な、しかしさほど超自然的ではない権力についての見解を展開している。マーズによると、秘密主義のエリートたちが現在、世界の人口を減らそうと画策しているという。

われわれは今、死と腐敗の文化の中で暮らしている。それは非自発的な人口削減を公に支持する少数の裕福なエリートによって押し付けられてきたものだ。われわれは化学物質、遺伝子組み換え作物（ＧＭＯ）、染料、添加物、プラスチック、汚染された水、汚染された空気によって殺されつつある。……そうしたことに気がつかないのは、ほんのひと握りの企業オーナーにコントロールされたマスメディアによって、われわれが心理的にプログラムされていることを認識している人が極めて少ないからだ。……これでは、われわれ自身の命を脅かす人口削減に抗議することはできない[13]。

当然ながら、人口削減が行なわれているという証拠はない（寿命は延びており、人口も増えている）。また、人口削減が後に残される人たちにとってよいことであるという証拠もほとんどない。

政治活動家のリンドン・ラルーシュは、（数年前に亡くなるまで）来るべき黙示録についてこれと同様の懸念を訴えていたが、陰謀を企てているエリートについては、また別の名前を挙げていた。ラルーシュのもとに熱心な信望者たちを集めたのは、彼が唱えていたイギリス女王をめぐる陰謀論だった[14]。ラルーシュPAC［ラルーシュを支援する政治活動委員会］によるこんな文章がある。

九・一一のマンハッタン（とワシントン）への攻撃は、イギリスの機構によって進められたものであり、女王だけが、その機構のもとにゴーサインを出す権限を持っていた。しかし、この事件にまつわる情報の中でなによりすばらしいのは、リンドン・ラルーシュは実質的に、九・一一の攻撃が起こる八カ月前には、これを予測していたということだ[15]。

こうした陰謀論を唱え始める前の一九八〇年代、ラルーシュは、エイズに関する陰謀論を広めており、カリフォルニア州に働きかけて、もう少しでＨＩＶ患者を隔離させることに成功するところまでこぎつけた[16]。

コミュニケーション論の教授から陰謀論者になったジェームズ・トレイシーは、サンディフック小学校での銃乱射事件後、一気にその（悪）名を知られるようになった。彼は、メディアが共謀して乱射事件のほんとうの状況を隠蔽していると非難した。自身の主張の記録を残そうと、トレイシーは『Nobody Died at Sandy Hook（サンディフックではだれも死んでいない）』という本に寄稿している。本の冒頭は次のような宣言から始まる。[17]

われわれの主張は、サンディフック事件は、われわれが聞かされてきたように起こったのではないというものだ。われわれはまた、ボストンマラソンの爆破も、われわれが聞かされてきたように起こったのではないと考えている。これらの事件は、少なくともジョン・F・ケネディ殺害か、おそらくはそれよりも前から続いているパターンの一部であると考えられる。これらの〝偽旗〟事件は、陰謀、それも巨大な陰謀の一環だ。皆さんは、こうした意見を聞かされたときには嘲笑してやれと教えられてきたことだろう。しかし、ここには笑えるようなことなどひとつもない。

サンディフック陰謀論者たちは、CIA、FEMA［連邦緊急事態管理庁］、その他の政府機関が事件に関与していると考えている。彼らが**偽旗**事件と呼ぶ出来事については、銃を持つ権利を制限するためのものだとする説もあれば、単なる訓練だという説もある。陰謀論者の中には、殺害されたサンディフックの子供たちの親に嫌がらせをする者もいた。これをきっかけに親たちは団結し、陰謀論に基づくネット上の嫌がらせに対抗するようになった。

白人置き換え、あるいは白人虐殺論とは、企業や政府が安価な外国人労働者を白人がマジョリティである国々（ヨーロッパ、アメリカ合衆国、ニュージーランド、オーストラリア）に連れてきて、白人労働者と置き換えようと企んでいると主張するものだ。この説によると、非白人の外国人は白人から仕事を奪うだけでなく、ヨーロッパ文化を追放し、出生率を高めて数のうえでヨーロッパ人を追い越そうとしているのだという。

この説はヨーロッパ全土で広く信じられている。たとえばフランス人の約五〇パーセントはこれを信じている。[18] ニュージーランド、クライストチャーチにあるモスク二カ所でイスラム教徒五〇人を殺害したオーストラリア人のブレントン・タラントは、自身の凶行について説明する「The Great Replacement（大いなる置き換え）」という声明を発表した。

われわれは今、歴史上目撃したことのないレベルの侵略を経験している。何百万人もの人々が、わが国の国境を越えて押し寄せている。しかも合法的にだ。彼らは国や企業に招かれてやってきて、繁殖に失敗し、企業や国の繁栄に必要な安価な労働力、新たな消費者、税基盤を生み出すのに失敗した白人に取って代わろうとしている。この大量移民と少子化の危機は、ヨーロッパの人々に対する攻撃であり、これに立ち向かわなければ、最終的にはヨーロッパ人の人種と文化は完全に置き換えられてしまうだろう。[19]

ニュージーランドでは、この声明は政府の検閲によってすぐに公開が禁じられた。[20]

たびたび指摘されることだが、陰謀論はポピュリストによる訴えとよく似ている。**ポピュリズム**とは、政治家や専門家について、一般の人々からあまりにかけ離れている、信頼することができない、また、市民に対する陰謀にかかわっている可能性が高いとする政治的世界観だ。ポピュリズムは、反エリート主義と多元主義の否定とを組み合わせることによって、唯一の意志を国民に持たせる。[21] それを拒絶できるのは部外者や敵だけだ。陰謀論がポピュリストのナラティブと非常に馴染みがいいのは、陰謀論はエリートを非難し、政治的な競争相手は「人民」の敵であるという強いマニ教的二元論のナラティブを提示する傾向にあるからだ。

人によっては、権力構造全体を非難する陰謀論に熱意を注ぎ、陰謀の主体がどこに所属しているかについてはあまり問題にしない場合もある。ジム・マーズのようなそうした陰謀論者にとっては、党派性も策略のひとつに過ぎない。

外交問題評議会のような秘密結社が、民主党と共和党の両方でリーダーシップをとっているため、第二次世界大戦以降、アメリカの外交政策に大きな変化はなかった。両党を支配するグローバルエリートは、グローバリストの目標に沿わない人物が大統領にならないよう手を回している。エリートのグローバルアジェンダの基礎である永続的な戦争状態にアメリカを置くために、あらゆる努力が払われている。[22]

党派的陰謀論

あらゆる権力者や組織を常に非難し続けるというのは、とてつもなく疲れることに違いない。このほか、特定の集団だけを非難することで満足する人たちもいる。政府に関する陰謀論には、政府全般というよりも、政府をコントロールしている特定の政党についてのものが多い。

多くの人は、競合する政党に政府が支配されているときにはこれに不信感を抱くが、自分が支持する政党に支配権が移ると、今度は政府を信頼するようになる。[23] 支持政党が選挙に勝てば、その結果は正当であり、支持政党が負ければ、相手が不正をしたことになる。人は、支持政党が支配しているときには国が正しい方向に進んでいるとみなし、対立政党が支配しているときには間違った方向に進んでいるとみなす。[24]

郵便はがき

料金受取人払郵便

麹町支店承認

9781

差出有効期間
2022年10月
14日まで

切手を貼らずに
お出しください

1 0 2 - 8 7 9 0

1 0 2

[受取人]
東京都千代田区
飯田橋2－7－4

株式会社 作品社
営業部読者係　行

【書籍ご購入お申し込み欄】

お問い合わせ　作品社営業部
TEL 03(3262)9753／FAX 03(3262)9757

小社へ直接ご注文の場合は、このはがきでお申し込み下さい。宅急便でご自宅までお届けいたします。送料は冊数に関係なく500円（ただしご購入の金額が2500円以上の場合は無料）、手数料は一律300円です。お申し込みから一週間前後で宅配いたします。書籍代金（税込）、送料、手数料は、お届け時にお支払い下さい。

書名	定価　円	冊
書名	定価　円	冊
書名	定価　円	冊
お名前	TEL　(　　)	
ご住所 〒		

フリガナ
お名前

男・女　　　　歳

ご住所
〒

Eメール
アドレス

ご職業

ご購入図書名

●本書をお求めになった書店名

●ご購読の新聞・雑誌名

●本書を何でお知りになりましたか。

イ　店頭で

ロ　友人・知人の推薦

ハ　広告をみて（　　　　　　　　）

ニ　書評・紹介記事をみて（　　　　　　）

ホ　その他（　　　　　　　　　　）

●本書についてのご感想をお聞かせください。

ご購入ありがとうございました。このカードによる皆様のご意見は、今後の出版の貴重な資料として生かしていきたいと存じます。また、ご記入いただいたご住所、Eメールアドレスに、小社の出版物のご案内をさしあげることがあります。上記以外の目的で、お客様の個人情報を使用することはありません。

自分の支持する党派をめぐる状況は、他の領域においても人々の意見に影響を与える。たとえば、経済状況があまり変化していない時期に、政治的な支配権が、ある政党から別の政党に移った場合、党派主義者たちはそれぞれの見解を翻して、今後は自分たちが政府を支配すると感じている人たちはより肯定的な見方を、権力を失ったと感じている人たちはより否定的な見方をするようになる。[25]

対立する政党が政権を握っているとき、人々の感情は陰謀論となって表出することが少なくない。大統領というものは決まって、競合政党の支持者から、アメリカを破壊しようとしている外国のスパイだと非難されることになっている。最近ではドナルド・トランプがロシアの協力者だと非難されたように、バラク・オバマはアメリカの利益を損おうと企む隠れイスラム教徒であると非難され、ジミー・カーターはソビエトのスパイだと非難され、フランクリン・ルーズベルトはアメリカを乗っ取ろうとしている共産主義者だと何度も非難された。[26]

より具体的でない理論を対象とした調査でも、同様のパターンが見られる。二〇一二年にアメリカで実施された全国代表調査は、回答者に次のような質問をしている。「以下の集団のうち、一般市民に対して秘密裏に活動する可能性があるのはどれですか。当てはまるものをすべて選んでください」。[27]回答者は、リストアップされた一〇の集団の中から好きな数だけ選ぶことができた。選択肢の中で共和党に関するものは「共和党やその他の保守的な集団」と「企業や富裕層」のふたつで、民主党に関連するふたつの選択肢は「民主党やその他のリベラルな集団」と「共産主義者や社会主義者」だった。このほか、どちらの政党とも関連のない「フリーメイソンやその他の友愛団体」という選択肢もあった。共和党支持者のうち「共和党やその他の保守的な集団」を選んだのはわずか八パーセントだったのに対し、民主党支持者は三七パーセントがこれを選んだ。共和党支持者のうち「企業や富裕層」を選んだのは二六パーセントだったが、民主党支持者のそれは五七パーセントだった。民主党と協調関係にある集団については、「民主党やその他のリベラルな集団」を選んだ共和党支持者は三九パーセントにのぼったが、民主党支持者は六パーセントにとどまった。共和党支持者では約六〇パーセントが「共産主義者や社会主義者」を選んだが、民主党支持者ではわずか二〇パーセントだった。要するに、党派主義の人たちは、対立政党とその仲間が陰謀を企んでいると非難する傾向が強く、自分の支持政党とその仲間に対してはその傾向が弱いということになる。「フリーメイソンやその他の友愛団体」は、一般には党派性を持たないと考えられている。共和党支持者も民主党支持者も、同程度の割合でこの選択肢を選んでいた（それぞれ約一〇パーセント）。党派主義的な選択肢に比べて、フリーメイソンに対する懸念を表明した人は非常に少なかった。これが示唆しているのは、少なくともアメリカにおいては、党派主義的な対立が陰謀信念の重要な要因であり、フリーメイソンのような集団が陰謀にかかわっていると考える傾向はどちらの陣営でもほぼ同程度であるということだ。

ここで重要なのは、党派主義はなぜ、どのようにして陰謀信念に影響を与えるのかということだ。この問いに答えるためにはまず、陰謀論は政治的な、またしばしば党派主義的な意見であるとみなすことが必要だ。そのうえで、政治的意見がどのように形成されるかについて、社会科学者たちが前世紀に発見した内容を議論するのが適切だろう。

意見形成

二〇世紀初頭の戦争の後、社会科学者たちは大衆の意見に強い興味を抱くようになった。その中心的な疑問は、なぜ普段は善良で良識のある人たちが、何百万人もの人間を虐殺した政権を支持するのか、ということだった。この疑問に答えるため、社会学者のポール・ラザースフェルドのチームは、一九三〇年代からアメリカ北東部で一連の研究を実施している[▼28]。同じ人たちに繰り返しインタビューを行なうことにより、彼らはメディアのメッセージが受け手の選好にどのような影響を与えるかを観察しようとした。ラザースフェルドは当初、メディアで発せられるメッセージは人々の意見に、強く、直接的で、直感的な影響を与えることができると考えていた。そうであれば、たとえば選挙に立候補した政治家の広告は、投票者の意向を即座に変えることができるだろう。メディアからのメッセージにこの類の力があるなら、ああした政権が市民からの支持を得ていた理由を、ナチスなどの独裁主義政府が採用していたプロパガンダマシーンに求めることができるかもしれない。メディアのメッセージがそこまで強い影響力を持つという考えは、「皮下注射論」と名付けられた。

ラザースフェルドは、もし皮下注射論が正しければ、メディアメッセージのすぐ後を追うように、一般市民の選好も変化する様子が観察できるだろうと考えた。ところが、実際の結果はその正反対だった。たとえば有権者の選好は、メディア環境の変化に影響されることなく、選挙の数カ月前からほとんど変わらなかった。メディアのメッセージにはどうやら、（少なくとも直接的には）人の心を変えるほどの力はないようであり、人々の選好は一貫して安定していた[29]。皮下注射論を裏付ける証拠が見つからないため、研究者らはこれを捨て、世論を動かすメカニズムをほかの場所に求めることにした[30]。

一九六〇年、米ミシガン大学の研究者らが、アメリカ人の世論を徹底的に研究した大著『The American Voter（アメリカの投票者）』を発表した。これは、個人の政治的意見が長期にわたって安定していることの説明を試みたものだ[31]。政治的意見は社会化の過程で生じ、いったん固まれば、ニュースや広告といった外部からの刺激にはほとんど影響を受けないと、同書にはある。幼少期に親、学校、宗教から受ける影響によって、人は**党派的な愛着**を発達させ、それは選挙戦の間だけでなく、生涯にわたって安定していた。『The American Voter』の説明によれば、党派主義は「immovable mover（不動の動者）」であると考えられるという。その意味するところは、党派主義はほかの意見の形成に影響を与える一方、ほかの意見からはあまり影響を受けないということだ。この理論は数十年の間に繰り返し検証が行なわれてきた。そして、党派主義とは「社会化された集団への愛着であり、政治的世界をどのように見るかに影響を与えるもの」であるというこの理解には、一貫して強力な裏付けが見つかっている。

世論を研究しているドナルド・グリーン、ブラッドリー・パームクイスト、エリック・シックラーによる調査結果を見てほしい。『The American Voter』から四〇年後に、その主要な結論を支持する研究を発表した彼らは、政党との同一化意識を宗教になぞらえている。

われわれの見解は、過去の研究における党派主義に対する社会心理学的な視点に耳を傾けつつ、政党との同一化意識と宗教との同一化意識との類似性を比較するものだ。党派的な愛着は成人期の比較的早い時期に形成される。……特定の社会的集団に帰属意識を感じるとき、人はその集団が主張する教義上の立場を吸収する。党や宗教との同一視がどのように起こるにせよ、成人期初期にいったん根付いてしまえば、多くの場合はそのまま持続する。党派的な同一視は、市民の自己認識における永続的な特徴だ。それは選挙のサイクルや短期間で終わってしまう選挙運動に応じて現れては消えるわけではない。政党政治に対する市民の関心は選挙が近づくと高まるが、党派的な自己認識は、政党間競争の盛衰にかかわらず残り続ける。[32]

社会化をはじめとする社会心理学的なプロセスによってもたらされる安定性が原因となり、メディアのメッセージが、党派主義のような根本的な見解に影響を与える余地はほとんどない。皮下注射論を支持する証拠は見つからず、また研究によって党派主義の安定性が示されたことで、メディアによる影響の**最小効果モデル**が裏付けられ、それが数十年にわたり常識となってきた。[33]

最小効果モデルは、二つの基本的な主張に依拠している。ひとつ目は、受け手は自らの根底にある愛着（とくに党派主義）に異議を唱えるメッセージに対し、積極的な心理的抵抗を持っているというもの。ふたつ目は、受け手は満足感を得たいという自らの要求に見合う情報源を自ら選択し、また心に深く抱いている見解に異議を唱える情報源を避ける、というものだ。ひとつずつ詳しく見ていこう。

まずは、受け手は自らの党派的な愛着やその他の選好に異議を唱えるメッセージに対し、積極的な抵抗を持っているという主張についてだ。研究によると、受け手は、自分が同意しない情報については無視、あるいは過剰に精査し、それによって自分が同意する情報にいっそう重きを置くようになる。これは、人があらかじめ定められた結論を支持する証拠だけを集めたり、検討したりすることによって起こる**確証バイアス**につながる。だれもが自分がいかに正しいかという話にのみ耳を傾ければ、態度の極化が起こりうる。

チャールズ・ロード、リー・ロス、マーク・レッパーによる著名な研究がある。この研究では、学部生（一部は死刑制度を支持し、一部はこれに反対している）に、死刑についての架空の〝研究結果〟を二種類提示した。一方の〝研究結果〟は、被験者の既存の信念を肯定するもので、もう一方のそれは被験者の既存の信念を否定するものだった。すると、「死刑賛成派も反対派も、自身の信念を裏付けてくれた結果ややり方の方を、より説得力と証明力があるものと評価」した。ここからわかったのは、「社会論争において対立する派閥を、同一の関連する実証的証拠にさらした場合、意見の相違の幅を狭めるよりも、むしろ極化を強める可能性がある」ことであった。[34]その理由はこうだ。

複雑な社会問題に強い意見を持つ人たちは、関連する実証的証拠を偏った方法で検討する傾向にある。彼らは自分の意見を「裏付ける」証拠を額面通りに受け入れ、一方、「反証となる」証拠を批判的に評価しがちであり、その結果、雑多な、あるいはランダムな実証的知見から、当初の立場への過度な支持を引き出す。[35]

ロードらの研究結果は、数年後に検証が行なわれており、そのときはケネディ大統領の暗殺についての情報がテーマとして取り上げられた。結果は以前とほとんど変わらなかった。

バイアスがかかった同化および態度の極化のプロセスにより、暗殺の犯人に関して個人が唱える説は本質的に不変であり、したがって、JFK暗殺をめぐる議論は果てしなく続くことになる。……（公式説明と陰謀論）どちらの支持者も、同じ一連の証拠を、自分の立場を支持するものとして認識する。……（このことは）既存の態度を緩和させたり逆転させたりするよりも、むしろ態度の極化につながる。[36]

人の情報の見方は、自分がすでに信じていることに応じて異なり、これはつまり、新たな情報が信念に与える影響は、一部の人が主張するほど大きくない可能性を示唆している。

第二の、そしておそらくはより重要な、受け手は自らの要求に見合うメディアソースを自ら選択し、同時にそうでないニュースソースを避けるという主張を検証してみよう。情報に触れない限り、人がそれに影響を受けることはありえない。たとえばアメリカのケーブルニュースチャンネルを見ている人はほとんどいない。しかし、実際に見る人たちは自分の党派性にぴったりくるチャンネルを選ぶ傾向にあり、共和党支持者はFOXニュースを、民主党支持者はCNNやMSNBCを見る。[37]

自己選択は、陰謀論の内容に対してもほぼ同様に作用する。陰謀論を探すことができる場所はたくさんあるが、そうした場所を利用するのは主に、すでに陰謀論を信じている人たちであり、その理由はおそらく、彼らが陰謀的思考に染まった世界観を持っているからだ。フェイスブックを対象としたイタリアの研究によると、フェイスブック上で陰謀論と積極的なかかわりを持った経験のある人たちは、でっちあげの陰謀論を喧伝しているページ（例：ケムトレイルにはバイアグラの成分が含まれているとの記述があるページ）と積極的にかかわりを持ち、一方で、科学に基づいたページとかかわりを持った経験がある人たちは、でっちあげの陰謀論に積極的にかかわろうとはしなかった。別の言い方をするならば、陰謀論が提示されたとき、「陰謀論が掲載されたページの極化したユーザーは、より積極的に陰謀論に『いいね』をしたりコメントを付けたりする」ということだ。[38]

これら二種類の抵抗――受け手が持つ先有傾向と受け手が選ぶ内容――の存在を前提とすることで、最小効果モデルは、人の心を変化させるメディアの能力は限定されたものであることを示唆している。したがって、ニュースのメッセージは、既存の意見を変えるのではなく、強化する方向へ働くことになる。極化が起こるのは、人々が、自分がすでに信じていることを追認する情報だけを探し出してよく検討する一方で、それを反省や妥協には結びつけないためだ。

これはしかし、新たな情報は人にまったく影響を与えることはできないという意味ではない。そうしたことは起こりうるし、その頻度も低くない。たとえば、多くの研究が、報道機関は「アジェンダ設定」[39]と呼ばれるプロセスを通じて、受け手にとっての争点の優先順位を決定づけられることを示している。アジェンダ設定の効果によって、受け手はニュースメディアがもっとも多く報道する争点をもっとも重要なものと位置付ける。メディアには、受け手に何を考えるべきかを伝えることはできない一方で、受け手が何について考えるかには影響を与えることができる。さらには、十分な証拠に裏付けられた枠組み（フレーミング）効果というものがある。[40]報道機関は、どんな問題であれ、それをさまざまな形で議論することができ、彼らの選択によって、その問題がどのように受け止められるかは大きく変わる。たとえば、政府予算の行き詰まりを伝える際には、「危機」「交渉」「戦い」などの言葉が使われる。こうした枠組みはそれぞれ同じ出来事を指しているが、与える印象は異なる。[41] ただし指摘しておきたいのは、人は情報源を自分で選択し、自分の認知と矛盾する情報には抵抗を示すため、ここで述べたような効果は期待ほど大きくはないかもしれないということだ。[42] そのうえ、報道機関（およびその他の情報提供者）はより多くの受け手を獲得したいと思っており、そのために受け手の要求にぴったりと合う制作物を生み出そうとする。これをやらなければ、彼らは存在できなくなってしまう。[43]

メディアが受け手の先有傾向を考慮しつつ、どのように受け手に影響を与えるかについては、政治学者のジョン・ザラーによる考察がある。意見形成と情報についての文章の中で、ザラーはまず、「（市民は）さまざまな関心事、価値観、経験を持っており、それが説得力のある影響を受け入れようとする意志――あるいは逆に抵抗しようとする決意――を大きく左右する可能性がある」と書いている。[44] 次にザラーは、人は自分が信頼するメディアや政治的エリートから手がかりを得る傾向があることを示す。たとえば、民主党支持者は民主党の政治家やニュースソースから、共和党支持者は共和党の指導者やニュースソースから手がかりを得る。党派性とはつまり、人がどの争点を信じるかを決定するというよりも、どのエリートから手がかりを得るかを決定する集団への愛着ということになる。

また、これは『The American Voter』の結論とも一致するが、「粘り強く残る」のは根本的な傾向（すなわち党派性）であり、そのほかの意見は柔軟で、エリートから与えられた手がかりに影響されやすい。たとえばある研究で州議会議員に、争点に対する自分の立ち位置を示す資料を有権者のもとに郵送してもらうという実験を行なったところ、以下のようなことがわかった。「たとえ議員が正当性をほとんど示さない場合でも、有権者は議員が取る立場を受け入れることが多かった。……有権者は、自分が以前反対していた立場を議員が取った場合でも、議員をより否定的に評価することはなく、そこに議員が正当性を示したかどうかはかかわりがなかった」[45]。研究者らは、こうした「結果は、有権者は政治家の政策判断を受け入れる場合が多いことを示唆する複数の理論と一致する」と結論づけている[46]。

さらには、二〇一〇年にカリフォルニア州で行なわれた、大麻合法化を目指す「提案一九号」をめぐる動きについても見てみよう。典型的な民主党支持者を思い浮かべれば、大半の人が、彼らであればこの提案に諸手をあげて賛成したに違いないと思うかもしれない。しかし、オバマ政権の知名度の高い民主党議員たちが反対を表明すると、それまで可決を支持していた多くの民主党支持者が考えを改めた。政治学者のマイケル・テスラーはこう述べている。

> 民主党を支持するカリフォルニア州の有権者は、とくに九月から一〇月にかけて、提案一九号への支持を変える傾向にあった。共和党支持者の反対は比較的安定していたが、民主党支持者による支持は、キャンペーンの最後の月に実施された［二度の］世論調査で九ポイントおよび七ポイント減少した。さらに……提案一九号への支持の低下は、もっとも政治的関心の高い民主党支持者の間でとくに顕著であった。……二〇一〇年九月の時点では、関心の高い民主党支持者の七五パーセントが提案を支持していたが、一〇月にはわずか六〇パーセントになった。一方、共和党支持者およびあまり情報を採り入れていない民主党支持者からの支持は比較的安定していた[47]。

考えを変える可能性がもっとも高かったのは、強い関心を持つ民主党支持者――提案に反対している知名度の高い民主党員から影響を受ける可能性が高い――であった。

こうした効果の類似例の中でわたしがとりわけ気に入っているのは、ピザチェーン店「ゴッドファーザーズ・ピザ」の元CEOハーマン・ケインが、二〇一二年に共和党の大統領候補に立候補したときのものだ。市場調査会社「YouGov」が実施しているブランドインデックスは、偶然にも、ゴッドファーザーズ・ピザのブランド好感度を繰り返し調べていた。選挙戦の開始当初、共和党支持者と民主党支持者のゴッドファーザーズに対する見方はほぼ同じだったが、ケインがこの会社の元CEOであることが知れわたると、意見は真っ二つに分かれた。共和党支持者はケインをより肯定的に、民主党支持者はより否定的に見るようになったのだ。ケインの人気が最高潮に達したとき、ゴッドファーザーズに対する共和党支持者と民主党支持者の評価には二五ポイント（マイナス一〇〇〜プラス一〇〇ポイントでの評価）の開きがあった。[48]どの政党を支持していようとピザは以前と変わらないはずだが、その人が持つ政治的忠誠心が、ピザへの好感度を決定していたのだ。

ここまで、意見形成とメディアによる影響を大まかに説明してきた。メディアやその他の情報源が人の意見に影響を与えることはあるが、その効果は多くの場合、センセーショナルな報道が示すほど大きくも、劇的でもない。たとえ大統領選挙のように長期にわたって継続的に行なわれる情報キャンペーンであっても、広範な意見の変化があったことを示す証拠はほとんどない。むしろキャンペーンは、人がもともと投票しようとしていた相手に投票させる方向に働く場合が多い。[49]

党派性と陰謀信念

対立する党派主義者とはたとえば、とりわけ賞金の大きな試合で互いに競い合うスポーツチームに所属するプレイヤーのようなものと考えることができる。政治もスポーツと同じくシビアな世界だ。党派性は、スポーツチームへの所属意識と同じように、政策に対する判断というよりも帰属意識、つまりは集団への愛着から生まれる。[50]また、人はほかのチームよりも自分のチームを好み、自分のチームの方が良い意図やメソッドを持っていると信じている。

党派主義者が陰謀論を信じるとき、その説は対立する党が陰謀を企んでいると非難するものである可能性が高い。したがって党派主義者は、対立する党が否定する陰謀論を信じることになる。[51]また、党派主義者の信じる陰謀論は、対立する相手を非難するだけでなく、その他の面でも自分たちの党派的な世界観に合致しているものとなる。政治学者のハーバート・マクロスキーとデニス・チョンは、一九五八年の党大会で収集されたデータを用いて、極左および極右活動家の信念を比較している。その結果わかったのは、どちらの側の活動家も、相手方の陰謀を非難する傾向は対称的である一方で、そうした非難をする理由は明確に異なっているということだった。

左も右も政府に対する疑念を抱いているにもかかわらず、彼らの反体制的な反応は多くの場合、異なる問題によって引き起こされている。たとえば、裁判所、法律、新聞、政党に対して富裕層や権力者が有する影響力に関する一連の項目への反応において、極左はイデオロギー集団の中でもっとも積極的にこれらの機関を富裕層の手先として非難した。これはもちろん、驚くべきことではない。資本主義のエリートや体制に対する敵意は、長い間、急進左派の政治の主要な特徴となってきたからだ。ところが、急進右派もまた、別の理由からこれらの機関への幻滅を表明した。彼らの怒りを買ったのは、それらが富や「ビジネス」と関連しているとされていることではなく、強固なリベラル組織の影響を受けやすいとされていることだった。彼らから見れば、政府機関、報道機関、財団などの強力な組織は、リベラルな大学で訓練を受けたテクノクラートや学者であふれている。そうした大学はまた、司法やその他さまざまな専門家集団をストックしておく「農場システム」でもある。[52]

数多くの世論調査が、党派主義者はどちらの側も同程度積極的に陰謀論を信じており、ただ単に異なる陰謀論を、異なる理由から信じているだけであることを示している。[53] 党派的な陰謀論は、党派的な対立において当たり前に見られるものであり、また対立を反映したものでもある。[54]

一パーセント

大勢の人たち、とりわけ政治的左派は、自分たちの側が相手方と同じように陰謀論を信じる傾向にあるということを受け入れたがらない。反論の多くは、何を陰謀論とし、何を陰謀論としないかという議論へと発展する。[55] したがって、何が陰謀論であって何がそうでないかを判断するにあたっては、われわれは自らの定義を率直に提示し、それを一貫して適用しなければならない。党派のどちらの側においても陰謀論が大いにはびこっていることを示すには、そうするのがいちばんだろう。

一〇年以上前に共著者のジョゼフ・ペアレントと一緒に陰謀論の研究を始めたとき、わたしたちが気づいたのは、それまでの研究者たちが調査対象を、共和党支持者が信じている陰謀論という狭い範囲に絞る一方で、左派の陰謀論には目をつむっているように見えるということだった。

当初から、つまりリチャード・ホフスタッターのころから、右派の方がより権威主義的で、反知性的で、部族的であるがゆえに、党派主義者には非対称性があるという主張がなされてきた。左派と右派との間に違いはあるが、学者やメディアはこれに関しては、その違いを誇張することには慎重になるべきだ。われわれは、非対称性という概念がこれまで残ってきたのは、学者やジャーナリストが主に左に同調しているためだと考えている。そのせいでこれらふたつの機関は、右派が信じる陰謀論ばかりを偏って取り上げる一方で、自陣に近い人たちによる陰謀論を見逃している。ホフスタッター自身はマルクス主義に傾倒した左翼であり、彼が赤狩りの後にペンを取った理由は十分に理解できる。われわれが「American Conspiracy Theories（アメリカの陰謀論）」の一部を二〇一三年の学会のパネルで発表したとき、ほかの学者たちは、オバマ大統領が外国で生まれたとか、隠れイスラム教徒であるとか、労働統計局のデータを捏造したとかいった説を取り上げた論文を発表していた。いずれも価値ある発表ではあるが、あれでは聴衆が、共和党支持者の方が民主党支持者よりも陰謀論に染まりやすいと考えるようになっても無理はない。少なくとも政治科学の分野においては、最近の陰謀信念に関する研究の多くは、とくに二〇〇八年のオバマ大統領の当選以降、左派の関係者を非難する陰謀論ばかりを取り上げてきた。アメリカ政治学会（二〇〇二～二〇一三年）と中西部政治学会（二〇〇四～二〇一三年）の学会アーカイブを調べてみたところ、右派の陰謀信念を調べた論文は多く見つかったが、左派のそれについては皆無に近かった。こうしたことが積み重ねられた結果、知識を生み出し、知識を普及させているわれわれの組織が、右派は変人ばかりで、左派は賢明で物事をよくわかっているという印象を与えている。そこに陰謀は存在しない。イデオロギーが教授やジャーナリストたちの世界観に影響を与えているのであって、それはほかのどんな人にも起こる。しかし、だからといってそれが正当化されるわけではない。▼56

こうした状況はここ数年間で大きく変化したとはいえ、学者やジャーナリストには今でも、共和党支持者はとくに陰謀論に傾倒しやすいと考える傾向がある。

見逃されることが多い左派の陰謀論の例として、バーモント州選出の上院議員で二〇一六年の民主党大統領候補となったバーニー・サンダースが唱える、アメリカでもっとも裕福な一パーセントの人々がこの国の経済・政治システムを「不正に操作した」（これは彼のスピーチのほぼすべてにおいて主要なテーマとなっている）

との主張について考えてみたい。多くの著名な政治家たちが、アメリカでもその他の国でも同様の主張をしている（マサチューセッツ州上院議員エリザベス・ウォーレン（民主党）やイギリスの元労働党党首ジェレミー・コービンなど）[57]。左派の多くは、一パーセント理論が陰謀論であることを認めたがらず、この内容は真実である、あるいは所得の不平等に対する厳しい批評であるのだから許されると言い募る。わたしがこの理論を深く掘り下げてみたいと思うのは、これが一般的な政治的レトリックの中に遍在しているからだ。

第二章でわたしは**陰謀論**について、小規模かつ有力な集団が、自らの利益のために、共通の利益に反して、物事の基本原則を脅かすやり方で秘密裏に行動しているとする根拠のない主張と定義した。この定義を公平に適用するなら、一パーセントのレトリックは明らかに陰謀論のひとつに数えられる。サンダース自身の言葉で言うなら、「一パーセント」の人々による集団が、経済や政治プロセスをひそかに乗っ取っている（〝不正に操作した〟）からだ。この集団の動機は「終わりを知らない」貪欲さであり、それがほかの人たち全員が「生き延びる」ことを困難にしている[58]。サンダースは、システム全体が「この国でもっとも富裕な人たちによって、この国でもっとも富裕な人たちの利益となるように、その他すべての人たちを犠牲にして設計された」ものであり、「最初から最後まで彼らが勝つ」ようになっていると主張した[59]。このレトリックは第一に、そして何より重要なことに、ほかの人たちの問題を一部の人のせいにしようとする安易な試みだ。サンダースは明らかに、自分たちの利益のために、共通の利益に反して、物事の基本原則を脅かすやり方で秘密裏に行動している集団を非難している。残る唯一の問題は、サンダースのレトリックは**陰謀**について語っているのか（つまり、単に実際に行なわれている陰謀についての確かな情報を伝えているだけなのか）、それとも**陰謀論**を提示しているのか（つまり、その主張は潜在的には真でも偽でもありうるが、根拠はないのか）ということだ。

アメリカ（またその他の西欧諸国）では多くの人たちが、一パーセント理論は陰謀論とは言えないと考えている。彼らは、一パーセントの人たちがほんとうに経済や政府、あるいはその両方を支配していると確信している。しかし、この考えは経済や政治を研究している認識論的権威によって真実であると証明されたわけではない。経済学者は、少人数の集団によって経済が支配されていると唱える説を陰謀論に分類している。[60] 政治学者は何十年も前にそうした説に疑義を呈している。そして、正式な経済学や政治学の教科書で、一パーセント理論を事実として提示しているものをわたしは見たことがない。

著名な政治学者のロバート・ダールによる、そうした理論への批判を見てみよう。

> 非常に多くの人たちが、〝彼ら〟が物事を動かしていると信じているようだ。彼らとはつまり、表には出てこない名門一族、銀行家、市当局執行部、あるいは政党の党首などを指す。こうした類の考え方は明らかに、強力かつ多面的な魅力を持っている。それはシンプルで、説得力があり、ドラマチックで、〝現実的〟だ。それは人を内部事情に詳しい予想屋にしてくれる。報われない理想主義を抱え込んでいる人にとって、それは適度にハードボイルドなシニシズムを含んでいる。そして何より、この仮説にはその他数多くの説に比べて非常に大きな利点がある。それは、反証することが事実上不可能な形に仕立てられるということだ。……あるコミュニティの表向きのリーダーたちが支配エリートを構成しているようには見えない場合、表向きのリーダーの背後には支配エリートを構成する影のリーダーたちがいると主張すれば、仮説を正しいことにできる。もしその後に出てきた証拠によって、この影の集団が支配エリートを構成していないことが判明した場合、その最初の影の集団の背後にまた別の集団があると主張すれば仮説は正しいということになり、これはいくらでも続けることができる。[61]

ダールはこうした理論を、その反証不可能性によって否定している。

いずれにせよ、実証的な証拠によって原理的にさえ反論することができない理論は、科学的な理論ではない。形而上学的な教義、あるいは論争のための論争を促す教義以上のものであると主張する支配エリート理論に対して、われわれは少なくとも以下を求めることができる。第一に、証明責任はその理論の支持者にあり、批判者にはないこと。第二に、その理論の誤りが証明されるための明確な基準があることだ。[62]

ダールはさらに、バーニー・サンダースが主張するような理論を判断するための基準を作成している。道理をわきまえた人々がそうした理論を受け入れるためには、それを提唱する人たちは（一）明確に定義されたエリート集団を提示することができ、（二）その集団の選好が集団外の人たちの選好とは異なることを示し、（三）そのエリートがほとんどの場合に「決まって勝利する」ことを示す必要があると、ダールは主張する。[63] 同時に、富裕層が貧困層よりもどれだけ多くの政治的な力を持っているのかについて、またなぜ経済的不平等が起こり、それに対して何をすればいいのかについても、合理的な議論がなされるべきだろう。一部には、これらの基準を満たすために誠実な努力を払っている学者もいる。たとえば、政治学者のマーティン・ギレンズとベンジャミン・ページによる分析は、裕福なアメリカ人が中流階級のアメリカ人と意見が合わない場合、前者の方が自分たちの好む政策を実現する可能性が高いことを示している。[64] しかし、サンダースのレトリックが示唆するようなやり方で富裕層が政府を支配しているというのは、反論の余地のない科学であるとは到底言えない。政治学者のピーター・エンズは、この議論において決定的な結論を出すことに注意を促し、こう述べている。「富裕層と中間層の選好が分かれている問題においてさえ、政策は最終的に、政策立案者が中間層を代表して富裕層を無視した場合に期待される程度のものになる」[65]

また、サンダースの一パーセント理論における現実的な面についても考えてみたい。少人数の集団がアメリカの散漫に広がった政治システム全体を乗っ取り、二〇兆ドル規模の経済を闇の中で不正操作するというのは可能なのだろうか。当然ながら、一部の富裕層や権力者が、ときに特定の市場の一部を不正に操作したことはあるだろうが、そうした試みは、公然と行なわれるか、暴露されるか、長続きしないことが大半だ。毎年何兆ドルもの取引が行なわれる経済全体の長期的な不正操作というのは、可能だとは思えない。まっとうに考えれば、アメリカ経済は少人数の秘密集団によって不正操作されるには大きすぎるということになる。

さらには、もし経済がそうしたトップにいる人たちに操作されているのであれば、同じ企業や人間がずっと成功を続けることになる。しかし、そうした様子は見当たらない。一見、金持ちや成功者はずっと金持ちであり成功者であるように見えたとしても、それは錯覚に過ぎない。実際には、今日の経済的強者は明日の敗者であることが多いのだが、敗者は姿を消してしまうため、われわれの目には強者しか映らない。かつての業界のリーダーたちがどんな運命をたどったかを見るといい。コダック、MySpace、トイザらス、TiVo、ラジオシャック〔家電販売店チェーン〕、サーキット・シティー〔家電販売店チェーン〕、シアーズ〔百貨店〕、ベアー・スターンズ、エンロン、ホステス〔菓子メーカー〕、アメリカオンライン、ブロックバスター、クイズノス〔サンドイッチチェーン〕、アタリなどなど。経済的な有力者であることが、ビジネスを維持する助けにならなかったのはなぜだろうか。**彼ら**はなぜ、経済システムを不正に操作することができなかったのだろう。

アメリカ政府もまた、その経済と同じように、大きく無秩序に広がり、権利は分散している。少人数の集団がそのすべて、あるいはほとんどを支配するというのは、ほんとうに可能なのだろうか。政府のさまざまな部門が互いに相反する目的のために活動していることを考えれば、ひとつの集団が何らかの指示された目的のためにこれを支配しているというのはありそうにない。
そして一パーセントというのは、具体的にはだれのことなのだろうか。サンダースが言及しているのは、ある特定の年の高所得者の一パーセントなのか、それともまた別の集団なのだろうか。サンダースが「一パーセント」という呼称で表しているのは、アメリカの一パーセントなのか、それとも世界のそれなのだろうか。もし後者であれば、サンダースの話は彼の支持者にとってさほど魅力的とは言えないだろう。なぜなら大半の人たちが世界の一パーセントに該当するからだ。たとえば、年収が三万から五万ドルあれば、その人は世界の一パーセントに入る。「つまり、もしあなたが会計士や登録看護師であれば、あるいは小学校の先生であったとしても問題はない。いずれの職業でもその平均賃金は十分に世界のトップ一パーセントに入る」だろう。[66]
それ以上に大きな問題として、サンダースのレトリックには矛盾がある。たとえば、サンダースは一パーセントの人々について、自由市場でギャンブルをしていることと、不正なシステムを運営していることの両方の点において非難している。[67] これをどちらもやっているということはありえない！　この矛盾は、サンダースが証拠に基づいてではなく、だれかをスケープゴートにしようという意志から立論していることを示している。皮肉なことにこれは、アドルフ・ヒトラーが自身の反ユダヤ陰謀論を聴衆にとって受け入れやすくするために採用したやり方と同じだ。[68] ヒトラーはユダヤ人は金にがめつい資本家だと言い、同時に、反政府的な共産主義者であると決めつけた。[69] これらふたつの非難は互いに相容れないものだが、もし政治家がスケープゴートを利用して陰謀論者の関心を買おうとするのであれば、ある集団を頻繁に、幅広い種類の非難で悪者扱いすることは勝利につながる戦略となる。主張が矛盾していることはたいした問題ではない。なぜなら、何よりも陰謀論を好む人たちは、そうした細かい点を気にしないからだ。[69]
サンダースが、システム全体が「この国でもっとも富裕な人たちによって、この国でもっとも富裕な人たちの利益となるように、その他すべての人たちを犠牲にして設計された」ものだと主張するとき、その論理は堂々めぐりに陥る。それはまるで、成功した人たちはそこに至るまでに不正を働いており、不正の証拠はその人が成功していることだと言うようなものだ。陸上競技（例：五〇ヤード競争）は、足の速い人たちによって不正操作されている。なぜならいちばん足の速い人たちだけが勝つからだという主張を想像してみてほしい。

エリザベス・ウォーレンは「自分たちが不正に操作した経済で大金を稼いだ後、彼らはその積み上げた富への税金を支払わない」と言っている。[70] ウォーレンにとって、合衆国に相続税がないことは、金持ちが相続税をなくすようシステムを操作した証拠というわけだ。これは、教授には特別税が課されないのだから、教授が税制度を操作して特別教授税の支払いを回避しているというのはほんとうに違いないと主張するのに近い。

さらに指摘しておきたいのは、不平等はサンダースが政治キャリアを重ねる間に縮小と拡大を繰り返しているが、彼の物言いはずっと変わらないということだ。[71] 一パーセント理論以外にも、サンダースにはずっと以前から、がんは女性の性的抑圧が原因、デオドラントの選択肢が多すぎるためにアメリカの子供たちが飢えている、といった疑似科学的な主張を長年繰り返してきた過去がある。[72]

この項目の最後に言っておきたいのは、サンダースの一パーセント理論における悪役がたまたま富裕層だったからといって、そうした理論が実際に陰謀論であり、一部の人たちをスケープゴートにして他人の人生の問題の責任を負わせようとしている事実は許容されるものではないということだ。不平等、税制度、民主主義の機能などについては、合理的な議論がなされるべきだ。しかし、一パーセント理論はそうしたものではない。この項目でのわたしの目的は、所得の不平等に対する懸念から皆さんの目を逸らすことでも、ある種の経済哲学を提示することでもなく、そうしたデリケートなテーマについての主張は、熱意と説得力があったとしても、さらにじっくりと考えてみれば不合理である可能性もあると示すことだ。

左右対称

偏りのない公平なアプローチを採用すれば、共和党支持者と民主党支持者は、特定の陰謀論に対し、ほぼ同程度の陰謀的思考と陰謀信念を示すことがわかる。[73] 一部の人たちは、左右対称という概念を否定し、ときにはゴールポストを動かして、左派の陰謀論はそこまで〝奇妙〟でないとか、左派の〝重要な〟人たちは陰謀論を広めたりしないと言って正当化しようとする。[74] ひとつ目の主張について反論するなら、数々の世論調査によって、共和党支持者と民主党支持者は、たとえばフリーメイソンやジカウイルスにまつわる奇妙な陰謀論をほぼ同程度に信じていることがわかっている。[75] また、右派の側に〝奇妙な〟陰謀論が広く存在することを示唆しているように見えるQアノンのような最近の陰謀論は、右派でよく知られているわけでも、左派よりもずっと多くの右派から支持されているわけでもない。[76]

〝重要な〟民主党支持者は〝重要な〟共和党支持者ほど陰謀論に与することはないという主張については、これを裏付ける体系的なデータはほとんど存在しない。共和党の前大統領ドナルド・トランプは、言うまでもなく、ひっきりなしに陰謀論を唱えているが、それはただひとりのことであり、個人の見解に基づく話でしかない（また、左右対称でないという主張はトランプが大統領になるずっと前からあった）。政治エリートたちが陰謀論にどの程度与しているかがより体系的に測定されるまでは、この点について非対称性を主張すべきではない。

陰謀思考

個人の党派的な愛着は、その人たちが**どの**陰謀論を信じるかの強力な予測因子ではあるが、すべての党派主義者が特定の党派の陰謀論を信じているわけではない。共和党支持者が全員、オバマ大統領が隠れイスラム教徒であるとか、出生証明書を偽造したとかいう話を信じているわけではないし、民主党支持者が全員、ジョージ・W・ブッシュ大統領が二〇〇〇年の選挙を盗んだとか、九・一一テロを捏造したとか、石油のためにイラク戦争を始めたと信じているわけではない。その理由は、党派集団内での陰謀思考のレベルの違いにある。

簡単におさらいをしておくと、陰謀思考とは、人々が出来事や状況を陰謀の産物であるとみなす度合いのことだ。[77] 陰謀思考は連続的に存在し、一方の端には極端に陰謀志向の強い人（陰謀はほぼすべてのことに関与していると信じる人）がいて、もう一方の端には極端に陰謀志向の弱い人（陰謀はほぼすべてのことに関与していないと信じる人）がいる。大半のアメリカ人は、その中間のどこかに位置する。ここでは、否定的な意味合いを持たせないよう注意することが重要だ。陰謀思考のレベルが高い人、低い人のどちらも、必ずしももう一方のグループより優れているわけではない。レベルが高い人があやしげなアイデアを信じる傾向にあるのと同じように、レベルが低い人はほんとうの陰謀の存在を否定する傾向にある。[78] どちらの傾向も場合によっては問題となる。

陰謀思考レベルの高い人が、ある出来事は、当人が嫌っている集団によって仕組まれた陰謀の結果起こったことだという情報を受け取れば、その人はその陰謀論に賛同する可能性が高い。[79] 陰謀思考レベルの低い人の方が、納得させるのは難しくなる。[80]

多くのジャーナリストが、党派的な陰謀論のことを軽々しく「極右」や「極左」と呼ぶ。しかし、これは党派的陰謀信念について考えるうえで正確なやり方とは言えない。陰謀信念を駆り立てるのは陰謀思考であり、それは党派性とは切り離されたものだ。党派性は、ある人がどの党派主義的陰謀論を信じるかを決定するが、陰謀信念は必ずしも個人の持つ党派性の強さには依存しない。自称無党派層の方が、党派主義

図　陰謀信念の二次元モデル

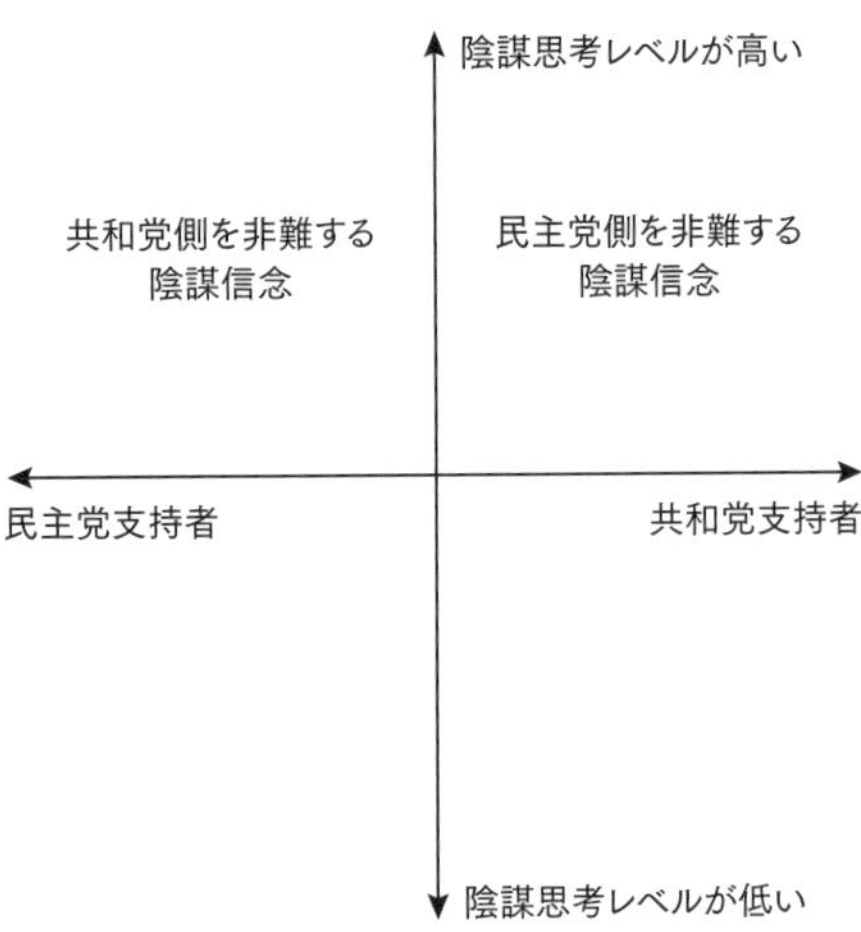

者よりも多くの陰謀論を信じている可能性もある。[81]

陰謀思考のレベルの高い共和党（民主党）支持者は、民主党（共和党）支持者を非難する陰謀論を信じやすい傾向にある。人は政治的に対立している集団を陰謀論の対象とするが、そうしたことをする人は、陰謀を見出しがちな先有傾向を持っている可能性が高い。陰謀思考レベルの低い人たちは、どの党を支持しているかに関係なく、あまり多くの陰謀論を信じない（図参照）。

アメリカ国民のかなりの割合が陰謀論を信じる傾向にある。しかし、党派的な陰謀論は、ふたつに分かれた党派の片方だけを納得させる可能性が高く、納得する人の大半は陰謀思考レベルの高い人たちだ。そうした理由から、党派的陰謀論を信じる人の割合は二五パーセント程度が上限となる。偶然にもこれは、ここ数年の世論調査において、バーサー陰謀論および九・一一の真実論を信じる人たちがもっとも多かったときの割合と同じだ。[82]九・一一の真実論の信望者は、おそらくはドナルド・トランプの言説によって近年増加しており、それをきっかけとして、陰謀思考の共和党支持者が九・一一陰謀論を信じてもよいのだと考えるようになった。[83]

ただし、ごくまれなケースとして、陰謀論が超党派的にアメリカ国民の大多数に支持されることがある。その最たるものがケネディ暗殺論だ。アメリカ人の六〇〜八〇パーセントがこの説のいずれかのバージョンを信じており、その数はバーサーやトゥルーサー〔九・一一の真実論を信じている人〕よりもはるかに多い。これには理由がふたつある。第一に、ケネディ陰謀論には概して党派性がないことだ。ケネディ暗殺陰謀論について尋ねる世論調査では、質問の大半は回答者に党派をほのめかすような手がかりを提示しない。たとえば「あなたはリー・ハーヴェイ・オズワルドが単独でケネディ大統領を殺害したと思いますか、それとも何か大きな陰謀が働いていたと思いますか」のように尋ねるわけだ。[84] どの党派に所属するアメリカ人でも、この質問にはイエスと答えることができる。なぜならこれは、自陣のだれかに責任を負わせるものではないからだ。もちろん、世論調査員がこれに続いて、暗殺の背後にだれがいたかという質問をすれば、多種多様な答えが返ってくるだろう。[85] ケネディ暗殺説はひとつではなく、いわば多くの説が束になっているようなものだ。だからこそ、この「オムニバス」な説を信じる人の数がこれほど多いのだ。第二に、ほかの陰謀論とは異なり、ケネディ陰謀論はすでに主流の言説に深く浸透している。[86] 毎年、ケネディが暗殺された日には、ほかのどんな話題にも増して陰謀論に焦点が当てられた議論がなされているように思える。つまり、陰謀論は多数の支持を得ることができるが、それはその陰謀論が、ほぼすべての人の心に訴えることができるほど一般的である場合に限られるということだ。

陰謀論は敗者のもの

人がどのような陰謀を信じるかは、その人の陰謀思考のレベルとそのほかの愛着によって決まる。個人の基本的な性格の傾向はほぼ不変であるため、公共の場においてどんな陰謀論が顕著であるかは時間がたっても不変であると予想される。しかし、実際にはそうはなっておらず、顕著に言及される陰謀論は次々と現れては消えていく。ここからわかるのは、陰謀論は性格の傾向ではなく、状況に依存するということだ。陰謀論はアメリカ社会において、権力を持たない集団によって権力を持つ集団を攻撃するために使用されるとき、大きな反響を呼ぶ傾向にある。ジョゼフ・ペアレントとわたしはこの議論を以下のようにまとめている。

われわれは、大きな反響を呼ぶ陰謀論の対象とタイミングは、外国の脅威と国内の権力に基づいた戦略的論理に従うと主張する。これにより、陰謀論は脆弱な集団によって、認識された危険を管理するために使用される。つまり陰謀論は、とくにセンシティブな分野を監視し、潜在的な攻撃に対する解決策を準備する早期警告システムと言える。根本的に、陰謀論は脅威の認識の一形態であり、恐怖心は基本的に相対的な力の変化によって引き起こされる。敗北と排除がその最大の誘因であるのだから、**陰謀論は敗者のためのもの**である(この言葉は侮蔑的な意味ではなく、その特徴を述べるために用いている)。[87]

たとえその特徴を述べるためであっても、「敗者」と呼ばれた陰謀論者にはいい迷惑だっただろうが、この意見はふたつの重要な経験的観察に基づいている。

ひとつ目は、選挙の後、敗者は不当な扱いを受けたと感じ、自らの敗北の理由を説明するために陰謀論に頼ることが多いというものだ。陰謀論を信じ、これを共有することはつまり、「序列が低下しつつある集団が、敗北から立ち直り、これを挽回し、結束を固め、敗北を食い止め、集団行動の問題を克服し、脆弱性に注意を向けるための手段」となる。[88] 負けたことの責任を認めたり、勝った側を褒めたりするよりも、負けたことを策略のせいにする方が簡単だと感じる人もいる。世論調査では一貫してこの効果が示されている。

二〇一二年の大統領選でミット・ロムニーが敗北した後、共和党支持者の四九パーセントは民主党寄りの活動家組織「ACORN」が、不当な手段でバラク・オバマを選挙に勝たせたと信じていた（民主党支持者でこれを信じていたのはわずか六パーセント）。ACORNが二〇一二年にはすでに存在していなかったことは、たいした問題ではなかった。こうした数字は、共和党支持者が不正選挙を信じやすいという印象を与える可能性がある。しかしながら、民主党支持者が選挙に負けた場合にも同等の傾向は見られる。物議を醸した二〇〇〇年の大統領選挙後には、民主党支持者の三一パーセントが、ジョージ・W・ブッシュが選挙を盗んだと考えており（共和党支持者では三パーセントのみ）、民主党支持者の三〇パーセントが、ジョージ・W・ブッシュを「正当な大統領」として認めないと述べている。二〇一六年の予想外の共和党勝利の後には、民主党支持者の五〇パーセントが、この結果はロシア人が票の集計を改ざんしたせいだと考えていた（現在のところ、この主張を裏付ける証拠はない）。自陣の敗北の言い訳をするために不正行為があったと非難する行為はどちらの党にも見られることを示すもうひとつの例として、二〇一三年の全国的な世論調査を挙げておく。この調査では、二〇〇四年と二〇〇八年の選挙における不正行為について回答者に尋ねている。民主党支持者の三七パーセントが、「ブッシュ大統領の支持者は、二〇〇四年にオハイオ州で勝利するために重大な不正投票を行なった」という記述について「おそらくは真実」であると考えていたのに対し、共和党支持者のそれはわずか九パーセントだった。二〇一二年のオバマ大統領の勝利についての質問では、これが逆転する。共和党支持者の三六パーセントが「二〇一二年の大統領選挙でオバマ大統領の支持者は重大な不正投票を行なった」ことは「おそらく真実」であると考えているのに対し、これに同意した民主党支持者は四パーセントにとどまった。どちらの党の支持者も自分たちが敗北した後、かなりの人数が、不正が行なわれたと相手を非難しており、その割合もほぼ同程度だ。このように、国民の意見は、選挙における不正は取るに足らない規模だという学者のコンセンサスとは著しく対照的であり、不正に関する意見は状況的な要因に大きく依存していることを示している。[89]

アメリカの選挙においては、どちらの陣営も同程度に、相手側が不正によって勝利を得ようとするのではないかとの疑念を抱く。しかし、勝者が発表された後、不正を主張する陰謀論はほぼ敗者側に限られる。

「敗者」論を裏付けるふたつ目の経験的観察として、『ニューヨーク・タイムズ』紙の編集者宛に寄せられた手紙の調査を挙げる。この調査を行なった人たちは、一八九〇年から二〇一〇年までの間に『ニューヨーク・タイムズ』紙の編集者に送られた一二万通の手紙を読んだ（各年約一〇〇〇通をランダムに選択）。彼らは陰謀論を支持、あるいは否定している手紙を選び出し、だれが陰謀を企てていると非難されているかに基づいて分類した。その結果わかったのは、陰謀論によって非難の対象となる集団は、その時点でだれが権力を握っているかによって移り変わるということだった。ホワイトハウスを占拠している集団とその仲間たちに対し、陰謀論を持ち出して非難する手紙の割合は毎年、権力を持たない側を非難する手紙のそれよりも多かった。

共和党政権下では、右派と資本家をターゲットとした陰謀論の割合は平均三四パーセントだった一方、左派と共産主義者をターゲットとした陰謀論の割合は平均一一パーセントにとどまった。民主党政権では、右派と資本家に向けられた陰謀論は、必要な調整を行なうと、二五ポイント下がって九パーセントとなり、左派と共産主義者に向けられた陰謀論は二倍以上の二七パーセントとなった。ホワイトハウスを支配している人間は陰謀論を引き寄せる。わかりやすい例として、政権を握る党の交代があった、連続した二年間を比較してみよう。一九六八年は民主党のリンドン・ジョンソンが大統領で、左派や共産主義者への非難が陰謀論全体の一七パーセントを占めていたが、右派や資本家への非難はゼロだった。一九六八年の大統領選挙では共和党のリチャード・ニクソンが勝利し、一九六九年一月に政権を握った。この年、左派や共産主義者に対する陰謀論は一七パーセントからゼロに減少したのに対し、右派や資本家に対する告発はゼロから二五パーセントに増加した。同様のパターンは、二〇〇八年の大統領選後にも見られた。バラク・オバマがジョージ・W・ブッシュから政権を奪取した際には、右派や資本家に対する非難は二〇〇八年から二〇〇九年にかけて四〇パーセントポイント減少し、左派や共産主義者に対する非難は一〇パーセントポイント増加した。[90]

編集者宛の手紙のデータは、ここ数十年間でアメリカ人が経験してきたパターンのさらに大規模なそれを示している。クリントン政権時代、とくに目立った陰謀論は、クリントンの不動産取引、ホワイトハウスの弁護士ヴィンス・フォスターの死、セクシャルハラスメントやその他の違法行為の隠蔽などにまつわるものだった。ジョージ・W・ブッシュが政権を執ると、これらの陰謀論は影をひそめた。それ以降、主な陰謀論における悪者となったのは、ジョージ・W・ブッシュ、ディック・チェイニー［ブッシュ政権時代の副大統領］、ハリバートン社［チェイニーがCEOを務めていた多国籍企業］、ブラックウォーター社［民間軍事会社。イラク戦争で急成長］、その他共和党連合のメンバーだった。そうした陰謀論の多くは、九・一一は内部の犯行である、あるいはアメリカは石油のためにイラク戦争を始めたと示唆するものだった。バラク・オバマが大統領に就任するやいなや、これらの陰謀論は政治的に意味のないものとなり、オバマの市民権や、イスラム教徒や共産主義者の過激派との関係を取り上げる新たな陰謀論が目立つようになった。オバマにまつわる陰謀論は、共和党が下院、上院、ホワイトハウスを支配するようになると鎮静化した。ドナルド・トランプが予想外に大統領に就任したときには、トランプはロシアと共謀して選挙を不正に操作した、トランプは長年ソ連のスパイだった、トランプはロシア人売春婦に尿をかけられている恥ずかしいビデオを撮られたことでロシアの言いなりになっていた、と主張する陰謀論が注目を浴びた。民主党の権威が下がったことで、彼らは不安になり、なすすべがないと感じ、それが陰謀論を唱えることにつながった。

「陰謀論は敗者のもの」という意見について見落とされがちなのは、国内の権力のシフトだけが陰謀論を促す原動力ではないという点だ。外国の脅威や大規模な戦争は、外国人や国外勢力に関する陰謀論に公然と与したいというアメリカ人の気持ちに大きな影響を与える。たとえば、深刻な脅威（宣戦布告や冷戦）がある時代には、編集者への手紙のデータに含まれる外国に関する陰謀論の割合は二八パーセントから四五パーセントへ、平均一七ポイントも増加している。[91] 外部からの脅威が大きくなるにつれ、陰謀論者は国内の脅威から外部の脅威に注意を向けるようになる。[91]

ここで言いたいのは、信念は権力のシフトによって変わるということではなく、敗者は敵とされる対象が権力を持っているときの方が、その相手に対してより強い懸念を抱くということだ。これにより、外部から発せられる陰謀論の方が、内部から発せられる陰謀論よりも存在感を増すことになる。なぜなら「敗北した下位集団には、とくに油断なく警戒し、勢力的に行動しようとする強いインセンティブがある」からだ。[92] インセンティブは党派主義的な心理につけ込み、無意識のうちに彼らに影響を与える。党派主義者たちが認識しているかいないかにかかわらず、大きな反響を呼ぶ陰謀論は、必ず現在の権力分布に適合している。クリントン政権による、大統領が抱えるトラブルを引き起こしているのは「巨大な右翼の陰謀」だという主張や、オバマ大統領による、自分は影の億万長者の犠牲者だという主張を考えてみてほしい。これらの陰謀論はどちらも大きな反響を呼ぶことはなく、前者に至っては、まるで一九九〇年代を代表するジョークのような扱いを受けた。

「陰謀論は敗者のもの」という主張を体現しているのが、ノーベル賞を受賞した経済学者で、『ニューヨーク・タイムズ』紙の左派コラムニスト、ポール・クルーグマンだ。ブッシュ政権時代、クルーグマンは、おそらくは自分の側が政権を執っていなかったために、陰謀論を支持する発言をし、これに積極的に与していた。たとえば彼はこんなふうに言っている。「実のところ、『頭のおかしい陰謀論』のような言葉を撒き散らす人たちの多くは怠惰ないじめっ子であり、そうした質問をする人間はだれであれ狂っているとほのめかそうとしている」[93]。政権が交代して民主党が権力を握ると、クルーグマンは陰謀論にさほど興味を示さなくなった（なぜなら、主な陰謀論の大半はクルーグマンの側が陰謀を企んでいると非難するものだったからだ）。クルーグマンは、自陣と陰謀論との関係をなかったことにしようとした。「陰謀論は右派の多くの有力者に支持されているが、左派からの支持はない」[94]。二〇一六年の大統領選挙で共和党のドナルド・トランプが勝利すると、クルーグマンは自陣の敗北の説明のために再び陰謀論を引っ張り出した。「ますます信憑性を増しているように思われるのは、事実上、プーチンと同盟を組んだわが国の安全保障部門の一派によって、選挙の行方が大きく変わったということだ」[95]。当然ながら、この主張が事実だと証明されたことはない。社会の状況は、人が世界をどのように見るのか、また、その人が陰謀論を表立って唱えるかどうかに影響を与える。ノーベル賞受賞者もこれを逃れられないのであれば、だれもがそうなる可能性はある。

まとめ

陰謀論は権力の使用と濫用に言及する。故に陰謀論は政治的意見であり、ほかの政治的意見とほぼ同様に理解することができる。個人が持つ先有傾向（例：党派主義や陰謀思考のレベル）は、その人が陰謀論を信じるかどうか、また信じるのであれば、どの党派的陰謀論を信じるかの予測因子となる。権力と脅威の相対的な変化によって、一部の陰謀論は、公の場での議論において、ほかの陰謀論よりも顕著に唱えられるようになる。権力者を非難する陰謀論は、権力を持たない者を非難するそれよりもはるかに大きな反響を呼ぶ。

第六章

トランプ大統領、インターネット、陰謀、陰謀論

二〇一六年のアメリカ大統領選挙が、近年のほかの大統領選と異なっていた点は、陰謀論をもとに選挙戦の論争が繰り広げられたことだった。候補者たちは相手方のことを、遠大な陰謀に関与している、あるいはあやしげな陰謀論を広めていると非難した。本質的な政策の提案は、おまけのような扱いだった。選挙後も陰謀論の告発は絶えることがなく、その中には言論・報道の自由を脅かすものや、外交政策を不安定にするものもあった。それと同じくらい重要な意味を持っていたのが、アメリカが、陰謀論を用いて政策方針や政府の行動を正当化する大統領を頂いているという事実だった。[1]

本章では、トランプ大統領の陰謀論、また、彼を取り巻くトランプ＝ロシア陰謀論について取り上げる。陰謀論政治という概念について紹介しながら、大統領選の最中、トランプが陰謀論をどのように戦略的に利用したかを解説し、陰謀論政治の結果についても言及する。続いて、なぜインターネットが、これまで浴びせられてきた批判の多くに値しないのか、その理由について取り上げる。インターネットをめぐる問題は、その他すべてのコミュニケーション技術同様、それを使う人間にあるとわたしは考えている。本書の締めくくりには、社会レベルにおいて陰謀論による負の影響を和らげ、個人レベルにおいてよりよい信念を持つための提案をいくつか行なう。まずは、ランディ・ウィーヴァーの悲劇的な物語を見ていきながら、陰謀と陰謀論が混ざり合ったとき、いかに有害な影響をもたらすかを明らかにする。

ルビーリッジ事件

この章は、一九九二年のルビーリッジ包囲事件から始めることにする。なぜならこの事件には、陰謀と陰謀論が絡み合ったときに生じる複雑さがよく表れているからだ。このケースのように、ときには陰謀論がきっかけとなって、陰謀を企んでいると非難された人々が、実際の陰謀にかかわってしまうということが起こる。アメリカ北西部には、暴力を含む違法行為を行なう集団が複数存在していた。政府は当然ながら、これに対処するための行動を起こした。そこから事は複雑さを増してゆく……。

ランディ・ウィーヴァーは、白人分離主義、終末論、反政府陰謀論に染まった世界観の持ち主だった。一九八〇年代、彼は家族と一緒にアイダホ州の人里離れた土地に移り住み、ほぼ孤立した質素な生活を始めた。当時は、民兵〔民間人による武装組織〕や白人至上主義者の運動への賛同者がさまざまな犯罪をおかし、また、おそらくは武器を備蓄しているだろうと見られていた。ウィーヴァーは何度かアーリアンネイションズ〔白人至上主義者集団〕の集会に参加していた。[2]政府はこうした集団について憂慮しており、おとり捜査官を投入してウィーヴァーと懇意にさせ、彼の協力を取り付けようとした。ガス・マギソノと呼ばれるその捜査官は、ウィーヴァーを言いくるめて、ショットガンの銃身を（違法に）ノコギリで切り詰めさせたとされている。やがてマギソノは、自分が情報提供者（インフォーマント）であることを明かしたうえで、ウィーヴァーにも情報提供者になるよう促した。ウィーヴァーはこれを断った。[3]

ウィーヴァーは違法な武器をマギソノに販売した罪で起訴され、出廷を命じられた。しかし、送付された召喚状の内容に不備があったせいで、当日、本人は姿を現さなかった。その後、政府の捜査官は数カ月間にわたってウィーヴァーを監視した。やがて彼らは、様子を確かめるためにウィーヴァーの山小屋に近づいた。武器を持ち、迷彩服を着込んだ捜査官の存在に気づいたのは、ウィーヴァーの飼い犬たちだった。続いて起こった銃撃戦で、捜査官は自分たちの身分を明かさないまま、ウィーヴァーの一四歳の息子と犬一匹を射殺した。[4] これをきっかけとして、政府の捜査官四〇〇人と大型軍事機器を投入した一一日間の包囲が始まった。ウィーヴァーとその友人ケヴィン・ハリスは銃で撃たれて負傷した。ウィーヴァーの妻ヴィッキーは、生後一〇カ月の赤ん坊を抱いたまま、政府の狙撃手に頭を撃たれて即死した。政府の捜査官たちは、ヴィッキーを殺害した後、自分たちの拠点を「キャンプ・ヴィッキー」と名付けて一家を嘲笑した。[5] 捜査官たちはまた、ウィーヴァーの飼い犬の死骸を、戦車のような車両で何度も踏みつけた。[6]

ウィーヴァーは最終的に投降した。一家には三一〇万ドルの賠償金が支払われたが、多くの人が、それよりはるかに多い額を求めることもできただろうと考えている。その後の捜査において、「FBIがウィーヴァー夫妻の憲法上の権利を侵害していた」ことが明らかになった。[7] さらには、連邦捜査官が嘘をつき、有罪を立証する証拠を隠滅したことも強く疑われている。[8]

陰謀論を専門とするジャーナリストのジェシー・ウォーカーはこの事件について、ウィーヴァーの陰謀信仰に触発された政府が、彼に関する独自の陰謀信仰を作り上げ、ついにはそれに基づいて行動するようになったと指摘している。そして政府の捜査官が、ウィーヴァーに対する陰謀を企てたのだ。

社会の隅に追いやられた集団が、政府にまつわる誇大妄想によって暴力に駆り立てられる例は少なくない。ウィーヴァー家の物語は、**政府の側**もまた、そうした集団に対して抱く誇大妄想によって暴力に駆り立てられるさまをよく表している。FBI捜査官が、世間の主流から外れた考えを持つある家族を脅威とみなし、その結果として、女性、少年、犬、政府の捜査官ひとりが殺された。同じような事件はこれが最後ではない。それから一年後のテキサス州ウェーコでは、ブランチ・ダヴィディアンの信者たちが抱く誇大妄想をしのぐほどの壮大な妄想を抱いていたのは、ダヴィディアンの敵（アメリカ政府）の方であった[9]［宗教団体ブランチ・ダヴィディアンの拠点がFBIに五一日間にわたって包囲され、最終的に火災によって数十人の信者が亡くなった事件への言及］。

捜査官たちがウィーヴァーに対して企てた陰謀は、彼をわなにかけ、ひそかに監視するというものだった。政府によるその後の一連の行動により、ウィーヴァーは自分が政府に対して抱いていた陰謀信念は正しかったと確信するに至った。政府はウィーヴァーの妻、息子、飼い犬を疑わしい状況下において、法律にも憲法にも反するやり方で殺害した。捜査官は、包囲作戦の最中、ウィーヴァー夫妻に関する陰謀思考から生まれた不正確な考えに基づいて行動した。その後彼らは、自分たちの行動を隠蔽するという陰謀を企てた[10]。政府の捜査官たちが、自らの行動に対する責任を問われたかどうかは定かではない。事実、一年後のテキサス州ウェーコでも、このときと同様の疑わしい作戦が同じ政府機関によって採用されている。

権力を持つ機関も、陰謀論を信じ、それに基づいて行動する。さらには危害を加えるために陰謀を企てることもある。陰謀論者などの、一般に共感を集めにくい人々は、権力機関の陰謀論のターゲットとされ、その陰謀の犠牲者になりうる。陰謀論はときに人々の行動を有害な方向へねじ曲げ、いつしかその内容を真実にしてしまうことがある。

ドナルド・トランプの大統領選出馬

大統領選の共和党候補を目指して出馬したとき、ドナルド・トランプは政治の世界での正式な経験を持っておらず、共和党を明確に支持していたわけでもなかった[11]。その富とセレブリティとしての立場から広く名前を知られてはいたものの、大統領選以前に彼が政治に関心を示したのは、オバマ大統領のことを、自分の出生証明書を偽造したと非難したときくらいだった。トランプの選挙演説には、人種差別的、性差別的、そして外国人嫌悪(ゼノフォビック)な言葉がいくつも含まれていたが、何より目立っていたのは数多くの陰謀論だった。[12]

トランプの陰謀論とはたとえば、シリア難民はＩＳＩＳの工作員であるとか、メキシコはアメリカ人を攻撃するために殺人者や強姦者を送り込んでいるとか、オバマ大統領はイスラム系テロリストとひそかに手を組んでいるとかいったものだった。[13]これらの陰謀論がとりわけ危険なのは、それが弱い立場にある人々をスケープゴートにし、そのせいで、トランプが唱える理論に基づいて行動する人々からの攻撃を受けやすくしてしまうことだ。トランプの陰謀論の中でもおそらくもっとも奇妙なものは、テッド・クルーズ上院議員の父親が、一九六三年のジョン・Ｆ・ケネディ大統領の暗殺に手を貸していた、というものだろう。[14]こうした突拍子もない主張は、ほかの候補者であれば失脚のきっかけになったはずだが、トランプがいかに大量の陰謀論を支持しようとも、それが選挙戦の見通しに悪影響を及ぼしている様子はなかった。選挙戦を通じて、トランプは、選挙では不正が行なわれるとの主張を繰り返し、[15]予想外の勝利を収めてから何カ月もたったあとでさえ、あの選挙は何百万人もの不法投票者によって汚されていたと言い続けた。[16]

トランプが唱える陰謀論には、意識の流れの中で適当に口にしただけと思われるものもあった一方で、[17]全体としては、政治的エリートが一般のアメリカ人の利益を外国に売り渡してきたという、簡潔かつ包括的なポピュリストのナラティブを織り成していた。このナラティブは、大統領就任後もトランプが勢いを維持するうえで一役買っていた。

陰謀論を利用したトランプの成功は、**陰謀論政治**の典型だ。[18]このような政治的レトリックのスタイルは、支配的な機構や思考を蝕むものであり、通常は部外者や権力のない者によって用いられ、政治が行なわれる場を部外者がより活動しやすいものにする効果を持つ。政治学者のマシュー・アトキンソンとダリン・デウィットはこう説明している。

破壊的な候補者であるトランプは、党の主流派の土俵では勝負することができなかった。彼は公職に就いたことがなく、党の主流路線を超越した政策概念を持っていた。共和党エリートにとって好ましい候補者ではなかったし、支持も比較的少なかった。成功するためには、トランプは党の主流から外れた支持層を動員するレトリックスタイルを構築しなければならなかった。

トランプが採用した解決策は、われわれが「陰謀論政治」と呼ぶものだ。知名度の高い政治家が陰謀論を唱えた場合、一般的には、主流メディアや党上層部からあざけりや罵声を浴びせられる。しかしトランプには、ありきたりのやり方で権力の座に就くつもりはまるでなかった。彼は陰謀論を利用して破壊の政治を実践し、従来の政党ネットワークからは外れた、無数の非伝統的なイデオロギー集団の中に支持層を築くことに成功した。

トランプによる陰謀論政治は、とりわけ巧妙なポピュリズムの一形態であることが判明した。ポピュリスト的なアピールを、本質的な政策ではなく、陰謀論的なレトリックに集中させることによって、トランプは党の既成勢力に打ち勝つために必要な幅広い支持を掘り起こした。トランプの陰謀論的レトリックは、たったひとつの主張に要約される。それはつまり、政治エリートたちは一般のアメリカ人の利益を捨てて外国の利益を優先している、というものだ。トランプにとって、政治制度は腐敗しており、既存の支配層は信用できないものだった。そこから、破壊者だけがその腐敗を止めることができるという理屈につながった。

トランプの陰謀論は、従来とは異なる政治的アピールを持ち、それが党の主流から外れた集団をぐいぐいと引きつけていった。陰謀論を利用することによって、トランプは、当人に知識や経験がまったくないことを美徳とみなし、またジェブ・ブッシュが持つ経験と党からの支持を欠点とみなしてくれる人々を動員することに成功した。[19]

トランプの陰謀論は、陰謀論的な思考の共和党支持者――つまり、党の主流派の候補者には興味をそそられずとも、反主流派のアウトサイダーには熱狂する人たち――の心にうまく入り込んだ。二〇一六年の予備選挙の際に行なわれた世論調査では、トランプを支持する共和党支持者は、他の主流派の共和党候補者の支持者とは対照的に、多様な陰謀論を信じる傾向が強いことが示された。[20]

陰謀論政治がどのように機能するかについてさらに考えるために、気候変動をめぐる議論を見てみよう。人為的気候変動が初めて人々の関心を集めた一九八〇年代以降、これを裏付ける証拠はますます強固なものになっている。現在、気候科学者の約九七パーセントは、気候が人間の活動によって変化しているという見解に同意している。[21]

気候変動陰謀論者の当初の主張は、気候変動には科学的な合意が得られていないというものだった。九七パーセントの合意という事実を突きつけられたとき、彼らはその数字は捏造だと言い出した。[22] 数々の研究によって、自らの否認主義は陰謀思考から来ていることが証明されると、気候変動否定派は、そうした研究も捏造だと主張した。[23] 時とともに、気候変動陰謀論は、非難の対象とする機関や組織を増やしていき、ますます信じがたいものになっていった。

陰謀論政治という観点から言えば、否定派にとって陰謀論は、自分たちの主張の正しさを証明するための唯一のツールだった。彼らには数多くの優れた科学者も、数多くの優れたデータもなかったからだ。陰謀論は、気候変動否定派にとって有利な状況を作り出し、議論の内容を「気候変動にどう対処すべきか」

から、「科学者はデマの片棒を担いでいるのか」へとシフトさせた。陰謀論によって気候科学者たちは、陰謀の告発に応じるという守勢に立たされ、これが実質上、意義のある解決策を妨げることになった。[24]

陰謀論政治はまた、攻撃を受けている個人にとっても便利なものだ。映画プロデューサーのハーヴェイ・ワインスタインに対するセクシャルハラスメントの告発、FOXニュースの元司会者ビル・オライリーに対するハラスメントの告発、アラバマ州上院議員候補のロイ・ムーア判事に対する性的不品行の告発がどんな経緯をたどったかを思い出してほしい。こうした非難に対抗するために、彼らはそれぞれ、自分に対する告発は陰謀の一環だと主張した。[25] この戦術の意図は、議論を自身への疑惑からそらし、告発側が企んでいるとされる、より大規模な計画へとシフトさせることだ。

二〇一六年の候補者の中で、陰謀論を選挙戦で大々的に活用したのはトランプだけではない。前章でも言及したバーニー・サンダースは、「不正操作」という言葉を頻繁に使い、自分が敗北したときには相手側が不正を働いたと主張し、「一パーセント」が政治・経済システム全体を不正操作しているというアイデアに基づいて選挙戦を戦った。[26] サンダースもドナルド・トランプも、それぞれの党の予備選挙で獲得した票は全体の四〇パーセントだったが、トランプは、ほかの共和党候補者二〇人が残りの票を分けあったおかげで勝利することができた。陰謀論政治はまた、ブレグジット投票にも見ることができる。いくつもの陰謀論（例：移民のほんとうの数は隠されている）が、「離脱」への投票を促すために利用された。そして当然ながら、EU離脱に投票したイギリス人の方が、残留に投票した人たちよりも陰謀論を信じる傾向が強かった。[27]

トランプ=ロシア陰謀論

ヒラリー・クリントンは、民主党の予備選挙でバーニー・サンダースを破り、選挙戦本番に臨んだが、トランプと戦ううえではときに陰謀論を利用した。ドナルド・トランプは陰謀論者なのだから大統領には相応しくないと発言しながら、一方でクリントンは、トランプがロシアの重大な陰謀にかかわっていると主張した。[28]「トランプは何かを隠している。それが何であるか、われわれはこの先ずっと推測し続けることになるだろう」。大統領選の討論会で、クリントンはそう述べている。[29]

トランプとロシアの協力関係に対するこうした非難は、それが始まってから三年近くにわたって政治的に注目を集め続け、民主党はことあるごとにこれを持ち出すようになった。これは意外な展開でも何でもない。なぜならクリントンは選挙戦の最中、トランプはロシアと共謀していると非難し、その後民主党は、ホワイトハウスと議会の過半数を失ってしまったからだ。前章で述べた通り、権力の非対称の敗者側にいると、人は陰謀論的な思考をしやすくなり、それがどんな内容になるかは、同じ党派のエリートが与える手がかりによって決まる。[30]

興味深いのは、トランプがロシアの陰謀にかかわっていると考えていたのは民主党支持者だけではなかったことだ。政府関係者も、どうやら二〇一五年という早い時期からこれを信じていたようだ。現在、トランプ=ロシア陰謀論の起源についての調査が行なわれており［二〇一九年四月に当時のバー司法長官が言及した調査を指す］、この説はどのように始まったのか、政府内のだれがこの説に基づいて行動し、トランプ関係者を盗聴していたのか、また、政府は選挙運動中にトランプを「スパイ」していたのかどうかに焦点が当てられている。[31] そうした行為が、具体的にどのような意図や方法で行なわれたのかはまだわかってお

ドナルド・トランプとウラジーミル・プーチン。トランプは、ロシアのスパイと共謀して2016年の選挙を不正に操作したと非難されている。Dmitry Azarov/Kommersant Photo/Polaris/Newscom

らず、さらなる調べが進められている。ひとつ断っておきたいのは、政府がトランプ陣営を「スパイ」していたという非難は、この文章を書いている時点では陰謀論と呼ばれており、それが適切であるということだ。いずれにせよ、トランプ＝ロシア陰謀論があったためにムラー特別検察官による調査が行なわれ、それが国家の命運に大きな影響を及ぼした。さらに、トランプ＝ロシア陰謀論は米露関係に緊張をもたらした。なぜなら、この陰謀論のせいでトランプは、自分がロシアのエージェントではないことを証明するために、ロシアに対して行動を起こすことを余儀なくされたからだ。

トランプ勝利の後、左派メディア（MSNBCなど）はトランプ＝ロシア陰謀論をしつこく追及し続けた。このナラティブは、左派メディアの受け手が持つイデオロギーや恐怖心に働きかけて、二〇一六年の自陣の敗北への責任を免除する機能を果たした。『ローリングストーン』誌のジャーナリスト、マット・タイービはトランプ＝ロシア陰謀論に懐疑的だったが、そうした人物は左派にはひと握りしかいなかった。

二〇一六年の選挙戦では、恐ろしいほどの政治に対する不満が表面化した。選挙の後、あの怒りがどこから来たのかと疑問を持つことなく、大半の報道機関はすぐに方向転換して、ロシアがわれわれの民主主義への攻撃を企んでいるという新たな物語に飛びついた。こうした態度は、われわれが経験したばかりの苦しい選挙戦は、トランプと邪悪な外国人集団が企んだ途方もないスパイ活動によって、まともな軌道を外れてしまった異常事態だったという印象を与えた。

このナラティブは、わたしが二年間にわたる選挙の取材において、アメリカ中を旅して見てきたあらゆるものとまるで相容れない。あの選挙戦で何より注目されていたテーマは、ロシアのことなどだれも考えもしなかったときから、政治制度全体に対する有権者の怒りだった。その怒りを抱いていたのは、一億五〇〇〇万ドルの選挙資金が投入されたジェブ・ブッシュ候補（獲得した代議員は三人。つまり代議員ひとりにつき五〇〇〇万ドルを消費）が、トランプによって恥をかかされた共和党サイドだけではなかった。民主党サイドでも怒りは明白に表れていた。そして、資金も組織的な支持もほとんどない自称「民主社会主義者」が、予想を裏切って有力候補になった。

ロシアゲートのストーリーが始まってもいない時期から、報道が選挙の読みを何度も誤ったせいで、アメリカ国民の多くはトランプ勝利の報に対する心構えができていなかった。そのため、陰謀によって選挙が不正に操作されたという話は、国内ニュース視聴者の大半にとって、非常に信憑性があるものとして受け止められた。なぜなら、それ以外に事態をうまく説明できる情報を、彼らは何も与えられていなかったからだ。そうした傾向がとくに強かったのが、上流階級で、都市部に住んでいる、民主党寄りのニュース視聴者であり、トランプがほんとうに大統領になる可能性があるという話は、彼らの耳には入っていなかった。

仕事にあぶれた粗野なバラエティ番組の司会者がホワイトハウスを征服した後、政治的階級にとって真っ先にやらなければならないことは、じっくりと時間をかけて冷酷な自己検証を行なうことだったはずだ。（トランプ＝ロシア陰謀論は）その作業を少なくとも二年遅らせた。[32]

陰謀論に理由を求めるこうした現象は、ソーシャルメディアでも起こっていた。『アトランティック』誌はこう伝えている。

トランプの時代は、左翼系オルタナティブ・メディアの大規模なインフラを発生させ、それらは一般のニュース消費者の目にはほぼ留まらないところで運営されている一方で、アメリカのリベラル層において大量の受け手を獲得し、影響力を増している。議論を煽るポッドキャスターもいれば、党派主義者によるクリックファーム［クリック数などを不正に増やす業者］も存在する。過激な陰謀論者もいれば、冷笑的な捏造主義者もいる。一部には、噂話や誤った情報をあえて大量に流す者もいる。そのほか、ウェブの片隅に自ら開拓した場所で、単に情報を集めたり批評をしたりしている者たちもいる。しかし、そうしたものがすべて集まると、党派主義的なヒステリーが容易に煽られ、フェイクニュースが光の速さで飛び交う、ひとつのメディア世界が形成される……。

政治が今とは違った時代、人々の注目を集める陰謀論は、車のフロントガラスに置かれたパンフレットや、何千回も転送されるチェーンメールによって広まった。今日では、おかしな話を信じる人たちはツイッターに集まる。ルイーズ・メンシュ［英ブロガー、元保守党国会議員］、クロード・テイラー［クリントン元大統領側近。政治資金団体主宰］、アンドレア・チャルパ［ジャーナリスト］、エリック・ガーランド［情報アナリスト］、リア・マケルラス［ライター、人権活動家］といった人たちは、代わり映えのしない、極めて挑発的な憶測、噂、ほのめかしを次々とフォロワーに向けて発信し、あたかもトランプ大統領が――さらには共和党全体が――、常に大々的な崩壊の瀬戸際にあるかのように見せかけている。

とりわけ投稿の多い陰謀発信者たちは、ロシアスキャンダルに焦点を当てる傾向にあり、ネットフリックスの政治ドラマ顔負けのセンセーショナルで複雑なナラティブを紡ぎ出す。彼らの世界では、何百人ものアメリカの政治家、ジャーナリスト、政府高官が、ほんとうはロシアの秘密工作員であると主張することが許される。アンドリュー・ブライトバート［米保守系ジャーナリスト］はプーチンに殺害された、クレムリンは**あらゆる人**の「不名誉な情報（コンプロマート）」を握っている、さらには、大統領を失脚させるセックス動画が今にも投下されそうだと主張することも、まったく問題はない。[33]

民主党支持者が陰謀論に傾倒したことで、報道機関はセンセーショナルでディストピア的な見出しを追い求めるようになった。これに集中するあまり、一部の報道機関は適切な吟味もせずに記事を掲載し、その中にはまったくの虚偽を含んだものもあった。ジャーナリストのグレン・グリーンウォルドが指摘しているように、こうしたエラーは、ずさんな作業の結果ではなく、だれもが一斉に特定の意見に追随しようとした結果だ。

そうした「エラー」が、ひとつの方向にのみ向かっていることに注意してほしい。つまり、それらはモスクワとトランプ陣営のつながりがもたらす重大な脅威を誇張しているのだ。メディアが複雑な内容の報道において誤りを犯すことは避けられない。それが誠実な態度で行なわれている場合には、エラーは、そうした誤った記事が好意的に書いている政治課題の数において、ほぼ半々になるはずだ。

この場合、確実にそうはなっていない。[34]

ニュース報道における誤りは枚挙にいとまがない。それはたとえば、ロシアが出資するニュース専門局RTがC-SPAN［米の政治専門ケーブルチャンネル］を買収したとか、ロシア人がアメリカの電力網をハッキングしたとか、主流の政治ウェブサイトの多くがロシアのプロパガンダを喧伝していたとか、トランプの元側近アンソニー・スカラムーチがロシアのヘッジファンドとの関係について調査を受けているとか、トランプが秘密のサーバーを介してロシアの銀行と連絡を取っていたとか、トランプの元顧問ポール・マナフォートが、不正入手された文書がウィキリークスによって公開される前にジュリアン・アサンジを訪問していたとかいったものだ。[35] 挙げていけばきりがない。これらの報道の中には、最終的に訂正されたものもあれば、まだ訂正されていないものもある。

二〇一九年三月二四日、二年以上にわたる調査と公然と繰り広げられたさまざまな憶測の後、ウィリアム・バー司法長官はムラー報告書の最初の要約を公表した。さらにその一カ月後には、完全な報告書に若干編集を加えたものが公表された。一部の人たちにとって、この報告書はトランプ＝ロシア陰謀論を打ち砕くものであり、また民主党上層部とメディアには自省を求めるものとなった。

重要な事実はこれだ。ムラーはただ単に——何週間にもわたって続いたメディアによる誤った主張とは裏腹に——、綿密で、きっちりとした、過剰なほどに法に則った調査結果を提示して、ロシアと共謀したとしてトランプの関係者を起訴し、合理的な疑いを超えて有罪であることを証明するには証拠が不十分であると示しただけではない。それだけでも、この二年以上を、トランプにもっとも近い側近や彼の家族が共謀罪で有罪となるのは避けられないという誤った印象を世間に与えるために費や

> してきた人々にとっては、十分に衝撃的だったことだろう。しかし、彼の任務はそれよりもはるかに広範なもの、つまり、何が起こり、また起こらなかったのかを記すことだった。
>
> それこそが、彼のやったことだ。ムラーは、ロシアによる選挙妨害に関連した罪でアメリカ人を起訴するには証拠が不十分であると結論づけただけでなく、三年にわたって流布されてきたこの陰謀論の主要な部分が――単に有罪判決を得るには証拠が不十分であるというだけでなく――、実際に起こったことを示す証拠が存在しないことを、繰り返し強調している。……
>
> フェイスブック広告やツイッターへの投稿については……ムラーはこれ以上ないほど露骨に述べている。「調査では、あらゆるアメリカ人について、故意または意図的に（ロシアの）妨害活動に協力した証拠は確認されなかった」（強調付加）。注目してほしいのは、ここで罪がないとされている対象者には、トランプ陣営の関係者だけでなく、すべてのアメリカ人が含まれているということだ。▼36

ロシアと共謀したアメリカ人は存在しないというムラーの調査結果は、トランプ＝ロシア陰謀論を取り上げた主流報道の一部が、いかに現実離れしたものになっていたかをよく示している。利益という動機が、トランプ＝ロシア報道の多くには見てとれる。

> リベラルメディア界隈における最悪の秘密は、ドナルド・トランプは商売になるということだ。トランプへの抵抗のために紙面を一新したリベラル系新聞は、何千人もの新規購読者を獲得した。……テレビでは、左派系各局が際限のないトランプへの執着によって勢いを得て、ついにＦＯＸと視聴率競争で競り合うようになった。

トランプの台頭とともにロシア陰謀論が登場した。それから二年間にわたり、失敗した不動産王で、リアリティ番組のスターで、あやしげな取引に明け暮れた大統領が、ロシア政府と共謀して二〇一六年の選挙結果に影響を与えたのではないかという陰謀論が喧伝され続けた。ロバート・ムラーが、トランプとロシアが共謀して選挙を不正操作したことを示す証拠は存在しないと断定したことは、一流とされる政治評論家たちがいかに金銭ずくで動いているかを改めて露呈させた。その頂点に立つのは、なんといってもMSNBCのキャスター、レイチェル・マドーだ。

当然ながら、そうした行為に及んでいたのはマドーだけではない。たとえば『ニューヨーカー』誌は一度、タイトルをロシア文字に変えた表紙を採用してみせたが、二一世紀を生きるわれわれの目には、冷戦時代の赤狩りと同じくらい、ひどく古臭く見える演出だ。[37]

陰謀信念は、それを否定する証拠があっても生き残り、メディアにいる人間の多くは、権威ある証拠を突きつけられてもまだ、自らが信じる陰謀論を捨てようとしない。『ニューヨーク・マガジン』誌のコラムニスト、ジョナサン・チェイトは、まだムラー報告書が公開される前に、トランプは一九八〇年代からロシアにとって有用な存在だったと示唆している。[38] 開催を間近に控えたトランプとプーチンの会談についての記事で、チェイトはこう書いている。「トランプが会うのは自分の会談相手なのか、それとも自分の司令役(ハンドラー)なのか」[39]。ムラーが調査結果を発表したことにより、こうした過激で危険な推測は下火になりそうなものだが、実際にはそうはならなかった。ムラー報告書が公表された後、チェイトはさらにこう言っている。「わたしはトランプがロシアに懐柔されていたと示唆する記事を書いた。わたしは正しかった」[40]

ムラーの調査によって、アメリカ人の中にはロシアと共謀して選挙を不正操作した者はいないことが判明したにもかかわらず、陰謀論者たちは、自分たちは常に正しかったとの主張を続けている。現在、彼らはその陰謀論を拡大し、ロバート・ムラーやバー司法長官もかかわるさらに大規模な隠蔽に言及するようになっている。ムラー報告書が公表されるまでに、何百という数の自己矛盾したトランプ＝ロシア陰謀論が登場し、そして、それらの説が唱える予測は現実とはなっていない。[41] ほかの陰謀論者たちと同じく、トランプ＝ロシア陰謀論者たちもまた、自分勝手なルールでゲームをしているのだ。

トランプ＝ロシア陰謀論にまつわるエピソードは、たいそうな皮肉を含んでいる。民主党のエリートたちは、選挙が不正操作されるというトランプの主張に対し、そんなことはありえないと主張していた。[42] にもかかわらず、自分たちが負けると、今度はすぐにその敗北を、選挙を不正操作する巧妙な計画のせいにしたのだから。また、ロシアという存在が、民主党にとってそれほどの脅威を感じる相手となったというのも奇妙ではある。二〇一二年には、オバマ大統領をはじめとする民主党員は、共和党の大統領候補ミット・ロムニーがロシアを脅威とみなしていることを揶揄していたはずだ。[43] しかし何より重要なのは、民主党側が八年間にわたり、オバマ大統領に関する陰謀論を唱える共和党を非難していたことだ。トランプが大統領になった途端、その同じ民主党関係者の多くが、自己認識を失い、陰謀論に取り憑かれたかのような興奮状態に陥ってしまった。

また別の視点から見ると、トランプ＝ロシア陰謀論には業（カルマ）が感じられる。二〇一一年に政治の世界へと進出したとき、トランプは、バラク・オバマは偽の出生証明書を持つ外国人の簒奪者だと発言していた。オバマが時間と労力と貴重な政治資金を費やしてそうした非難に対抗しなければならなかったように、トランプもまた、大統領就任後の二年間を同じことに費やすことになった。

当然ながら、トランプの勝利の後に注目を集めた陰謀論は、トランプ＝ロシア関係のものだけではない。トランプとその支持者たちは、ロシアとの共謀という非難に独自の陰謀論で対抗した。それらはたとえば、ムラーの調査は不正操作されていた、オバマは選挙期間中にトランプタワーを盗聴していた、クリントンとＦＢＩはトランプ陣営に対する陰謀を企てた、機密メールを不適切に取り扱ったクリントンが、ディープステートの計らいによって責任を逃れた、といったものだ。

二〇一六年の選挙で勝利していることを考えると、トランプ支持者たちがこれほど多くの陰謀論を撒き散らすのは奇妙にも思える。しかし思い出してほしいのは、トランプは党派主義ではなく、ポピュリスト的な陰謀信念に訴えることによって自らの協力者を増やしたということだ。トランプとその支持者たちは陰謀論を利用して、自分たちに対する不公平な陰謀と彼らがみなしたものと戦ってきたわけだ。[44]

こうした環境においては、新たな陰謀論がひとつ生まれるたびに、さらに多くの陰謀論が増殖する。そして現在進行中の数々の調査によって、何人もの関係者がかかわるあやしげな活動、不正行為、明白な陰謀の存在が暴露、あるいは示唆されている。余所者が大統領になることを恐れた政府捜査官たちが、候補者であったドナルド・トランプに対する陰謀を企てたのだろうか？　トランプ＝ロシア陰謀論は、トランプ陣営の信用を落とすことを目的としたクリントンらによる計画の一部だったのだろうか？　ムラーによる調査は、ひとつの陰謀論に対する反応としてはあまりに過剰なものではなかっただろうか？　トランプ＝ロシア陰謀論をきっかけに、トランプは司法妨害などのほんとうの犯罪をおかすようになったのだろうか？　互いに相反する陰謀論が増え続けるせいで、真実を読み解くことは不可能に近い。

政治学者のマシュー・アトキンソンとダリン・デウィットは、陰謀論政治の概念を提唱している。陰謀論とは、外部の人間や新規参入者が政治の場を有利な環境に変えることができる破壊的ツールだと、彼らはみなしている。ただし、これは規範的な見解ではない。なぜなら、不誠実な政治家や利益を追求するメディアが陰謀論を利用して人々を操作する際に生じる、負の副作用に言及していないからだ。

政治理論学者のアルフレッド・ムーアは、陰謀論政治がもたらす結果を精査し、それが人々の情報への接し方に与える影響を指摘している。陰謀論政治によって、人は正しい情報源を信用しなくなり、数少ない情報源に頼ることが多くなっていく。彼らは主として党派的なものや代替的な情報源をあてにし、自分が同意しない情報源は激しく拒絶する。[45] 陰謀論にあふれた民主社会においては、人は意味のある判断を下すことはできないし、自分と相反する立場にある人が巨大な陰謀に関与していると信じていたなら、その相手と歩み寄ることもできない。陰謀論政治によってどれだけ選挙を有利に運べるとしても、そこにはそれ以上に大きな代償がある。

この本が印刷に送られるころ［二〇一九年末］、トランプが政敵についての調査を外国政府に依頼しようとしたことにまつわる弾劾調査が行なわれることが決まった。共和党、民主党のどちらもが、相手側が陰謀を企てていると糾弾し、そしてどちらもが、相手側が有罪だと信じている。これがどんな結果をもたらすかは、時がたてばわかるだろう［その後の弾劾裁判ではトランプに無罪評決が下されている］。

モラルパニックと金銭的インセンティブ

アメリカ合衆国をはじめとする多くの国では、ここ数年間、政治におけるソーシャルメディアの役割が懸念されてきた。ドナルド・トランプの当選、ブレグジット投票、世界中で起こっているポピュリズムへの傾倒は、インターネット、とりわけソーシャルメディアに原因があると言われている。新たなコミュニケーション技術は、陰謀論の拡散にどのような影響を与えているのだろうか。民主主義を守るために、政府がソーシャルメディアを規制する必要があるのだろうか。

アメリカにおいては、インターネットに対する新たな懸念は、さまざまなモラルパニックによって引き起こされているように思える。たとえばそれは、フェイクニュースに操られることへの不安、子供や人身売買への配慮を装ったポルノや売春への執着、ソーシャルメディアの過激化への不安などだ。[46] そうしたモラルパニックが、ソーシャルメディアプラットフォームの規制、検閲、また場合によっては、政府が直接

接収を行ない、ネットが「社会の利益」によりよく貢献できるようにすることを求める声につながっている。▼47

ソーシャルメディアを規制しようという動きは欧州にも見られ、イギリスやフランスでは政府がソーシャルメディア規制機関の設立を検討し、ドイツではフェイスブックが政府によって規制が必要な独占企業に指定された。さらに極端なものとしては、ニュージーランド、クライストチャーチの銃乱射事件後に、犯人に関連する文書の検閲が行なわれた例、スリランカで起こった爆弾テロが、事件に関する陰謀論の拡散を防ぐためという理由からソーシャルメディアの遮断につながった例などがある。政府にソーシャルメディア、あるいはより一般的な言論を「規制」する権限を与えることが社会のためになるのか、それとも単に、権力者によって批判的な言論を排除するために利用されることになるのかは定かではない。ソーシャルメディアプラットフォームは、怒りを抱える党派主義者や他人の道徳を取り締まりたい一般人にとっては格好のスケープゴートになるが、ソーシャルメディアにはほんとうに非難されているようなことを起こす力があると信じるに足る理由はほとんどない。ソーシャルメディア上のフェイクニュースが、二〇一六年の選挙結果を逆転させ、勝者がヒラリー・クリントンからドナルド・トランプに変わったという証拠はほぼ皆無だ。▼48実際のところ多くの人が、大きな政府とビッグテック［大手テクノロジー企業］との見かけ上の協力関係は、政府当局による、既存の巨大ソーシャルメディアに市場保護を提供することによって情報環境に支配力を行使しようという試みに過ぎないと見ている。

皆さんはもう、YouTubeが完全なる悪であることをご存知だろう。……Googleに対し、大規模な政治的、規制的行動が取られようとしている。Googleは二〇〇六年以降、この動画プラットフォームを所有しており、現在は司法省および議会による反トラスト調査の対象となっている……。

近頃では、右翼の自由市場主義者であれ左翼の民主社会主義者であれ、あるいはタッカー・カールソンであれエリザベス・ウォーレン上院議員（民主党、マサチューセッツ州選出）であれ、だれもがイスラムのテロリズムよりもビッグテックの方を気にかけており、また、いわゆるＦＡＡＮＧ企業（Facebook、Amazon、Apple、Netflix、Google）のすべて、あるいは大半を解体したり、囲い込んだり、公益事業として規制したりする必要があることに同意するだろう。驚いたことに、そうした企業のリーダーたちでさえ規制を求めている。ひと月前、GoogleのＣＥＯサンダー・ピチャイは、『ニューヨーク・タイムズ』紙の論説で、欧州連合の一般データ保護規則（ＧＤＰＲ）と同じような、すべてのオンラインビジネスを対象とする「包括的なプライバシー法」を制定するよう議会に嘆願した。皮肉にも――もしくは戦略的に――ピチャイは、ＧＤＰＲ施行から一年後にGoogleの市場シェアが拡大したことには言及しなかった。▼49

政府がインターネットを規制しようとするとき、意識すべきより広範な問題は、政府関係者や多くの利害関係者は、コンテンツを禁止したり、プラットフォームを管理したりすることが何よりも好きだということだ。規制される側の企業が、表向きはそれをひどく嫌うように見せていたとしても、彼らには多大な利益が入る。なぜなら、規制は彼らに独占的な保護を提供し、その結果、競合他社が市場に参入するハードルが高く設定されるからだ。したがって、一見大手テック企業の力を抑制するための試みのように見える規制は、実のところ、彼らの市場での地位を高めるよう設計された政策に過ぎない。

インターネットが悪いのか

インターネットやソーシャルメディアはほんとうに、陰謀論、疑似科学、ヘイトスピーチ、人種差別、過激主義などの巣窟になっているのだろうか。陰謀論的な物言いが新たな形ではびこるようになったのは、インターネットのせいなのだろうか。陰謀論を含むおかしなものを人が信じる原因をインターネットに求めるのは、あまりに簡単だ。なんといっても、おかしなものはインターネットでは簡単に見つかるのだから。Google で「conspiracy theory（陰謀論）」という言葉を検索すれば九二四〇万件、「9/11 conspiracy（九・一一の陰謀）」なら一六九〇万件、「Reptilian Elites（爬虫類エリート）」なら一〇万件以上の検索結果が返ってくる。[50]「オンラインで陰謀論を探し始めると、まるで陰謀論はありとあらゆるところにあるかのように見える」[51]と主張するジャーナリストの意見には、諸手をあげて同意する。

しかしながら、インターネットに対する批判の中には、真剣には受け止めにくいものもある。そのほかのあらゆる形のコミュニケーションと同じように、インターネットはほぼすべての社会悪（現実のものも想像上のものも含む）の原因とされている。インターネットを非難することは、現代の報道においてあまりにも多用されすぎているため、揶揄の対象となるのも無理はない。

ソーシャルメディアはわれわれを社会性のない人間にしているのだろうか？　愚かにしているのだろうか？　孤独にしているのだろうか？　怠惰にしているのだろうか？　憂鬱にさせているのだろうか？　たとえば、こんな話にはだれでも聞き覚えがあるだろう。新しいテクノロジーが広く普及する。人々が新しいタイプの行動を目にするようになる。そのテクノロジーがすぐさま責任を問われる。フェイスブックがなければわたしはもっと幸せになれる。ツイッターがなければ、わたしはもっと生産的になれる。[52]

あらゆる問題を新しいテクノロジーのせいにするという態度は、今に始まったことではない。ケーブルテレビ、テレビ放送、ラジオ、新聞、印刷機、そして紙でさえも、複雑な社会問題を単純な原因に結びつけようとする同時代の社会評論家たちの批判にさらされてきた。そうした批判は人間の主体性を考えに入れておらず、まるで人間は影響力に抵抗できないレミングであると想定しているかのように思える。そのうえ、一種のノスタルジアに浸りながら、長年の社会問題を新しいものであると思い込んでしまっているようにも見える。

インターネットに対する非難には、たとえば次のようなものがある。**インターネットは人々に間違ったことを信じ込ませる。インターネットは人々に間違ったやり方で投票させる。インターネットは人々に間違った情報に基づいて暴力を振るわせる。**ここからの項目では、こうした主張の主な問題点をまとめ、インターネットが大衆に与える影響について懐疑的になるべき強固な理由を示していく。できればこれが、インターネットの規制を支持する人たちがいったん立ち止まって考えるきっかけとなることを願っている。

インターネットには積極的行動が必要

インターネットがだれかに何らかの陰謀論を信じさせるには、その人がインターネットに**接続し**、陰謀論を**探し出し**、それに**触れる**必要がある。陰謀論には確かにそれなりの魅力があり、世間には数多くの陰謀論が存在する。しかしアメリカにおいては、陰謀論を掲載するウェブサイトのトラフィックは、主流の報道機関のそれに比べてさほど多いわけではない。九・一一の真実を扱うサイトの中でももっとも大規模な「911Truth.org」は、トラフィック量のランキングでは三八万七一九七位であり、アレックス・ジョーンズのサイト「Info-Wars」は一〇六八位だ。一方、『ニューヨーク・タイムズ』紙のサイトは二九位に位置している。[▼53]

ウェブのトラフィックを見れば、人は陰謀論を探すよりも、ニュース、ポルノグラフィー、休暇の写真、ネコの動画を観るためにインターネットにアクセスする場合の方がはるかに多いことがわかる。ネット利用の大半は陰謀論とほとんど関係がなく、陰謀論関係のサイトはおおむね無視されている。もちろん、陰謀論に簡単にアクセスすることはできる。しかしコンテンツが手に入るからといって、だれもがそれを見ているわけではないことを認識する必要がある。[54]

人間のバイアスはインターネット上でも働く

陰謀論を否定する人は、インターネットで陰謀論を探したりしないし、それを見たからといって信じることはまずない。ウェブで陰謀論にアクセスする人は、陰謀を信じる先有傾向を有し、すでに信じている内容を見て満足したいという気持ちを持っている可能性が高い。[55] これまでの章で述べてきた通り、もともと自分の中にある先有傾向にマッチしない考えを人に納得させるのは容易ではない。つまり、コンテンツが何であろうと、人の心はさほど変わらないということだ。

第一章でも言及したように、陰謀論がインターネットの登場以降に増えたことを示す証拠はほとんどない。アメリカではとくに、政治家が陰謀論を唱えることが増えているのは確かだろう。だからといってそれが、ウェブ上の陰謀論を取り締まる責任を政治家に負わせる理由になるだろうか。陰謀論を広めるようなことをしない政治家を選ぶ方が、おそらくはよりよい解決策となるだろう。

インターネット上では権威ある情報の方が強力

既存の証拠は、インターネットは一部の人たちが考えているほど陰謀論に有利に働くわけではないことを示している。陰謀論を主張するサイトは数多いが、そうしたものを探し出そうという傾向をもとから持っていない限り、人がそれを見つけることはない。つまり、大半の人にとって、陰謀論に触れる場は主流のサイトである可能性が高い。主流のニュースサイトは陰謀論をどのように扱っているだろうか。

ひとことで言えば「あまり良い扱いではない」ということになるだろう。Googleの検索エンジンで一年分のニュース記事やブログ記事を調べたところ、陰謀論に言及している三〇〇〇本の記事のうち、六三パーセントが「空想」や「奇妙」などの侮蔑的な表現を使って、陰謀論をよくないものとして扱っていた。一七パーセントは陰謀論をより中立的に捉え、肯定的に言及していたのは一九パーセントのみであった。インターネットでニュースを探そうとすれば、陰謀論に対する否定的な描写を目にする可能性が高いだろう。[56]

さらに、インターネットには自己修正のためのメカニズムが組み込まれている。陰謀論がネット上に現れると、多くの人は即座に疑問を呈し、またそれを嘲笑するような行動を取る場合も多い。陰謀論者が自分たちの考えを投稿するのと同じように、反陰謀論者たちは即座にそれを否定する証拠を投稿する。ネット上ではときにこのプロセスが非常に素早く進み、そうなればもはや陰謀論は十分に広まる時間がないまま、すぐに反論に直面することになる。[57]

そのうえ、陰謀論は一部の人が想定しているような広がり方をするわけではない。ソーシャルメディアが陰謀論を雪だるま式に広めているという非難はよく聞かれる。つまり、より多くの人がそれを目にし、見境なく信じ、さらに広めることによって、大きさとスピードを増していくというわけだ。しかし、陰謀論はそういうふうには広まらない。人はソーシャルメディア上で何をフォローし、何を信じてシェアするかを慎重に選ぶ。確かに陰謀論は、オンラインでもオフラインでも広まっている。しかし、広まる過程でそれに触れた人全員が説得されるわけではなく、世論調査は、多くの支持を得る陰謀論はごく一部であることを示している。陰謀論の大半はひと晩で消えてしまう。大きな問題が起こるのは、エリート政治家や主流メディアがそれを採用したときだ。

どうすればよいのか

大半の陰謀論は無害だが、一部には健全な懐疑心を不健全なレベルにまで高めている陰謀論や陰謀論者も存在する。その結果、ときには暴力が発生する。陰謀がしつこく主張されることによって、民主主義が阻害されることもある。自分の敵対者が自分に対する陰謀を企てていると思い込んでしまえば、交渉は不可能になるかもしれない。そのコストを知ったうえで、陰謀論の禁止を求める声もある。[58]

そうした考え方はしかし、陰謀論が必ずしも誤りではないことを忘れている。陰謀論はほんとうであることもあれば、間違っていることもある。陰謀論の問題点は、適切な権威によって、それが真実である可能性が高いかどうかが確かめられていないことだ。政府やテック企業が陰謀論を禁じたり、埋もれさせたりすれば、調査を進めれば真実であることが判明するかもしれない重要な発想を抑圧することにつながる。また、その多くが偽りだと確認された場合でも、詳しい調査を求めることによって、陰謀論が真相を明らかにする助けになることもある。

政府や報道機関は、いわゆる陰謀論の増加をソーシャルメディアの責任とし、徐々にコンテンツの禁止を検討しつつある。しかし、そこにはふたつの皮肉がある。それは（一）陰謀論はおそらくは悠久の昔から人間の経験の一部であること、そして（二）政府高官や従来の報道機関は、自分たちに都合のよいときには陰謀論を広めるということだ。

今日の世界にあやしげな情報があふれていることを考えると、ひと握りのソーシャルメディアサイトにあるひと握りの陰謀論だけを禁止するというのは、断片的な措置にしかならないだろう。もしわれわれが真実に対して非常に厳格に（あるいは少なくとも公平に）向き合い、特定のコンテンツを禁止しようとするな

マーク・ザッカーバーグをはじめとするソーシャルメディアの巨人たちは、コンテンツをより厳しく監視するよう圧力をかけられている。Stephen Lam/Reuters/Newscom

らば、何百万時間分ものコンテンツや何百万件ものニュース記事が消えることになる。なぜならそれらは、われわれが設定する「真実」の独断的な基準に届かないからだ。あやしげなコンテンツを禁じるのであれば、陰謀論に関する番組や記事だけでなく、エイリアン、ビッグフット、ゴースト、代替医療、美容製品、星占い、超能力者、宗教などに関する番組や記事も、すべて俎上に載せられる。そしてそれはソーシャルメディアだけにとどまらない。いずれ本、テレビ番組、ニュース報道も禁止しようということになるかもしれない。

人はあやしげなコンテンツを好む。そして、そのための市場が存在する。マイケル・シャーマーが指摘している通り、メディアにはときに、あやしげなコンテンツにとって有利と思われるバイアスがかかっていることがある。

だまされやすい人を陥れるための偽りの説明は簡単に手に入る。懐疑的に論じているものの方がずっと見つけにくい。懐疑的な意見はあまりウケないからだ。聡明かつ好奇心旺盛で、情報を得るうえで大衆文化に全面的に依存している人は、冷静でバランスのとれた評価よりも、いいかげんな作り話を目にする可能性の方が何百、何千倍も高い。[59]

しかし同時に、日々メディアを行き交う何百万ものアイデアの中から、何を陰謀論とみなすのかをリアルタイムで判断するのは極めて難しい。テック企業（あるいはメディア）に、陰謀論やその他のあやしげなアイデアを特定することを求めれば、彼らは毎時間、何が真実で何がそうでないかについて、何百万回もの主観的な判断を下さなければならなくなる。そして彼らはそれを、そうした判断の多くに利害関係を持つ可能性のある政府からの圧力を受けながら行なうことになるだろう。

これまでの議論ではずっと、政府こそが、陰謀論と実際の陰謀の両方を提供する最大の主体であるという事実が見過ごされてきた。もし政策立案者が、陰謀に与することのない、よりオープンで透明性の高い政府を掲げるなら、そしてもし政治家が大衆を操る手段として陰謀論を広めることがなかったならば、人はそもそも陰謀論の必要性をさほど感じなくなるのかもしれない。政府や政治家が自らの行ないを改めてくれればすばらしいが、陰謀論の場合と同じように、スケープゴートを作る方がはるかに容易なのだ。

まとめ

陰謀論は人間にとって当たり前にあるものの一部だ。だれもが少なくともひとつはこれを信じているが、陰謀論の数がどれだけあるかを考えると、だれもが複数信じている可能性が高い。一部の人たちは、陰謀論によって定義された世界観を持っている。陰謀論は、真実を含むあらゆることについて、人が意見を異にすることを思い出させてくれる。そうした意見の相違は、これまでも、この先も常に存在する。われわれは陰謀論と、それを信じる人たちと共存してゆかなければならない。これを実現する唯一の方法は、他者への思いやりと寛容さを持ち、自分自身が信じるものに高い基準を設けることだ。より多くの人たちが自分の偏見を自覚するようになれば、それは決してささやかではない勝利となるだろう。

教育は常に優先されなければならない。批判的思考を持つよう人に教えることは、よりよい信念につながる。また、たとえ専門家と意見が対立する場合でも、専門的知識は尊重すべきだ。政治的な透明性と説明責任は、陰謀論による度を越えた影響を緩和することはできても、陰謀論をなくすことはできない。われわれはまた、陰謀や陰謀論に与することのない政治家を選ぶ必要がある。

訳者あとがき

本書『陰謀論入門——誰が、なぜ信じるのか?』は、Joseph E. Uscinski による著書 Conspiracy Theories: A Primer（Rowman & Littlefield Pub Inc, 2020）の全訳である。

テレビ、新聞・雑誌の記事、インターネットのニュースやSNSには、「陰謀論」という言葉を使った話題が次々に登場する。政治家から戦争、感染症、地球温暖化、地震まで、何らかの陰謀がからんでいるとされる対象は枚挙にいとまがない。果たして今は「陰謀論の時代」なのだろうか。陰謀論やそれを信じる人たちの数が増えているというのはほんとうだろうか。どんな人たちが陰謀論を唱えているのだろうか。陰謀論はわたしたちの社会にどんな影響をもたらすのだろうか。陰謀論とはそもそも何だろうか。

これらの疑問に対し、学術的かつ簡潔でわかりやすい答えを提供してくれるのが、この『陰謀論入門』だ。本書において著者のジョゼフ・E・ユージンスキは、最新の議論とデータを踏まえ、具体的な例を数多く挙げながら、この問題を考える際に欠かせない重要な用語の定義、適切な分析方法、客観的な判断の仕方を提示している。

ユージンスキは米マイアミ大学で政治学を教える教授であり、陰謀論とそれに関連する誤報に焦点を当てながら、世論とマスメディアについて研究している。これまでの著書としては、受け手側の要求がどのようにニュースの内容に影響するかを論じたThe People's News: Media, Politics, and the Demands of Capitalism（New York University Press, 2014）、アメリカの文化や政治と陰謀論とのかかわりを検証するAmerican Conspiracy Theories（Oxford University Press, 2014, 共著）、また編書に、人々が陰謀論を信じる理由とその政治や社会への影響を取り上げたConspiracy Theories and the People Who Believe Them（Oxford University Press, 2018）がある。

著者は陰謀論をテーマとした論文を数多く発表している精力的な研究者であり、本書についてのレビューにおいては、「この分野についてだれよりもよく知っている」人物であると評されている。また、アメリカをはじめ各国のテレビ、新聞、雑誌、ポッドキャストなどのメディアにおいて、年間数十回にわたって陰謀論にまつわる話題の解説を行ない、その議論に参加している。政治学や社会学の専門家から「だれが、なぜ陰謀論を信じるのかについて、現状を知るための良い入門書」「陰謀論研究のとっつきやすく包括的なガイドブック」との評価を得ている本書は、陰謀論という概念について考えるための第一歩としてふさわしい一冊と言えるだろう。

著者も本文において言及している通り、「陰謀論」という言葉は極端な反応を引き起こすことが多い。この言葉をだれかの意見に対して使った場合、敵と味方の陣営にわかれて相手側を嘲笑したり、攻撃したりといった状況が生まれがちだ。陰謀論についての基礎的な知識を網羅し、客観的な視座を得る助けとなる本書は、わたしたちが陰謀論と思われるものに遭遇したとき、あるいは自分が口にした意見について、それは陰謀論ではないかとの指摘を受けたときに、いったん立ち止まって考え、実のある議論を成立させるための拠りどころとなってくれるだろう。

北村京子

人名索引

【サ行】

【タ行】

【ナ行】

【ハ行】

【マ行】

【ラ行】

【ワ行】

事項索引

【カ行】

【サ行】

【タ行】

【ナ行】

【ハ行】

【マ行】

【ヤ行】

【ラ行】

【ワ行】

注

第一章

1 NASA, "Apollo 11 Mission Overview." NASA.gov. May 15, 2019. https://www.nasa.gov/mission_pages/apollo/missions/apollo11.html.

2 Brian Dunning, *Conspiracies Declassified: The Skeptoid Guide to the Truth behind the Theories* (Avon, MA: Adams Media, 2018), 172.

3 Alan Burdick, "Looking for Life on a Flat Earth," *New Yorker* (2018).

4 David Icke, *Human Race Get Off Your Knees: The Lion Sleeps No More* (Isle of Wight: David Icke Books, 2010).（デーヴィッド・アイク『ムーンマトリックス』1 ～ 5、内海聡監修、為清勝彦訳、ヒカルランド、2019年）。

5 Sean Martin, "UFO Hunters Discover Alien Base on Google Moon Maps—Bizarre Pyramid Found," *Express* (2018).

6 Jacob Stolworthy, "Stanley Kubrick's Daughter Debunks Moon Landing Conspiracy Theory," *Independent* (2016).

7 C. Krauss, "28 Years after Kennedy's Assassination, Conspiracy Theories Refuse to Die," *New York Times*, January 5, 1992; John W. McHoskey, "Case Closed? On the John F. Kennedy Assassination: Biased Assimilation of Evidence and Attitude Polarization," *Basic and Applied Social Psychology* 17, no. 3 (1995); Larry J. Sabato, *The Kennedy Half-Century: The Presidency, Assassination, and Lasting Legacy of John F. Kennedy* (New York: Bloomsbury Publishing USA, 2013); Lisa D. Butler, Cheryl Koopman, and Philip G. Zimbardo, "The Psychological Impact of Viewing the Film *JFK*: Emotions, Beliefs, and Political Behavioral Intentions," *Political Psychology* 16, no. 2 (1995).

8 Philip Shenon, "Files Will Shed Light on a JFK Shooting Conspiracy—but Not the One You Think," *The Guardian* (2017).

9 Niraj Chokshi, "False Flags, True Believers and Trolls: Understanding Conspiracy Theories after Tragedies," *Washington Post*, December 4, 2015.

10 Ari Berman, "The Democratic Primary Wasn't Rigged," *The Nation* (2016); Jack Edelson et al., "The Effect of Conspiratorial Thinking and Motivated Reasoning on Belief in Election Fraud," *Political Research Quarterly* 70, no. 4 (2017).

11 "MH370 Conspiracy Theories: What Really Happened to the Missing Malaysia Airlines Flight?" *The Week* (2018).

12 Thomas Hargrove, "Third of Americans Suspect 9/11 Government Conspiracy," *Scripps News*, August 1, 2006.

13 "Kenneka Jenkins' Death Photos 'Raise More Questions,' Lawyer Says as Police Close Case," *Chicago Tribune*, 2017.

14 Christopher N. Osher, "Bike Agenda Spins Cities toward U.N. Control, Maes Warns," *Denverpost.com*, August 4, 2010; Patrick T. Hurley and Peter A. Walker, "Whose Vision? Conspiracy Theory and Land-Use Planning in Nevada County, California," *Environment and Planning* 36 (2004).

15 Catherine Carstairs and Rachel Elder, "Expertise, Health, and Popular Opinion: Debating Water

Fluoridation, 1945–80," *Canadian Historical Review* 89, no. 3 (2008); Elizabeth Chuck, "Science Says Fluoride in Water Is Good for Kids. So Why Are These Towns Banning It?" NBC News (2018).

16 "8 in 10 French People Believe a Conspiracy Theory: Survey," *France24* (2018).

17 Dara Lind, "The Conspiracy Theory That Led to the Pittsburgh Synagogue Shooting, Explained," *Vox.com* (2018).

18 Peter Knight, ed. *Conspiracy Theories in American History*, 2 vols. (Santa Barbara, CA: ABC-CLIO, 2003); Hugo Drochon, "Who Believes in Conspiracy Theories in Great Britain and Europe?" in *Conspiracy Theories and the People Who Believe Them*, ed. Joseph E. Uscinski (New York: Oxford University Press, 2018).

19 Dunning, *Conspiracies Declassified.*

20 Kathleen Gray, "Bernie Sanders: Election Is about Survival of Middle Class," *Detroit Free Press* (2016); Rich Lowry, "Bernie's Conspiracy Theory," *National Review* (2015).

21 James Pickard, "Corbyn Lashes Out at Financial Sector 'Speculators and Gamblers,'" *Financial Times* (2017).

22 Peter Knight, *Conspiracy Culture: From the Kennedy Assassination to the* X-Files (London: Routledge, 2000), 129

23 Jennifer Crocker et al., "Belief in U.S. Government Conspiracies against Blacks among Black and White College Students: Powerlessness or System Blame?" *Personality and Social Psychology Bulletin* 25, no. 8 (1999); Louis Farrakhan and Henry Louis Gates Jr., "Farrakhan Speaks," *Transition*, no. 70 (1996).

24 Burdick, "Looking for Life on a Flat Earth."

25 Joseph E. Uscinski, Karen Douglas, and Stephan Lewandowsky, "Climate Change Conspiracy Theories," *Oxford Research Encyclopedia of Climate Science* (Oxford: Oxford University Press, 2017).

26 Ted Goertzel, "The Conspiracy Theory Pyramid Scheme," in *Conspiracy Theories and the People Who Believe Them*, ed. Joseph E. Uscinski (New York: Oxford University Press, 2018). Robert M. Hollingworth et al., "The Safety of Genetically Modified Foods Produced through Biotechnology," *Toxological Sciences* 71 (2003).

27 Amy Harmon, "A Lonely Quest for Facts on Genetically Modified Crops," *New York Times*, January 4, 2014; Keith Kloor, "GMO Opponents Are the Climate Skeptics of the Left," *Slate.com*, September 26, 2012; Jim Marrs, *Population Control: How Corporate Owners Are Killing Us* (New York: William Morrow, 2015).

28 David A. Broniatowski, Karen M. Hilyard, and Mark Dredze, "Effective Vaccine Communication during the Disneyland Measles Outbreak," *Vaccine* 34, no. 28 (2016).

29 Goertzel, "The Conspiracy Theory Pyramid Scheme."

30 Edzard Ernst and Angelo Fasce, "Dismantling the Rhetoric of Alternative Medicine: Smokescreens, Errors, Conspiracies, and Follies," *Metode Science Studies Journal-Annual Review*, no. 8 (2017).

31 "Conspira-Sea Cruise," Legendary World Travel, http://www.divinetravels.com/ConspiraSeaCruise.html.

32 Joseph E. Uscinski and Joseph M. Parent, *American Conspiracy Theories* (New York: Oxford University Press, 2014).

33 Kathryn S. Olmsted, *Real Enemies: Conspiracy Theories and American Democracy, World War I to 9/11* (New York: Oxford University Press, 2008).

34 Uscinski and Parent, *American Conspiracy Theories.*

35 Drochon, "Who Believes in Conspiracy Theories?"

36 BBC Trending, "EU Referendum: 'Use Pens' Plea of Voting Fraud 'Conspiracy Theorists,'" *BBC Trending* (2016).

37 "Turkey Academic Jailed after Raids on Professors and Activists," *Aljazeera.com* (2018); Carlotta Gall, "Turkey Orders New Election for Istanbul Mayor, in Setback for Opposition," *New York Times* (2019).

38 Justin Miller, "How Greg Abbott Got Played by the Russians during His Jade Helm Freakout," *Texas Observer* (2018).

39 Ronald Bailey, "Vermont GMO Labeling Hits Kosher Foods," *Reason* (2016).

40 Marian Tupy, "Europe's Anti-GMO Stance Is Killing Africans," *Reason* (2017).

41 Lindsay McLaren et al., "Measuring the Short-Term Impact of Fluoridation Cessation on Dental Caries in Grade 2 Children Using Tooth Surface Indices," *Community Dentistry and Oral Epidemiology* 44, no. 3 (2016).

42 Uscinski, Douglas, and Lewandowsky, "Climate Change Conspiracy Theories."

43 Elizabeth Nolan Brown, "This Is How Sex-Trafficking Panic Gets Made: Reason Roundup," *Reason* (2018).

44 Scott Shackford, "Backpage Founder's 93 Charges Lack Actual Sex-Trafficking Claims," *Reason* (2018).

45 Cecilia Kang, "Fake News Onslaught Targets Pizzeria as Nest of Child-Trafficking," *New York Times* (2016).

46 Tay Wiles, "Conspiracy Theories Inspire Vigilante Justice in Tucson," *High Country News* (2018); Brown, "This Is How Sex-Trafficking Panic Gets Made"; Stephanie Ebbert, "In Wayland, Suburban Dog-Walking Moms Target Sex Trafficking," *Boston Globe* (2019); Elizabeth Nolan Brown, "Nabbing Robert Kraft Helped Florida Prosecutors Get Headlines. Now Kraft and Other Orchids of Asia Customers Are Fighting Back" (2019); Kim LaCapria, "Hickory (NC) Walmart Human Trafficking Warning," *Snopes.com* (2015).

47 Elizabeth Nolan Brown, "Patriots Owner Robert Kraft's Bust Is Being Billed as a Human Trafficking Bust, but It Looks More Like Ordinary Prostitution," *Reason. com* (2019).

48 Frances Hill, *A Delusion of Satan: The Full Story of the Salem Witch Trials* (Tantor eBooks, 2014); Richard Latner, "'Here Are No Newters': Witchcraft and Religious Discord in Salem Village and Andover," *New England Quarterly* 79, no. 1 (2006); Peter T. Leeson and Jacob W. Russ, "Witch Trials," *Economic Journal* 128, no. 613 (2018).

49 James L. Gibson, "Political Intolerance and Political Repression during the McCarthy Red Scare," *American Political Science Review* 82, no. 2 (1988).

50 Daniel Jolley and Karen Douglas, "The Effects of Anti-Vaccine Conspiracy Theories on Vaccination Intentions," *PLoS ONE* 9, no. 2 (2014); Sander van der Linden, "The Conspiracy-Effect: Exposure to Conspiracy Theories (about Global Warming) Decreases Pro-Social Behavior and Science Acceptance," *Personality and Individual Differences* 87 (2015).

51 Karen M. Douglas and Ana C. Leite, "Suspicion in the Workplace: Organizational Conspiracy Theories and Work-Related Outcomes," *British Journal of Psychology* 108, no. 3 (2017).

52 Eric Oliver and Thomas Wood, "Medical Conspiracy Theories and Health Behaviors in the United States," *JAMA Internal Medicine* 174, no. 5 (2014).

53 Uscinski and Parent, *American Conspiracy Theories*; Karen Douglas and Robbie Sutton, "Does It Take One to Know One? Endorsement of Conspiracy Theories Is Influenced by Personal Willingness to Conspire," *British Journal of Social Psychology* 50, no. 3 (2011).

54 Colin Klein, Peter Clutton, and Adam G. Dunn, "Pathways to Conspiracy: The Social and Linguistic Precursors of Involvement in Reddit's Conspiracy Theory Forum" (2018), psyarxiv.com/8vesf.

55 Brian Morton, "The Guns of Spring," *City Paper Baltimore* (2009); Dale Russakoff and Serge F. Kovaleski, "An Ordinary Boy's Extraordinary Rage," *Washington Post* (1995).

56 Matthew Haag and Maya Salam, "Gunman in 'Pizzagate' Shooting Is Sentenced to 4 Years in Prison," *New York Times* (2017).

57 Kevin Johnson et al., "'It's Time to Destroy Trump & Co.': Scalise Shooter Raged on Facebook," *USA Today* (2017).

58 Wiles, "Conspiracy Theories Inspire Vigilante Justice."

59 Avi Selk, "Falsely Accused of Satanic Horrors, a Couple Spent 21 Years in Prison. Now They're Owed Millions," *Washington Post* (2017); Jeffrey S. Victor, "Moral Panics and the Social Construction of Deviant Behavior: A Theory and Application to the Case of Ritual Child Abuse," *Sociological Perspectives* 41, no. 3 (1998).

60 Michael Butter and Peter Knight, "The History of Conspiracy Theory Research: A Review and Commentary," in *Conspiracy Theories and the People Who Believe Them*, ed. Joseph E. Uscinski (New York: Oxford University Press, 2018).

61 Richard Hofstadter, *The Paranoid Style in American Politics, and Other Essays* (Cambridge, MA: Harvard University Press, 1964).

62 Knight, *Conspiracy Culture*.

63 Brian Keeley, "Of Conspiracy Theories," in *Conspiracy Theories: The Philosophical Debate*, ed. David Coady (Burlington, VT: Ashgate, 2006).

64 Hamid Dabashi, "Living in a Conspiracy Theory in Trump's America," *Aljazeera.com* (2018).

65 Andrew Rosenthal, "No Comment Necessary: Conspiracy Nation," *New York Times* (2013).

66 Annie Jacobsen, "The United States of Conspiracy: Why, More and More, Americans Cling to Crazy Theories," *NYDailyNews.com*, August 7, 2011, http://articles.nydailynews.com/2011-08-07/news/29878465_1_conspiracy-theories-bavarian-illuminati-nefarious-business.

67 David Aaronovitch, *Voodoo Histories: The Role of Conspiracy Theory in Shaping Modern History* (New York: Riverhead Books, 2010).（デビッド・アーロノビッチ『陰謀説の嘘：ユダヤ陰謀論から9・11まで』佐藤美保訳、PHP研究所、2011年）。

68 Darrin M. McMahon, "Conspiracies So Vast: Conspiracy Theory Was Born in the Age of Enlightenment and Has Metastasized in the Age of the Internet. Why Wont It Go Away?" *Boston Globe*, February 1, 2004.

69 Charles Krauthammer, "A Rash of Conspiracy Theories," *Washington Post*, July 5, 1991; Kenn

Thomas, "Clinton Era Conspiracies! Was Gennifer Flowers on the Grassy Knoll? Probably Not, but Here Are Some Other Bizarre Theories for a New Political Age," *Washington Post*, January 16, 1994.

70 "The Warren Commission Report," *New York Times*, September 28, 1964; Georgie Anne Geyer, "The Rewriting of History to Fit Our Age of Conspiracy," *Los Angeles Times*, 1977.

71 Paul Musgrave, "Conspiracy Theories Are for Losers. QAnon Is No Exception," *Washington Post* (2018).

72 "8 in 10 French People Believe a Conspiracy Theory: Survey," *France24* (2018); Drochon, "Who Believes in Conspiracy Theories?"; Adam M. Enders and Steven M. Smallpage, "Polls, Plots, and Party Politics: Conspiracy Theories in Contemporary America," in *Conspiracy Theories and the People Who Believe Them*, ed. Joseph E. Uscinski, 298–318 (New York: Oxford University Press, 2018).

73 Brendan Nyhan, "9/11 and Birther Misperceptions Compared," *Brendan-nyhan.com/blog* (2009).

74 For example, Isaac Stanley-Becker, "'We Are Q': A Deranged Conspiracy Cult Leaps from the Internet to the Crowd at Trump's 'Maga' Tour," *Washington Post* (2018).

75 Lauren Cox and ABC News Medical Unit, "What's behind Internet Conspiracy Empires?" ABC News (2008).

76 Ibid.

77 Ibid.

78 Hofstadter, *The Paranoid Style in American Politics.*

79 Uscinski and Parent, *American Conspiracy Theories.*

80 Adrian Furnham, "Commercial Conspiracy Theories: A Pilot Study," *Frontiers in Psychology* 4 (2013).

81 Steven M. Smallpage, Adam M. Enders, and Joseph E. Uscinski, "The Partisan Contours of Conspiracy Theory Beliefs," *Research & Politics* 4, no. 4 (2017).

82 Martin Orr and Ginna Husting, "Media Marginalization of Racial Minorities: 'Conspiracy Theorists' in U.S. Ghettos and on the 'Arab Street,'" in *Conspiracy Theories and the People Who Believe Them*, ed. Joseph E. Uscinski (New York: Oxford University Press, 2018).

第二章

1 Jon Street, "Sen. Elizabeth Warren: Middle Class Is Not Defined by Income Level," *CNSNews.com* (2013).

2 Martin Orr and Ginna Husting, "Media Marginalization of Racial Minorities: 'Conspiracy Theorists' in U.S. Ghettos and on the 'Arab Street,'" in *Conspiracy Theories and the People Who Believe Them*, ed. Joseph E. Uscinski (New York: Oxford University Press, 2018).

3 Jaron Harambam and Stef Aupers, "'I Am Not a Conspiracy Theorist': Relational Identifications in the Dutch Conspiracy Milieu," *Cultural Sociology* 11, no. 1 (2017).

4 Laurie A. Manwell, "In Denial of Democracy: Social Psychological Implications for Public Discourse on State Crimes against Democracy Post-9/11," *American Behavioral Scientist* 53, no. 6 (2010).

5 Jesse Walker, "What We Mean When We Say 'Conspiracy Theory,'" in *Conspiracy Theories and the People Who Believe Them*, ed. Joseph E. Uscinski (New York: Oxford University Press, 2018).

6 John W. Dean, *The Nixon Defense: What He Knew and When He Knew It* (New York: Viking, 2014).

7 Vickie M. Mays, Courtney N. Coles, and Susan D. Cochran, "Is There a Legacy of the U.S. Public Health Syphilis Study at Tuskegee in HIV/AIDS-Related Beliefs among Heterosexual African Americans and Latinos?" *Ethics & Behavior* 22, no. 6 (2012).

8 Neil Levy, "Radically Socialized Knowledge and Conspiracy Theories," *Episteme* 4, no. 2 (2007).

9 Archibald Cox, "Watergate and the U.S. Constitution," *British Journal of Law and Society* 2, no. 1 (1975).

10 Kathryn S. Olmsted, *Challenging the Secret Government: The Post-Watergate Investigations of the CIA and FBI* (Chapel Hill: University of North Carolina Press, 2000).

11 Thomas Kean, *The 9/11 Commission Report: Final Report of the National Commission on Terrorist Attacks upon the United States* (Washington, DC: Government Printing Office, 2011)（同時多発テロに関する独立調査委員会『9/11委員会レポートダイジェスト：同時多発テロに関する独立調査委員会報告書, その衝撃の事実』松本利秋・ステファン丹沢・永田喜文訳、WAVE出版、2008年）; David Dunbar and Brad Reagan, *Debunking 9/11 Myths: Why Conspiracy Theories Can't Stand up to the Facts* (New York: Sterling, 2006).

12 David Ray Griffin, *Debunking 9/11 Debunking: An Answer to* Popular Mechanics *and Other Defenders of the Official Conspiracy Theory* (N.p.: Interlink Books, 2007).

13 Sinead Baker, "The Mystery of MH370 Is about to Be Laid to Rest for Good—Here Are All the Theories, Dead Ends, and Unanswered Questions from the Most Bizarre Airline Disaster of the Century," *Business Insider* (2018).

14 David Icke, *Children of the Matrix: How an Interdimensional Race Has Controlled the World for Thousands of Years—and Still Does* (Wildwood, MO: Bridge of Love Publications USA, 2001)（デーヴィッド・アイク『マトリックスの子供たち』上下巻、安永絹江訳、ヒカルランド、2019年）; Icke, *Human Race Get Off Your Knees: The Lion Sleeps No More* (Isle of Wight: David Icke Books, 2010).（アイク『ムーンマトリックス』1 ～ 5、内海聡監修、為清勝彦訳、ヒカルランド、2019年）。

15 Jack Edelson et al., "The Effect of Conspiratorial Thinking and Motivated Reasoning on Belief in Election Fraud," *Political Research Quarterly* 70, no. 4 (2017).

16 Ryan L. Claassen and Michael J. Ensley, "Motivated Reasoning and Yard-Sign-Stealing Partisans: Mine Is a Likable Rogue, Yours Is a Degenerate Criminal," *Political Behavior* 38, no. 2 (2016).

17 John M. Carey et al., "An Inflated View of the Facts? How Preferences and Predispositions Shape Conspiracy Beliefs about the Deflategate Scandal," *Research & Politics* 3, no. 3 (2016).

18 Milton Lodge and Charles S. Taber, *The Rationalizing Voter* (New York: Cambridge University Press, 2013).

19 John G. Bullock et al., "Partisan Bias in Factual Beliefs about Politics," *Quarterly Journal of Political Science* 10 (2015).

20 Lance DeHaven-Smith, *Conspiracy Theory in America* (Austin: University of Texas Press, 2013).

21 Andrew McKenzie-McHarg, "Conspiracy Theory: The Nineteenth-Century Prehistory of a Twentieth-Century Concept," in *Conspiracy Theories and the People Who Believe Them*, ed. Joseph E. Uscinski (New York: Oxford University Press, 2018).

22 Sir Karl R. Popper, *Conjectures and Refutations* (London: Routledge & Kegan Paul, 1972).（カール・R・ポパー『推測と反駁：科学的知識の発展』藤本隆志、石垣壽郎、森博訳、法政大学出版局、2009年）。

23 Dunbar and Reagan, *Debunking 9/11 Myths.*

24 Maarten Boudry and Johan Braeckman, "Immunizing Strategies and Epistemic Mechanisms," *Philosophia* 39 (2011).

25 Jerome R. Corsi, *Where's the Birth Certificate?: The Case That Barack Obama Is Not Eligible to Be President* (Washington, DC: WND Books, 2011).

26 Sir Karl R. Popper, *The Open Society and Its Enemies, Vol. 2: The High Tide of Profecy: Hegel, Marx, and the Aftermath*, 5th ed. (London: Routledge & Kegan Paul, 1966); Levy, "Radically Socialized Knowledge"; Steve Clarke, "Conspiracy Theories and Conspiracy Theorizing," *Philosophy of the Social Sciences* 32, no. 2 (2002).

27 Brian Keeley, "Of Conspiracy Theories," *Journal of Philosophy* 96, no. 3 (1999).

28 David Robert Grimes, "On the Viability of Conspiratorial Beliefs," *PloS ONE* 11, no. 1 (2016).

29 Pete Mandik, "Shit Happens," *Episteme* 4, no. 2 (2007).

30 Andrew McKenzie-McHarg and Rolf Fredheim, "Cock-Ups and Slap-Downs: A Quantitative Analysis of Conspiracy Rhetoric in the British Parliament 1916–2015," *Historical Methods: A Journal of Quantitative and Interdisciplinary History* 50, no. 3 (2017).

31 M. R. X. Dentith, "Conspiracy Theories and Philosophy: Bringing the Epistemology of a Freighted Term into the Social Sciences," in *Conspiracy Theories and the People Who Believe Them*, ed. Joseph E. Uscinski (New York: Oxford University Press, 2018); Juha Raikka and Lee Basham, "Conspiracy Theory Phobia," in *Conspiracy Theories and the People Who Believe Them*, ed. Joseph E. Uscinski (New York: Oxford University Press, 2018).

32 Joel Buenting and Jason Taylor, "Conspiracy Theories and Fortuitous Data," *Philosophy of the Social Sciences* 40, no. 4 (2010).

33 Walker, "What We Mean"; P. R. Bost, "The Truth Is around Here Somewhere: Integrating the Research on Conspiracy Beliefs," in *Conspiracy Theories and the People Who Believe Them*, ed. Joseph E. Uscinski, 269–82 (New York: Oxford University Press, 2018).

34 Peter Knight, "Conspiracy Theories in America: A Historical Overview," in *Conspiracy Theories in American History*, vol. 1, ed. Peter Knight (Santa Barbara, CA: ABC-CLIO, 2003).

35 Joseph E. Uscinski, "The Psychology behind Why People Believe Conspiracy Theories about Scalia's Death," *Washington Post*, February 19, 2016.

36 Eric Oliver and Thomas Wood, "Conspiracy Theories and the Paranoid Style(s) of Mass Opinion," *American Journal of Political Science* 58, no. 4 (2014).

37 Jesse Lopez and D. Sunshine Hillygus, "Why So Serious?: Survey Trolls and Misinformation," *SSRN* (2018).

38 Public Policy Polling, "Clinton's Florida Lead Continues to Grow" (2016).

39 Adam J. Berinsky, "Telling the Truth about Believing the Lies? Evidence for the Limited Prevalence of Expressive Survey Responding," *Journal of Politics* 80, no.1 (2018).

40 Walker, "What We Mean."

41 Tom Jensen, "Democrats and Republicans Differ on Conspiracy Theory Beliefs," Public Policy Polling (2013).

42 Dustin Tingley and Gernot Wagner, "Solar Geoengineering and the Chemtrails Conspiracy on Social Media," *Palgrave Communications* 3, no. 1 (2017).

43 Rob Brotherton, Christopher C. French, and Alan D. Pickering, "Measuring Belief in Conspiracy Theories: The Generic Conspiracist Beliefs Scale," *Frontiers in Psychology* 4, Article 279 (2013).

44 John Zaller, *The Nature and Origins of Mass Opinion* (Cambridge: Cambridge University Press, 1992).

45 Katherine Levine Einstein and David M. Glick, "Do I Think BLS Data Are BS? The Consequences of Conspiracy Theories," *Political Behavior* 37, no. 3 (2014).

46 Jan-Willem van Prooijen and Mark van Vugt, "Conspiracy Theories: Evolved Functions and Psychological Mechanisms," *Perspectives on Psychological Science* 13, no. 6 (2018).

47 Gareth Richards, "Digit Ratio (2d: 4d) and Beliefs in Superstitions, Conspiracy Theories and the Paranormal," *Developmental Psychology Section* (2017).

48 Neil Dagnall et al., "Conspiracy Theory and Cognitive Style: A Worldview," *Frontiers in Psychology* 6 (2015).

49 Jan-Willem van Prooijen and Karen M. Douglas, "Conspiracy Theories as Part of History: The Role of Societal Crisis Situations," *Memory Studies* 10, no. 3 (2017).

50 Joanne M. Miller, Kyle L. Saunders, and Christina E. Farhart, "Conspiracy Endorsement as Motivated Reasoning: The Moderating Roles of Political Knowledge and Trust," *American Journal of Political Science* 60, no. 4 (2016).

51 Casey A. Klofstad et al., "What Drives People to Believe in Zika Conspiracy Theories?" *Palgrave Communications* 5, no. 1 (2019).

52 Amy Wang, "'Post-Truth' Named 2016 Word of the Year by Oxford Dictionaries," *Washington Post* (2019).

53 Matthew Norman, "Whoever Wins the US Presidential Election, We've Entered a Post-Truth World—There's No Going Back Now," *The Independent* (2016).

54 Christopher H. Achen and Larry M. Bartels, *Democracy for Realists: Why Elections Do Not Produce Responsive Government* (Princeton, NJ: Princeton University Press, 2017).

55 D. J. Flynn, Brendan Nyhan, and Jason Reifler, "The Nature and Origins of Misperceptions: Understanding False and Unsupported Beliefs about Politics," *Political Psychology* 38 (2017).

56 Shelly Banjo, "Facebook, Twitter and the Digital Disinformation Mess," *Washington Post* (2019).

57 Richard Engel, Kate Benyon-Tinker, and Kennett Werner, "Russian Documents Reveal Desire to Sow Racial Discord—and Violence—in the U.S.," *NBC News* (2019).

58 David M. J. Lazer et al., "The Science of Fake News," *Science* 359, no. 6380 (2018).

59 Hunt Allcott and Matthew Gentzkow, "Social Media and Fake News in the 2016 Election," *Journal of Economic Perspectives* 31, no. 2 (2017).

60 Alessandro Bessi et al., "Science vs. Conspiracy: Collective Narratives in the Age of Misinformation," *PLoS ONE* 10, no. 2 (2015).

61 "Possible Bigfoot Sighting in Whitehall, NY," WHEC Channel 10 (2018).

62 Bryan C. Sykes et al., "Genetic Analysis of Hair Samples Attributed to Yeti, Bigfoot and Other Anomalous Primates," *Proceedings of the Royal Society B* 281, no. 1789 (2014); Benjamin Radford, "Bigfoot at 50: Evaluating a Half-Century of Bigfoot Evidence," *Skeptical Inquirer* 26, no. 2 (2002).

63 Michael Dennett, "Evidence for Bigfoot? An Investigation of the Mill Creek 'Sasquatch Prints,'" *Skeptical Inquirer* 13, no. 3 (1989).

64 J. D. Lozier, P. Aniello, and M. J. Hickerson, "Predicting the Distribution of Sasquatch in Western North America: Anything Goes with Ecological Niche Modelling," *Journal of Biogeography* 36, no. 9 (2009).

65 David J. Daegling, *Bigfoot Exposed: An Anthropologist Examines America's Enduring Legend* (Lanham, MD: AltaMira, 2004).

66 Joe Nickell, "Bigfoot as Big Myth: Seven Phases of Mythmaking," *Skeptical Inquirer* 41, no. 5 (2016).

67 Benjamin Radford, *Tracking the Chupacabra: The Vampire Beast in Fact, Fiction, and Folklore* (Albuquerque: University of New Mexico Press, 2011).

68 "BBC 'Proves' Nessie Does Not Exist," BBC News (2003).

69 Terence Hines, *Pseudoscience and the Paranormal* (Buffalo, NY: Prometheus Books, 2003), 20.（テレンス・ハインズ『ハインズ博士再び「超科学」をきる：代替医療はイカサマか？』井山弘幸訳、化学同人、2011年）。

70 Ibid.

71 Joe Nickell, Barry Karr, and Tom Genoni, *The Outer Edge: Classic Investigations of the Paranormal.* Committee for the Scientific Investigation of Claims of the Paranormal, 1996.

72 Rupert Sheldrake and Pamela Smart, "Psychic Pets: A Survey in North-West England," *Journal-Society for Psychical Research* 61 (1997).

73 Scott O. Lilienfeld, "New Analyses Raise Doubts about Replicability of ESP Findings," *Skeptical Inquirer* 23 (1999).

74 James Randi, *The Magic of Uri Geller* (New York: Ballantine Books, 1975).

75 James Randi, *The Truth about Uri Geller* (Buffalo, NY: Prometheus Books, 1982).

76 Brian Regal, *Pseudoscience: A Critical Encyclopedia* (ABC-CLIO, 2009).

77 Michael Peck, "The CIA's Secret Plan to Crush Russia during the Cold War: Super Psychic Powers," *National Interest* (2017).

78 Michael Shermer, *Why People Believe Weird Things: Pseudoscience, Superstition, and Other Confusions of Our Time* (New York: Macmillan, 2002).（マイクル・シャーマー『なぜ人はニセ科学を信じるのか』1〜2、岡田靖史訳、早川書房、2003年）。

79 Ray Hyman, "Cold Reading: How to Convince Strangers That You Know All about Them [1977]," in *Pseudoscience and Deception: The Smoke and Mirrors of Paranormal Claims*, ed. Bryan Farha (Lanham, MD: University Press of America, 2014).

80 Kendrick Frazier, *Science Confronts the Paranormal* (Buffalo, NY: Prometheus Books, 1986).

81 Frances Hill, *A Delusion of Satan: The Full Story of the Salem Witch Trials* (Tantor eBooks, 2014); Richard Latner, "'Here Are No Newters': Witchcraft and Religious Discord in Salem Village and Andover," *New England Quarterly* 79, no. 1 (2006); Debbie Nathan and Michael Snedeker, *Satan's Silence: Ritual Abuse and the Making of a Modern American Witch Hunt* (iUniverse, 2001).

82 Herbert Benson et al., "Study of the Therapeutic Effects of Intercessory Prayer (STEP) in Cardiac Bypass Patients: A Multicenter Randomized Trial of Uncertainty and Certainty of Receiving Intercessory Prayer," *American Heart Journal* 151, no. 4 (2006); Susan J. Blackmore, *Dying to Live: Near-Death Experiences* (Buffalo, NY: Prometheus Books, 1993); Kendrick Frazier, "Double-Blind Test of Astrology Avoids Bias, Still Refutes the Astrological Hypothesis," in *The Outer Edge: Classic Investigations of the Paranormal*, ed. Barry Karr, Joe Nickell, and Tom Genoni (New York:

CSICOP, 1996).
83 Robert A. Baker, "The Aliens among Us: Hypnotic Regression Revisited," in *The Hundredth Monkey and Other Paradigms of the Paranormal: A Skeptical Inquirer Collection,* ed. Kendrick Frazier (Buffalo, NY: Prometheus Books, 1991).
84 Carl Sagan, *The Demon-Haunted World: Science as a Candle in the Dark* (New York: Ballantine Books, 1997).（カール・セーガン『カール・セーガン科学と悪霊を語る』青木薫訳、新潮社、1997年）。

第三章

1 Betsy Sinclair, Steven S. Smith, and Patrick D. Tucker, "'It's Largely a Rigged System': Voter Confidence and the Winner Effect in 2016," *Political Research Quarterly* 71, no. 4 (2018).
2 Jack Edelson et al., "The Effect of Conspiratorial Thinking and Motivated Reasoning on Belief in Election Fraud," *Political Research Quarterly* 70, no. 4 (2017).
3 Katherine Levine Einstein and David M. Glick, "Do I Think BLS Data Are BS? The Consequences of Conspiracy Theories," *Political Behavior* 37, no. 3 (2014).
4 Katherine Levine Einstein and David M. Glick, "Cynicism, Conspiracies, and Contemporaneous Conditions Moderating Experimental Treatment Effects," unpublished paper (2015).
5 Eric Oliver and Thomas Wood, "Conspiracy Theories and the Paranoid Style(s) of Mass Opinion," *American Journal of Political Science* 58, no. 4 (2014).
6 For a more in-depth text on polling and public opinion, I suggest Robert S. Erikson and Kent L. Tedin, *American Public Opinion: Its Origins, Content and Impact* (New York: Pearson, 2014).
7 Art Swift, "Majority in U.S. Still Believe JFK Killed in a Conspiracy," *Gallup.com*, November 15, 2013.
8 CBS News, "CBS Poll: JFK Conspiracy Lives," *CBSNews.com*, November 20, 1998.
9 "8 in 10 French People Believe a Conspiracy Theory: Survey," *France24* (2018).
10 Swift, "Majority in U.S. Still Believe JFK Killed in a Conspiracy."
11 Lisa D. Butler, Cheryl Koopman, and Philip G. Zimbardo, "The Psychological Impact of Viewing the Film *JFK*: Emotions, Beliefs, and Political Behavioral Intentions," *Political Psychology* 16, no. 2 (1995).
12 John W. McHoskey, "Case Closed? On the John F. Kennedy Assassination: Biased Assimilation of Evidence and Attitude Polarization," *Basic and Applied Social Psychology* 17, no. 3 (1995).
13 Philip J. Klass, *The Real Roswell Crashed-Saucer Coverup* (Buffalo, NY: Prometheus Books, 1997).
14 Tom Jenson, "Democrats and Republicans Differ on Conspiracy Theory Beliefs," *Public Policy Polling* (2013).
15 Darren Carlson, "Life on Mars? Over a Third of Americans Say They Believe Life in Some Form Exists on the Red Planet," *Gallup.com* (2001).
16 CNN, "Poll: U.S. Hiding Knowledge of Aliens," *CNN.com* (1997), http://articles.cnn.com/1997-06-15/us/9706_15_ufo.poll_1_ufo-aliens-crash-site?_s=PM:US.
17 Linda Lyons, "Paranormal Beliefs Come (Super)Naturally to Some," *news.gallup.com* (2005).
18 Data kindly provided by Conspiracy & Democracy, a Leverhulme-funded project, based at CRASSH, University of Cambridge, from 2013 to 2018. Survey data collected by YouGov. See

Hugo Drochon, "Who Believes in Conspiracy Theories in Great Britain and Europe?" in *Conspiracy Theories and the People Who Believe Them*, ed. Joseph E. Uscinski (New York: Oxford University Press, 2018).

19 David Icke, *Children of the Matrix: How an Interdimensional Race Has Controlled the World for Thousands of Years—and Still Does* (Wildwood, MO: Bridge of Love Publications USA, 2001). (デーヴィッド・アイク『マトリックスの子供たち』上下巻、安永絹江訳、ヒカルランド、2019年)。

20 Jenson, "Democrats and Republicans Differ."

21 John Pollard, "Skinhead Culture: The Ideologies, Mythologies, Religions and Conspiracy Theories of Racist Skinheads," *Patterns of Prejudice* 50, no. 4–5 (2016). Robert Markley, "Alien Assassinations: The X-Files and the Paranoid Structure of History," *Camera Obscura* 14, no. 1–2/40–41 (1997).

22 Sophia Gaston and Joseph E. Uscinski, "Out of the Shadows: Conspiracy Thinking on Immigration," Henry Jackson Society (2018), https://henryjacksonsociety.org/wp-content/uploads/2018/12/Out-of-the-Shadows-Conspiracy -thinking-on-immigration.pdf.

23 "8 in 10 French People Believe a Conspiracy Theory: Survey."

24 Joseph E. Uscinski, Karen Douglas, and Stephan Lewandowsky, "Climate Change Conspiracy Theories," *Oxford Research Encyclopedia of Climate Science* (Oxford: Oxford University Press, 2017), 1–43.

25 Andrew P. Street, "Why Do Australians Believe Silly Things?" ABC News (2017).

26 Marian Tupy, "Europe's Anti-GMO Stance Is Killing Africans," *Reason* (2017).

27 Justus Wesseler et al., "Foregone Benefits of Important Food Crop Improvements in Sub-Saharan Africa," *PLoS ONE* 12, no. 7 (2017).

28 Adrian Dubock, "Golden Rice, Part 3: A Thoroughly Studied GMO Crop Approved by Australia, Canada, New Zealand and the US," *Genetic Literacy Project* (2019); Cameron English, "Quit the Glyphosate Conspiracy Theories," *Real-ClearScience* (2018).

29 Meron Tesfa Michael, "Africa Bites the Bullet on Genetically Modified Food Aid," *World Press* (2002).

30 Ronald Bailey, "Vermont GMO Labeling Hits Kosher Foods," *Reason* (2016); Ronald Bailey, "New Useless and Costly USDA Bioengineered Food Disclosure Regulations Issued," *Reason* (2018).

31 Eric Oliver and Thomas Wood, "Medical Conspiracy Theories and Health Behaviors in the United States," *JAMA Internal Medicine* 174, no. 5 (2014).

32 Cary Funk, Brian Kennedy, and Meg Hefferon, "Public Perspectives on Food Risks," *Pew Internet* (2018).

33 Jenson, "Democrats and Republicans Differ."

34 "8 in 10 French People Believe a Conspiracy Theory: Survey."

35 Ibid.; Hoang Nguyen, "Most Flat Earthers Consider Themselves Very Religious," *YouGov* (2018).

36 Oliver and Wood, "Medical Conspiracy Theories and Health Behaviors in the United States."

37 Ibid.

38 Jenson, "Democrats and Republicans Differ."

39 Krista Jenkins, "The Best Medicine Is Truth" (2018).

40 David A. Broniatowski, Karen M. Hilyard, and Mark Dredze, "Effective Vaccine Communication during the Disneyland Measles Outbreak," *Vaccine* 34, no. 28 (2016).

41 Ted Goertzel, "The Conspiracy Theory Pyramid Scheme," in *Conspiracy Theories and the People Who Believe Them*, ed. Joseph E. Uscinski (New York: Oxford University Press, 2018).

42 Catrinel Craciun and Adriana Baban, "'Who Will Take the Blame?': Understanding the Reasons Why Romanian Mothers Decline HPV Vaccination for Their Daughters," *Vaccine* 30, no. 48 (2012).

43 Angie Drobnic Holan and Louise Jacobson, "Michele Bachmann Says HPV Vaccine Can Cause Mental Retardation," *Politifact.com* (2011).

44 Mark Dredze, David A. Broniatowski, and Karen M. Hilyard, "Zika Vaccine Misconceptions: A Social Media Analysis," *Vaccine* 34, no. 30 (2016).

45 Hugo Drochon, "Study Shows 60% of Britons Believe in Conspiracy Theories," *The Guardian* (2018).

46 Jenson, "Democrats and Republicans Differ."

47 Lindsay McLaren et al., "Measuring the Short-Term Impact of Fluoridation Cessation on Dental Caries in Grade 2 Children Using Tooth Surface Indices," *Community Dentistry and Oral Epidemiology* 44, no. 3 (2016).

48 Kyle Hill, "Why Portland Is Wrong about Water Fluoridation," *Scientific American*, May 22, 2013.

49 Jenson, "Democrats and Republicans Differ."

50 Jake Blumgart, "What's the Matter with Portland?" *Slate*, May 17, 2013.

51 Marcus Griffin, Darren Shickle, and Nicola Moran, "European Citizens' Opinions on Water Fluoridation," *Community Dentistry and Oral Epidemiology* 36, no. 2 (2008).

52 Oliver and Wood, "Medical Conspiracy Theories and Health Behaviors in the United States."

53 Pride Chigwedere et al., "Estimating the Lost Benefits of Antiretroviral Drug Use in South Africa," *JAIDS Journal of Acquired Immune Deficiency Syndromes* 49, no. 4 (2008).

54 Karen MacGregor, "Conspiracy Theories Fuel Row over AIDS Crisis in South Africa," *Independent.co.uk* (2000).

55 Nicoli Nattrass, "How Bad Ideas Gain Social Traction," *The Lancet* 380, no. 9839 (2012).

56 Drochon, "Who Believes in Conspiracy Theories in Great Britain and Europe?"

57 "8 in 10 French People Believe a Conspiracy Theory: Survey."

58 Laura M. Bogart and Sheryl Thorburn Bird, "Exploring the Relationship of Conspiracy Beliefs about HIV/AIDS to Sexual Behaviors and Attitudes among African-American Adults," *Journal of the National Medical Association* 95, no.11 (2003); Laura M. Bogart and Sheryl Thorburn, "Are HIV/AIDS Conspiracy Beliefs a Barrier to HIV Prevention among African Americans?" *JAIDS Journal of Acquired Immune Deficiency Syndromes* 38, no. 2 (2005).

59 David Leiser, Nofar Duani, and Pascal Wagner-Egger, "The Conspiratorial Style in Lay Economic Thinking," *PLoS ONE* 12, no. 3 (2017).

60 Drochon, "Who Believes in Conspiracy Theories in Great Britain and Europe?"

61 Ross Barkan, "'Their Greed Has No End': Bernie Sanders Makes a Surprise Appearance in Manhattan," *Observer* (2015).

62 Drochon, "Who Believes in Conspiracy Theories in Great Britain and Europe?"

63 Steven M. Smallpage, Adam M. Enders, and Joseph E. Uscinski, "The Partisan Contours of Conspiracy Theory Beliefs," *Research & Politics* 4, no. 4 (2017).

64 Drochon, "Who Believes in Conspiracy Theories in Great Britain and Europe?"

65 Ibid.

66 Jenson, "Democrats and Republicans Differ."

67 Ibid.

68 Joseph E. Uscinski and Casey Klofstad, "Commentary: Florida Believes in Conspiracy Theories Too," *Orlando Sentinel* (2018).

69 Oliver and Wood, "Conspiracy Theories and the Paranoid Style(s) of Mass Opinion."

70 Ibid.

71 Will Dahlgreen, "British People More Likely to Believe in Ghosts Than a Creator," *YouGov* (2016).

72 Jenson, "Democrats and Republicans Differ"; Public Policy Polling, "Clinton Leads in NC for First Time since March" (2016).

73 Public Policy Polling, "Support for Impeachment at Record High" (2017).

74 "Paranormal America 2017," Chapman University (2017).

75 Ipsos, "Majority of Americans Believe in Ghosts (57%) and UFOs (52%)" (2008).

76 Ibid.; Dahlgreen, "British People More Likely to Believe in Ghosts."

77 Ipsos, "Majority of Americans Believe in Ghosts."

78 Dahlgreen, "British People More Likely to Believe in Ghosts."

79 YouGov, "Yougov NY Psychics and Mediums," (2017), https://d25d2506sfb94s.cloudfront.net/cumulus_uploads/document/921030f7y9/Copy%20of%20Results%20for%20YouGov%20NY%20(Psychics%20and%20Mediums)%20227%2010.30.2017.pdf; Dahlgreen, "British People More Likely to Believe in Ghosts."

80 David Moore, "Three in Four Americans Believe in Paranormal," *Gallup.com* (2005).

81 "Paranormal America 2017."

82 Lyons, "Paranormal Beliefs Come (Super)Naturally to Some."

83 YouGov, "Yougov NY Psychics and Mediums."

84 Kathy Frankovic, "Americans Think Ghosts Are More Likely Than Aliens on Earth," *YouGov* (2018).

85 Kendrick Frazier, *Science Confronts the Paranormal* (Buffalo, NY: Prometheus Books, 1986).

86 "Paranormal America 2017."

87 Jenson, "Democrats and Republicans Differ."

88 Joseph E. Uscinski and Casey Klofstad, "New Poll: The QAnon Conspiracy Movement Is Very Unpopular," *Washington Post* (2018); Nguyen, "Most Flat Earthers Consider Themselves Very Religious."

89 "Conspiracy Theories: Separating Fact from Fiction," *Time.com* (2009).

90 Oliver and Wood, "Conspiracy Theories and the Paranoid Style(s) of Mass Opinion."

第四章

1 Amos Tversky and Daniel Kahneman, "Extensional versus Intuitive Reasoning: The Conjunction Fallacy in Probability Judgment," *Psychological Review* 90, no. 4 (1983).

2 Ibid.; Rob Brotherton and Christopher C. French, "Belief in Conspiracy Theories and Susceptibility to the Conjunction Fallacy," *Applied Cognitive Psychology* 28, no. 2 (2014).

3 Paul Rogers, John E. Fisk, and Dawn Wiltshire, "Paranormal Belief and the Conjunction Fallacy:

Controlling for Temporal Relatedness and Potential Surprise Differentials in Component Events," *Applied Cognitive Psychology* 25, no. 5 (2011); Brotherton and French, "Belief in Conspiracy Theories."

4 Marta Marchlewska, Aleksandra Cichocka, and Małgorzata Kossowska, "Addicted to Answers: Need for Cognitive Closure and the Endorsement of Conspiracy Beliefs," *European Journal of Social Psychology* 48, no. 2 (2018).

5 Ibid.

6 L. Comsides, "The Logic of Social Exchange: Has Natural Selection Shaped How Humans Reason? Studies with the Wason Selection Task," *Cognition* 31, no. 3 (1989): 187–276.

7 Preston R. Bost and Stephen G. Prunier, "Rationality in Conspiracy Beliefs: The Role of Perceived Motive," *Psychological Reports: Sociocultural Issues in Psychology* 113, no. 1 (2013).

8 Joseph E. Uscinski, "The Psychology behind Why People Believe Conspiracy Theories about Scalia's Death," *Washington Post*, February 19, 2016.

9 Rob Brotherton and Christopher C. French, "Intention Seekers: Conspiracist Ideation and Biased Attributions of Intentionality," *PloS ONE* 10, no. 5 (2015).

10 Cass Sunstein and Adrian Vermeule, "Conspiracy Theories," *SSRN eLibrary* (2008).

11 Ibid.

12 Brendan Nyhan, Jason Reifler, and Peter A. Ubel, "The Hazards of Correcting Myths about Health Care Reform," *Medical Care* 51, no. 2 (2013).

13 Milton Lodge and Charles S. Taber, *The Rationalizing Voter* (New York: Cambridge University Press, 2013).

14 Charles G. Lord, Lee Ross, and Mark R. Lepper, "Biased Assimilation and Attitude Polarization: The Effects of Prior Theories on Subsequently Considered Evidence," *Journal of Personality and Social Psychology* 37, no. 11 (1979).

15 Ryan L. Claassen and Michael J. Ensley, "Motivated Reasoning and Yard-Sign-Stealing Partisans: Mine Is a Likable Rogue, Yours Is a Degenerate Criminal," *Political Behavior* 38, no. 2 (2016).

16 Joanne M. Miller, Kyle L. Saunders, and Christina E. Farhart, "Conspiracy Endorsement as Motivated Reasoning: The Moderating Roles of Political Knowledge and Trust," *American Journal of Political Science* 60, no. 4 (2016). Brendan Nyhan, "9/11 and Birther Misperceptions Compared," *Brendan-nyhan.com/blog* (2009).

17 Tomas Stahl and Jan-Willem van Prooijen, "Epistemic Rationality: Skepticism toward Unfounded Beliefs Requires Sufficient Cognitive Ability and Motivation to Be Rational," *Personality and Individual Differences* 122 (2018).

18 Jan-Willem van Prooijen, "Why Education Predicts Decreased Belief in Conspiracy Theories," *Applied Cognitive Psychology* 31, no. 1 (2017).

19 Kia Aarnio and Marjaana Lindeman, "Paranormal Beliefs, Education, and Thinking Styles," *Personality and Individual Differences* 39, no. 7 (2005); Kathleen D. Dyer and Raymond E. Hall, "Effect of Critical Thinking Education on Epistemically Unwarranted Beliefs in College Students," *Research in Higher Education* 60, no. 3 (2019).

20 Ricky Green and Karen M. Douglas, "Anxious Attachment and Belief in Conspiracy Theories," *Personality and Individual Differences* 125 (2018); Luigi Leone et al., "Avoidant Attachment Style

and Conspiracy Ideation," *Personality and Individual Differences* 134 (2018).

21 Ricky Green and Karen M. Douglas, "Anxious Attachment."

22 Leone et al., "Avoidant Attachment Style."

23 Roland Imhoff and Pia Karoline Lamberty, "Too Special to Be Duped: Need for Uniqueness Motivates Conspiracy Beliefs," *European Journal of Social Psychology* 47, no. 6 (2017).

24 Aleksandra Cichocka, Marta Marchlewska, and Agnieszka Golec de Zavala, "Does Self-Love or Self-Hate Predict Conspiracy Beliefs? Narcissism, Self-Esteem, and the Endorsement of Conspiracy Theories," *Social Psychological and Personality Science* 7, no. 2 (2016).

25 J. Eric Oliver and Thomas John Wood, *Enchanted America: How Intuition and Reason Divide Our Politics* (Chicago: University of Chicago Press, 2018).

26 Neil Dagnall et al., "Conspiracy Theory and Cognitive Style: A Worldview," *Frontiers in Psychology* 6 (2015).

27 Christopher C. French et al., "Psychological Aspects of the Alien Contact Experience," *Cortex* 44, no. 10 (2008).

28 Dagnall et al., "Conspiracy Theory and Cognitive Style"; Hannah Darwin, Nick Neave, and Joni Holmes, "Belief in Conspiracy Theories. The Role of Paranormal Belief, Paranoid Ideation and Schizotypy," *Personality and Individual Differences* 50, no. 8 (2011); Oliver and Wood, *Enchanted America*.

29 Theodor W. Adorno et al., *The Authoritarian Personality* (New York: Harper, 1950).（T・W・アドルノ『現代社会学大系 12 権威主義的パーソナリティ』田中義久・矢沢修次郎・小林修一訳、青木書店、1980年)。

30 Michael V. Bronstein et al., "Belief in Fake News Is Associated with Delusionality, Dogmatism, Religious Fundamentalism, and Reduced Analytic Thinking," *Journal of Applied Research in Memory and Cognition* (2018); Monika Grzesiak-Feldman and Monika Irzycka, "Right-Wing Authoritarianism and Conspiracy Thinking in a Polish Sample," *Psychological Reports* 105 (2009); Oliver and Wood, *Enchanted America*.

31 Dagnall et al., "Conspiracy Theory and Cognitive Style"; Ken Drinkwater, Neil Dagnall, and Andrew Parker, "Reality Testing, Conspiracy Theories, and Paranormal Beliefs," *Journal of Parapsychology* 76, no. 1 (2012).

32 Daniel Freeman and Richard P. Bentall, "The Concomitants of Conspiracy Concerns," *Social Psychiatry and Psychiatric Epidemiology* 52, no. 5 (2017); Rob Brotherton and Silan Eser, "Bored to Fears: Boredom Proneness, Paranoia, and Conspiracy Theories," *Personality and Individual Differences* 80 (2015).

33 Darwin, Neave, and Holmes, "Belief in Conspiracy Theories."

34 Roland Imhoff and Pia Lamberty, "How Paranoid Are Conspiracy Believers? Toward a More Fine—Grained Understanding of the Connect and Disconnect between Paranoia and Belief in Conspiracy Theories," *European Journal of Social Psychology* 48, no. 7 (2017).

35 K. M. Douglas et al., "Understanding Conspiracy Theories," *Advances in Political Psychology* 6 (2019).

36 Eric Oliver and Thomas Wood, "Conspiracy Theories and the Paranoid Style(s) of Mass Opinion," *American Journal of Political Science* 58, no. 4 (2014).

37 Sean Richey, "A Birther and a Truther: The Influence of the Authoritarian Personality on Conspiracy Beliefs," *Politics & Policy* 45, no. 3 (2017).

38 Joseph E. Uscinski and Joseph M. Parent, *American Conspiracy Theories* (New York: Oxford University Press, 2014).

39 S. B. Thomas and S. C. Quinn, "The Tuskegee Syphilis Study, 1932 to 1972: Implications for HIV Education and AIDS Risk Education Programs in the Black Community," *American Journal of Public Health* 81, no. 11 (1991).

40 Spike Lee, "Spike Lee on Real Time with Bill Maher" (HBO, 2007).

41 Wiktor Soral et al., "The Collective Conspiracy Mentality in Poland," in *Conspiracy Theories and the People Who Believe Them*, ed. Joseph E. Uscinski (New York: Oxford University Press, 2018); Claassen and Ensley, "Motivated Reasoning and Yard-Sign-Stealing Partisans."

42 Emily Gaudette, "Starbucks Continues So-Called 'War on Christmas' with Lesbian Positive Ad," *Newsweek* (2017).

43 Michal Bilewicz and Ireneusz Krzeminski, "Anti-Semitism in Poland and Ukraine: The Belief in Jewish Control as a Mechanism of Scapegoating," *International Journal of Conflict and Violence* 4, no. 2 (2010).

44 Anna-Kaisa Newheiser, Miguel Farias, and Nicole Tausch, "The Functional Nature of Conspiracy Beliefs: Examining the Underpinnings of Belief in the *Da Vinci Code* Conspiracy," *Personality and Individual Differences* 51, no. 8 (2011).

45 Steven M. Smallpage, Adam M. Enders, and Joseph E. Uscinski, "The Partisan Contours of Conspiracy Theory Beliefs," *Research & Politics* 4, no. 4 (2017).

46 David Brion Davis, *The Slave Power Conspiracy and the Paranoid Style* (Baton Rouge: Louisiana State University Press, 1969).

47 Daniel Jolley, Rose Meleady, and Karen Douglas, "Exposure to Intergroup Conspiracy Theories Promotes Prejudice Which Spreads across Groups," *British Journal of Psychology* (2019).

第五章

1 Niccolo Machiavelli, *Discourses on Livy*, trans. Harvey Mansfield and Nathan Tarcov (Chicago: University of Chicago Press, 1996).（ニッコロ・マキァヴェッリ『ディスコルシ：「ローマ史」論』永井三明訳、筑摩書房、2011年）。

2 Alexa Liataud, "White House Acknowledges the U.S. Is at War in Seven Countries," *Vice News* (2018).

3 Medea Benjamin, "America Dropped 26,171 Bombs in 2016. What a Bloody End to Obama's Reign," *The Guardian* (2017).

4 S. B. Thomas and S. C. Quinn, "The Tuskegee Syphilis Study, 1932 to 1972: Implications for HIV Education and AIDS Risk Education Programs in the Black Community," *American Journal of Public Health* 81, no. 11 (1991).

5 Joel Rosenblatt, "Champagne Remark May Cost Lawyer $289 Million Bayer Award," *Bloomberg* (2018).

6 Jan-Willem van Prooijen and Mark van Vugt, "Conspiracy Theories: Evolved Functions and Psychological Mechanisms," *Perspectives on Psychological Science* 13, no. 6 (2018).

7 Cory Clark et al., "Tribalism Is Human Nature," *Current Directions in Psychological Science* (2019).

8 Brian Dunning, *Conspiracies Declassified: The Skeptoid Guide to the Truth Behind the Theories* (Avon, MA: Adams Media, 2018).

9 Paul Karp, "Conspiracy Theorist David Icke Hits Back after Australia Revokes Visa," *The Guardian* (2019), https://www.theguardian.com/news/2019/feb/20/conspiracy-theorist-david-icke-hits-back-after-australia-revokes-visa.

10 David Icke, *Human Race Get Off Your Knees: The Lion Sleeps No More* (Isle of Wight: David Icke Books, 2010), 142–43.（デーヴィッド・アイク『ムーンマトリックス』1 〜 5、内海聡監修、為清勝彦訳、ヒカルランド、2019年）。

11 Ibid., 194–95.

12 http://content.time.com/time/specials/packages/completelist/0,29569,1860871,00.html.

13 Jim Marrs, *Population Control: How Corporate Owners Are Killing Us* (New York: William Morrow, 2015), 2.

14 http://archive.larouchepac.com/node/22617.

15 https://larouchepac.com/20160421/it-was-your-bloody-hand-unleashed-911-queen-elizabeth.

16 Dina Shapiro, "The Risk of Disease Stigma: Threat and Support for Coercive Public Heath Policy," APSA Pre-Conference on Political Communication of Risk (Seattle, WA, 2011).

17 Jim Fetzer and Mike Palecek, eds., *Nobody Died at Sandy Hook* (US: Moon Rock Books, 2015).

18 "8 in 10 French People Believe a Conspiracy Theory: Survey," *France24* (2018).

19 Brenton Tarrant, "The Great Replacement," unpublished manifesto (2019).

20 Jennifer Williams et al., "Christchurch Mosque Shooting: What We Know So Far," *Vox.com* (2019).

21 Jan-Werner Muller, *What Is Populism?* (London: Penguin UK, 2017).（ヤン=ヴェルナー・ミュラー『ポピュリズムとは何か』板橋拓己訳、岩波書店、2017年）。

22 Marrs, *Population Control*, 21.

23 Joseph Gershtenson, Jeffrey Ladewig, and Dennis L. Plane, "Parties, Institutional Control, and Trust in Government," *Social Science Quarterly* 87, no. 4 (2006).

24 Justin McCarthy, "Highest GOP Satisfaction with U.S. Direction since 2007," *Gallup.com* (2018).

25 Lydia Saad, "Americans Say Economy Is 'Most Important Thing Going Well,'" *Gallup.com* (2018).

26 Joseph E. Uscinski and Joseph M. Parent, *American Conspiracy Theories* (New York: Oxford University Press, 2014).

27 Steven M. Smallpage, Adam M. Enders, and Joseph E. Uscinski, "The Partisan Contours of Conspiracy Theory Beliefs," *Research & Politics* 4, no. 4 (2017).

28 Paul Lazarsfeld, Bernard Berelson, and Hazel Gaudet, *The People's Choice* (New York: Columbia University Press, 1944).（ポール・F・ラザースフェルド、バーナード・ベレルソン、ヘーゼル・ゴーデット『ピープルズ・チョイス：アメリカ人と大統領選挙』有吉広介監訳、芦書房、1987年）。

29 Bernard Berelson, Paul Lazarsfeld, and William McPhee, *Voting: A Study of Opinion Formation in a Presidential Campaign* (Chicago: University of Chicago Press, 1954); E. Katz and Paul Lazarsfeld, *Personal Influence, the Part Played by People in the Flow of Mass Communications* (New York: The Free Press, 1955)（E・カッツ、P・F・ラザースフェルド『パーソナル・インフルエンス：オピニオン・リーダーと人びとの意思決定』竹内郁郎訳、培風館、1965年）; Lazarsfeld, Berelson, and Gaudet, *The People's Choice*.（ラザースフェルド、ベレルソン、ゴーデット『ピープルズ・チョイス：アメリカ人と大統領選挙』）。

30 Jeffery L. Bineham, "A Historical Account of the Hypodermic Model in Mass Communication," *Communication Monographs* 55, no. 3 (1988).

31 Angus Campbell et al., *The American Voter*, unabridged edition (Chicago: The University of Chicago Press, 1960).

32 Donald P. Green, Bradley Palmquist, and Eric Schickler, *Partisan Hearts and Minds: Political Parties and the Social Identities of Voters* (New Haven, CT: Yale University Press, 2002).

33 Steven E. Finkel, "Reexamining the 'Minimal Effects' Model in Recent Presidential Campaigns," *Journal of Politics* 55, no. 1 (1993).

34 Charles G. Lord, Lee Ross, and Mark R. Lepper, "Biased Assimilation and Attitude Polarization: The Effects of Prior Theories on Subsequently Considered Evidence," *Journal of Personality and Social Psychology* 37, no. 11 (1979).

35 Ibid.

36 John W. McHoskey, "Case Closed? On the John F. Kennedy Assassination: Biased Assimilation of Evidence and Attitude Polarization," *Basic and Applied Social Psychology* 17, no. 3 (1995).

37 Matthew A. Baum, "Partisan Media and Attitude Polarization," in *Regulatory Breakdown: The Crisis of Confidence in U.S. Regulation*, ed. Cary Coglianese (Philadelphia: University of Pennsylvania Press, 2012).

38 Alessandro Bessi et al., "Science vs. Conspiracy: Collective Narratives in the Age of Misinformation," *PLoS ONE* 10, no. 2 (2015).

39 Maxwell E. McCombs and Donald L. Shaw, "The Agenda-Setting Function of Mass Media," *Public Opinion Quarterly* 36, no. 2 (1972).

40 Dietram A. Scheufele and David Tewksbury, "Framing, Agenda Setting, and Priming: The Evolution of Three Media Effects Models," *Journal of Communication* 57, no. 1 (2007).

41 Amy E. Jasperson et al., "Framing and the Public Agenda: Media Effects on the Importance of the Federal Budget Deficit," *Political Communication* 15, no. 2 (1998).

42 Kevin Arceneaux, Martin Johnson, and Chad Murphy, "Polarized Political Communication, Oppositional Media Hostility, and Selective Exposure," *Journal of Politics* 74, no. 1 (2012).

43 Joseph E. Uscinski, *The People's News: Media, Politics, and the Demands of Capitalism* (New York: New York University Press, 2014).

44 John Zaller, *The Nature and Origins of Mass Opinion* (Cambridge: Cambridge University Press, 1992).

45 David E. Broockman and Daniel M. Butler, "The Causal Effects of Elite Position-Taking on Voter Attitudes: Field Experiments with Elite Communication," *American Journal of Political Science* 61, no. 1 (2017).

46 Ibid.

47 Michael Tesler, "How Democrats Derailed Marijuana Legalization in California," *Washington Post —The Monkey Cage* (2014).

48 Ted Marzilli, "Cain's Candidacy Splits Pizza Scores," *YouGov: BrandIndex* (2011).

49 Andrew Gelman and Gary King, "Why Are American Presidential Election Polls So Variable When Votes Are So Predictable?" *British Journal of Political Science* 23, no. 4 (1993).

50 Campbell et al., *The American Voter.*

51 Smallpage, Enders, and Uscinski, "The Partisan Contours of Conspiracy Theory Beliefs."
52 Herbert McClosky and Dennis Chong, "Similarities and Differences between Left-Wing and Right-Wing Radicals," *British Journal of Political Science* 15, no. 3 (1985).
53 Eric Oliver and Thomas Wood, "Conspiracy Theories and the Paranoid Style(s) of Mass Opinion," *American Journal of Political Science* 58, no. 4 (2014).
54 Smallpage, Enders, and Uscinski, "The Partisan Contours of Conspiracy Theory Beliefs."
55 P. R. Bost, "The Truth Is around Here Somewhere: Integrating the Research on Conspiracy Beliefs," in *Conspiracy Theories and the People Who Believe Them*, ed. Joseph E. Uscinski (New York: Oxford University Press, 2018).
56 Uscinski and Parent, *American Conspiracy Theories.*
57 James Pickard, "Corbyn Lashes Out at Financial Sector 'Speculators and Gamblers,'" *Financial Times* (2017).
58 Paula Dwyer, "Everything Is 'Rigged,'" *Chicago Tribune* (2016); Ross Barkan, "'Their Greed Has No End': Bernie Sanders Makes a Surprise Appearance in Manhattan," *Observer* (2015).
59 Rich Lowry, "Bernie's Conspiracy Theory," *National Review* (2015).
60 David Leiser, Nofar Duani, and Pascal Wagner-Egger, "The Conspiratorial Style in Lay Economic Thinking," *PLoS ONE* 12, no. 3 (2017).
61 Robert A. Dahl, "A Critique of the Ruling Elite Model," *American Political Science Review* 52, no. 2 (1958).
62 Ibid.
63 Ibid.
64 Martin Gilens and Benjamin I. Page, "Testing Theories of American Politics: Elites, Interest Groups, and Average Citizens," *Perspectives on Politics* 12, no. 3 (2014).
65 Peter K. Enns, "Relative Policy Support and Coincidental Representation," *Perspectives on Politics* 13, no. 4 (2015).
66 Daniel Kurt, "Are You in the Top One Percent of the World?" *Investopedia* (2019).
67 Lowry, "Bernie's Conspiracy Theory"; Bernie Sanders, "Gambling on Wall Street," *Politico.com* (2009).
68 Sarah Ann Gordon, *Hitler, Germans, and the "Jewish Question"* (Princeton, NJ: Princeton University Press, 1984).
69 Michael Wood, Karen Douglas, and Robbie Sutton, "Dead and Alive: Beliefs in Contradictory Conspiracy Theories," *Social Psychological and Personality Science* 3, no. 6 (2012).
70 Christina Prignano, "Here's How People Are Reacting to Elizabeth Warren's 'Wealth Tax' Proposal," *Boston Globe* (2019).
71 Christopher Daly, "For Vermont's Sanders, Victory Followed Long Path," *Washington Post* (1990).
72 Jim Tankersley, "Sorry, Bernie Sanders. Deodorant Isn't Starving America's Children," *Washington Post* (2015); Sam Frizell, "Bernie Sanders' Long History with Alternative Medicine," *Time.com* (2016).
73 Oliver and Wood, "Conspiracy Theories."
74 Paul Rosenberg, "QAnon, Tampa and Donald Trump: Not All Conspiracy Theories Are the Same," *Salon.com* (2018); Paul Krugman, "Attack of the Crazy Centrists," *Washington Post* (2014).

75 Smallpage, Enders, and Uscinski, "The Partisan Contours of Conspiracy Theory Beliefs"; Casey Klofstad et al., "What Drives People to Believe in Zika Conspiracy Theories?" *Palgrave Communications* 5, no. 36 (2019).

76 Joseph E. Uscinski and Casey Klofstad, "New Poll: The QAnon Conspiracy Movement Is Very Unpopular," *Washington Post* (2018).

77 Rob Brotherton, Christopher C. French, and Alan D. Pickering, "Measuring Belief in Conspiracy Theories: The Generic Conspiracist Beliefs Scale," *Frontiers in Psychology* 4, Article 279 (2013).

78 Michael J. Wood, "Some Dare Call It Conspiracy: Labeling Something a Conspiracy Theory Does Not Reduce Belief in It," *Political Psychology* 37, no. 5 (2016).

79 Joseph E. Uscinski, Casey Klofstad, and Matthew Atkinson, "Why Do People Believe in Conspiracy Theories? The Role of Informational Cues and Predispositions," *Political Research Quarterly* 69, no. 1 (2016).

80 Ibid.

81 Uscinski and Parent, *American Conspiracy Theories*.

82 Brendan Nyhan, "9/11 and Birther Misperceptions Compared," *Brendan-nyhan.com/blog* (2009).

83 David Weigel, "Trump's Foes Say He's a 9/11 Truther. Truthers Would Disagree" (2016).

84 Tom Jenson, "Democrats and Republicans Differ on Conspiracy Theory Beliefs," *Public Policy Polling* (2013).

85 Art Swift, "Majority in U.S. Still Believe JFK Killed in a Conspiracy," *Gallup.com*, November 15, 2013.

86 Larry J. Sabato, *The Kennedy Half-Century: The Presidency, Assassination, and Lasting Legacy of John F. Kennedy* (New York: Bloomsbury Publishing USA, 2013).

87 Uscinski and Parent, *American Conspiracy Theories*.

88 Ibid.

89 Jack Edelson et al., "The Effect of Conspiratorial Thinking and Motivated Reasoning on Belief in Election Fraud," *Political Research Quarterly* 70, no. 4 (2017).

90 Uscinski and Parent, *American Conspiracy Theories*.

91 Ibid.

92 Ibid.

93 Paul Krugman, "Who's Crazy Now?" *New York Times* (2006).

94 Paul Krugman, "Attack of the Crazy Centrists," *Washington Post* (2014).

95 Bob Bryan, "Krugman: It's Looking More and More Like the Election Was Swung by the FBI in Virtual 'Alliance with Putin'" (2016).

第六章

1 J. Eric Oliver and Wendy M. Rahn, "Rise of the Trumpenvolk: Populism in the 2016 Election," *ANNALS of the American Academy of Political and Social Science* 667, no. 1 (2016).

2 Alan W. Bock, "Ambush at Ruby Ridge," *Reason* (1993).

3 Ibid.

4 Ibid.

5 Richard Lei and George Lardner Jr., "Seige Guided by Hastily Revised Rules of Engagement,"

Washington Post (1995).

6 Bock, "Ambush at Ruby Ridge."

7 Jesse Walker, "Ruby Ridge Is History, but the Mindset That Led to Ruby Ridge Is Thriving," *Reason* (2012).

8 Bock, "Ambush at Ruby Ridge."

9 Walker, "Ruby Ridge Is History."

10 Bock, "Ambush at Ruby Ridge."

11 Arthur M. Simon and Joseph E. Uscinski, "Prior Experience Predicts Presidential Performance," *Presidential Studies Quarterly* 42, no. 3 (2012).

12 Jose A. DelReal, "Here Are 10 More Conspiracy Theories Embraced by Donald Trump," *Washington Post* (2016).

13 Maxwell Tani, "The Conspiracy Candidate? 13 Outlandish Theories Donald Trump Has Floated on the Campaign Trail," *Busness Insider* (2016).

14 Callum Borchers, "How on Earth Is the Media Supposed to Cover Trump's Wacky JFK-Cruz Conspiracy Theory?" *Washington Post* (2016).

15 Joseph E. Uscinski, "Lots of Americans Agree with Donald Trump about 'Rigged Elections,'" *Washington Post* (2016).

16 Mallory Shelbourne, "Trump Claims Voter Fraud without Evidence, Says 'I Won the Popular Vote,'" *The Hill* (2016).

17 Nancy L. Rosenblum and Russell Muirhead, *A Lot of People Are Saying: The New Conspiracism and the Assault on Democracy* (Princeton, NJ: Princeton University Press, 2019).

18 Matthew D. Atkinson and Darin DeWitt, "The Politics of Disruption: Social Choice Theory and Conspiracy Theory Politics," in *Conspiracy Theories and the People Who Believe Them*, ed. Joseph E. Uscinski (New York: Oxford University Press, 2018).

19 Matthew D. Atkinson, Darin DeWitt, and Joseph E. Uscinski, "How Conspiracy Theories Helped Power Trump's Disruptive Politics," *Vox.com*, May 2, 2017.

20 Dan Cassino, "Fairleigh Dickinson University's Publicmind Poll Finds Trump Supporters More Conspiracy-Minded Than Other Republicans," news release, May 4, 2016.

21 Naomi Oreskes, "The Scientific Consensus on Climate Change," *Science* 306, no. 5702 (2004).

22 Joseph E. Uscinski, Karen Douglas, and Stephan Lewandowsky, "Climate Change Conspiracy Theories," *Oxford Research Encyclopedia of Climate Science* (2017).

23 Stephan Lewandowsky et al., "Recurrent Fury: Conspiratorial Discourse in the Blogosphere Triggered by Research on the Role of Conspiracist Ideation in Climate Denial," *Journal of Social and Political Psychology* 3, no. 1 (2015).

24 Stephan Lewandowsky et al., "Seepage: Climate Change Denial and Its Effect on the Scientific Community," *Global Environmental Change* 33 (2015).

25 Gene Maddus, "Harvey Weinstein Hired Investigators to Spy on Accusers, *New Yorker* Reports," *Variety* (2017); Matt Wilstein, "Bill O'Reilly Lashes Out at Critics in Conspiracy-Laden Glenn Beck Interview," *The Daily Beast* (2017); Jennifer Bendery, "Roy Moore Is Fueling a Crazy Conspiracy Theory about George Soros," *Huffington Post* (2017).

26 Paula Dwyer, "Everything Is 'Rigged,'" *Chicago Tribune* (2016); Ari Berman, "The Democratic

Primary Wasn't Rigged," *The Nation* (2016).

27 From analysis of data collected by: Hugo Drochon, "Study Shows 60% of Britons Believe in Conspiracy Theories," *The Guardian* (2018).

28 Max Ehrenfreund, "What Is Hillary Clinton Trying to Say with This Ad about Donald Trump and Putin?" *Washington Post* (2016).

29 Ben Mathis-Lilley, "Watch Hillary Shred Trump on Releasing His Taxes," *Slate* (2016), http://www.slate. com/blogs/the_slatest/2016/09/26/hillary_clinton_s_effective_shot_at_trump_over_tax_releases. html.

30 Joseph E. Uscinski and Joseph M. Parent, *American Conspiracy Theories* (New York: Oxford University Press, 2014).

31 Nicholas Fandos and Adam Goldman, "Barr Asserts Intelligence Agencies Spied on the Trump Campaign," *New York Times* (2019).

32 Matt Taibbi, "Taibbi: On Russiagate and Our Refusal to Face Why Trump Won," *Rolling Stone* (2019).

33 McKay Coppins, "How the Left Lost Its Mind," *The Atlantic* (2017).

34 Glenn Greenwald, "Beyond Buzzfeed: The 10 Worst, Most Embarrassing U.S. Media Failures on the Trump-Russia Story," *The Intercept* (2019).

35 Ibid.

36 Glenn Greenwald, "Robert Mueller Did Not Merely Reject the Trump-Russia Conspiracy Theories. He Obliterated Them," *The Intercept* (2019).

37 Ross Barkan, "Will Rachel Maddow Face a Reckoning over Her Trump-Russia Coverage?" *The Guardian* (2019).

38 Jonathan Chait, "Will Trump Be Meeting with His Counterpart—or His Handler?" (2018).

39 Ibid.

40 Jonathan Chait, "I Wrote an Article Suggesting Trump Was Compromised by Russia. I Was Right." *New York Magazine* (2019).

41 Joseph E. Uscinski, "Down the Rabbit Hole We Go!" in *Conspiracy Theories and the People Who Believe Them*, ed. Joseph E. Uscinski (New York: Oxford University Press, 2018).

42 Charles Stewart III, "Donald Trump's 'Rigged Election' Talk Is Changing Minds. Democrats' Minds, That Is." *Washington Post* (2016).

43 David Drucker, "Romney Was Right about Russia," *CNN.com* (2017).

44 Joseph E. Uscinski, "If Trump's Rhetoric around Conspiracy Theories Follows Him to the White House, It Could Lead to the Violation of Rights on a Massive Scale," *Impact of American Politics & Policy Blog* (2016); Atkinson, DeWitt, and Uscinski, "How Conspiracy Theories Helped."

45 Alfred Moore, "On the Democratic Problem of Conspiracy Theory Politics," in *Conspiracy Theories and the People Who Believe Them*, ed. Joseph E. Uscinski (New York: Oxford University Press, 2018).

46 Scott Shackford, "Backpage Founder's 93 Charges Lack Actual Sex-Trafficking Claims," (2018); Nick Gillespie, "Are Google and YouTube Evil? No, but Don't Let That Get in the Way of Your Feelings," *Reason* (2019).

47 Ezra Klein, "Facebook Is a Capitalism Problem, Not a Mark Zuckerberg Problem," *Vox .com* (2019).

48 Brendan Nyhan, "Fake News and Bots May Be Worrisome, but Their Political Power Is Overblown," *New York Times* (2018).

49 Nick Gillespie, "Are Google and YouTube Evil? No, but Don't Let That Get in the Way of Your Feelings." *Reason Magazine*, June 11, 2019. https://reason.com/2019/06/10/are-google-and-youtube-evil-no-but-dont-let-that-get-in-the-way-of-your-feelings/.

50 As of May 12, 2019.

51 Adrienne LaFrance, "Going Online in the Age of Conspiracy Theories: A Video Claiming *Back to the Future* Predicted 9/11 Is the Latest in a Long and Often Bizarre Tradition of Questioning Key Moments in History." *The Atlantic*, October 21, 2015.

52 Jared Keller, "'The Internet Made Me Do It': Stop Blaming Social Media for Our Behavioral Problems," *Pacific Standard* (2017).

53 According to data obtained from Alexa .com on May 12, 2019.

54 Uscinski and Parent, *American Conspiracy*.

55 Alessandro Bessi et al., "Science vs. Conspiracy: Collective Narratives in the Age of Misinformation," *PLoS ONE* 10, no. 2 (2015).

56 Uscinski and Parent, *American Conspiracy*.

57 Steve Clarke, "Conspiracy Theories and the Internet: Controlled Demolition and Arrested Development," *Episteme* 4, no. 2 (2007).

58 Cass R. Sunstein, *Conspiracy Theories and Other Dangerous Ideas* (New York: Simon & Schuster, 2014).

59 Carl Sagan, *The Demon-Haunted World: Science as a Candle in the Dark* (New York: Ballantine Books, 1997), 5.（カール・セーガン『カール・セーガン科学と悪霊を語る』青木薫訳、新潮社、1997年）。

参考文献

第一章

Aaronovitch, David. *Voodoo Histories: The Role of Conspiracy Theory in Shaping Modern History.* New York: Riverhead Books, 2010.（デビッド・アーロノビッチ『陰謀説の嘘：ユダヤ陰謀論から9・11まで』佐藤美保訳、PHP研究所、2011年）。

Bailey, Ronald. "Vermont GMO Labeling Hits Kosher Foods." *Reason* (2016). Published electronically July 11, 2016.

BBC Trending. "EU Referendum: 'Use Pens' Plea of Voting Fraud 'Conspiracy Theorists.'" *BBC Trending* (2016). Published electronically June 22, 2016.

Berman, Ari. "The Democratic Primary Wasn't Rigged." *The Nation* (2016). Published electronically June 16, 2016.

Broniatowski, David A., Karen M. Hilyard, and Mark Dredze. "Effective Vaccine Communication during the Disneyland Measles Outbreak." *Vaccine* 34, no. 28 (2016): 3225–28.

Brown, Elizabeth Nolan. "Nabbing Robert Kraft Helped Florida Prosecutors Get Headlines. Now Kraft and Other Orchids of Asia Customers Are Fighting Back." *Reason* (2019). Published electronically April 23, 2019.

———. "Patriots Owner Robert Kraft's Bust Is Being Billed as a Human Trafficking Bust, but It Looks More Like Ordinary Prostitution." *Reason.com* (2019). Published electronically February 22, 2019.

———. "This Is How Sex-Trafficking Panic Gets Made: Reason Roundup." *Reason* (2018). Published electronically October 10, 2018.

Burdick, Alan. "Looking for Life on a Flat Earth." *New Yorker* (2018). Published electronically May 30, 2018.

Butler, Lisa D., Cheryl Koopman, and Philip G. Zimbardo. "The Psychological Impact of Viewing the Film *JFK*: Emotions, Beliefs, and Political Behavioral Intentions." *Political Psychology* 16, no. 2 (1995): 237–57.

Butter, Michael, and Peter Knight. "The History of Conspiracy Theory Research: A Review and Commentary." In *Conspiracy Theories and the People Who Believe Them*, edited by Joseph E. Uscinski, 33–46. New York: Oxford University Press, 2018.

Carstairs, Catherine, and Rachel Elder. "Expertise, Health, and Popular Opinion: Debating Water Fluoridation, 1945–80." *Canadian Historical Review* 89, no. 3 (2008): 345–71.

Chokshi, Niraj. "False Flags, True Believers and Trolls: Understanding Conspiracy Theories after Tragedies." *Washington Post*, December 4, 2015.

Chuck, Elizabeth. "Science Says Fluoride in Water Is Good for Kids. So Why Are These Towns Banning It?" NBC News (2018). Published electronically October 17, 2018.

"Conspira-Sea Cruise." Legendary World Travel, http://www.divinetravels.com/ConspiraSeaCruise.html.

Cox, Lauren, and ABC News Medical Unit. "What's behind Internet Conspiracy Empires?" ABC

News (2008). Published electronically December 12, 2008.

Crocker, Jennifer, Riia Luhtanen, Stephanie Broadnax, and Bruce Evan Blaine. "Belief in U.S. Government Conspiracies against Blacks among Black and White College Students: Powerlessness or System Blame?" *Personality and Social Psychology Bulletin* 25, no. 8 (August 1, 1999): 941–53.

Dabashi, Hamid. "Living in a Conspiracy Theory in Trump's America." *Aljazeera.com* (2018). Published electronically November 1, 2018.

Douglas, Karen M., and Ana C. Leite. "Suspicion in the Workplace: Organizational Conspiracy Theories and Work-Related Outcomes." *British Journal of Psychology* 108, no. 3 (2017): 486–506.

Douglas, Karen, and Robbie Sutton. "Does It Take One to Know One? Endorsement of Conspiracy Theories Is Influenced by Personal Willingness to Conspire." *British Journal of Social Psychology* 50, no. 3 (2011): 544–52.

Drochon, Hugo. "Who Believes in Conspiracy Theories in Great Britain and Europe?" In *Conspiracy Theories and the People Who Believe Them*, edited by Joseph E. Uscinski, 337–46. New York: Oxford University Press, 2018.

Dunning, Brian. *Conspiracies Declassified: The Skeptoid Guide to the Truth behind the Theories.* Avon, MA: Adams Media, 2018.

Ebbert, Stephanie. "In Wayland, Suburban Dog-Walking Moms Target Sex Trafficking." *Boston Globe* (2019). Published electronically April 27, 2019.

Edelson, Jack, Alexander Alduncin, Christopher Krewson, James A. Sieja, and Joseph E. Uscinski. "The Effect of Conspiratorial Thinking and Motivated Reasoning on Belief in Election Fraud." *Political Research Quarterly* 70, no. 4 (2017): 933–46. "8 in 10 French People Believe a Conspiracy Theory: Survey." *France24* (2018). Published electronically January 8, 2018.

Enders, Adam M., and Steven M. Smallpage. "Polls, Plots, and Party Politics: Conspiracy Theories in Contemporary America." In *Conspiracy Theories and the People Who Believe Them*, edited by Joseph E. Uscinski, 298–318. New York: Oxford University Press, 2018.

Ernst, Edzard, and Angelo Fasce. "Dismantling the Rhetoric of Alternative Medicine: Smokescreens, Errors, Conspiracies, and Follies." *Metode Science Studies Journal-Annual Review*, no. 8 (2017).

Farrakhan, Louis, and Henry Louis Gates Jr. "Farrakhan Speaks." *Transition*, no. 70 (1996): 140–67.

Furnham, Adrian. "Commercial Conspiracy Theories: A Pilot Study." *Frontiers in Psychology* 4 (2013).

Gall, Carlotta. "Turkey Orders New Election for Istanbul Mayor, in Setback for Opposition." *New York Times* (2019). Published electronically May 6, 2019.

Geyer, Georgie Anne. "The Rewriting of History to Fit Our Age of Conspiracy." *Los Angeles Times*, 1977, 1.

Gibson, James L. "Political Intolerance and Political Repression during the McCarthy Red Scare." *American Political Science Review* 82, no. 2 (1988): 511–29.

Goertzel, Ted. "The Conspiracy Theory Pyramid Scheme." In *Conspiracy Theories and the People*

Who Believe Them, edited by Joseph E. Uscinski, 226–42. New York: Oxford University Press, 2018.

Gray, Kathleen. "Bernie Sanders: Election Is about Survival of Middle Class." *Detroit Free Press* (2016). Published electronically October 7, 2016.

Haag, Matthew, and Maya Salam. "Gunman in 'Pizzagate' Shooting Is Sentenced to 4 Years in Prison." *New York Times* (2017). Published electronically June 22, 2017.

Hargrove, Thomas. "Third of Americans Suspect 9/11 Government Conspiracy." *Scripps News*, August 1, 2006.

Harmon, Amy. "A Lonely Quest for Facts on Genetically Modified Crops." *New York Times*, January 4, 2014.

Hill, Frances. *A Delusion of Satan: The Full Story of the Salem Witch Trials*. Tantor eBooks, 2014.

Hofstadter, Richard. *The Paranoid Style in American Politics, and Other Essays*. Cambridge, MA: Harvard University Press, 1964.

Hollingworth, Robert M., Leonard F. Bjeldanes, Michael Bolger, Ian Kimber, Barbara Jean Meade, Steve L. Taylor, and Kendall B. Wallace. "The Safety of Genetically Modified Foods Produced through Biotechnology." *Toxological Sciences* 71 (2003): 2–8.

Hurley, Patrick T., and Peter A. Walker. "Whose Vision? Conspiracy Theory and Land-Use Planning in Nevada County, California." *Environment and Planning* 36 (2004): 1529–47.

Icke, David. *Human Race Get Off Your Knees: The Lion Sleeps No More*. Isle of Wight: David Icke Books, 2010.（デーヴィッド・アイク『ムーンマトリックス』1 〜 5、内海聡監修、為清勝彦訳、ヒカルランド、2019年）。

Jacobsen, Annie. "The United States of Conspiracy: Why, More and More, Americans Cling to Crazy Theories." *NYDailyNews.com*, August 7, 2011. http://articles.nydailynews.com/2011-08-07/news/29878465_1_conspiracy-theories-bavarian-illuminati-nefarious-business.

Johnson, Kevin, Ray Locker, Brad Heath, and Aamer Madhani. "'It's Time to Destroy Trump & Co.': Scalise Shooter Raged on Facebook." *USA Today* (2017). Published electronically June 14, 2017.

Jolley, Daniel, and Karen Douglas. "The Effects of Anti-Vaccine Conspiracy Theories on Vaccination Intentions." *PLoS ONE* 9, no. 2 (2014): e89177.

Kang, Cecilia. "Fake News Onslaught Targets Pizzeria as Nest of Child-Trafficking." *New York Times*, November 21, 2016.

Keeley, Brian. "Of Conspiracy Theories." In *Conspiracy Theories: The Philosophical Debate*, edited by David Coady, 45–60. Burlington, VT: Ashgate, 2006.

"Kenneka Jenkins' Death Photos 'Raise More Questions,' Lawyer Says as Police Close Case." *Chicago Tribune* (2017). Published electronically October 23, 2017.

Klein, Colin, Peter Clutton, and Adam G. Dunn. "Pathways to Conspiracy: The Social and Linguistic Precursors of Involvement in Reddit's Conspiracy Theory Forum." psyarxiv. com/8vesf (2018).

Kloor, Keith. "GMO Opponents Are the Climate Skeptics of the Left." *Slate.com*, September 26, 2012.

Knight, Peter. *Conspiracy Culture: From the Kennedy Assassination to the* X-Files. London: Routledge, 2000.

———, ed. *Conspiracy Theories in American History*, vol. 1. Santa Barbara, CA: ABC-CLIO, 2003.

Krauss, C. "28 Years after Kennedy's Assassination, Conspiracy Theories Refuse to Die." *New York Times*, January 5, 1992, 12.

Krauthammer, Charles. "A Rash of Conspiracy Theories." *Washington Post*, July 5, 1991.

LaCapria, Kim. "Hickory (NC) Walmart Human Trafficking Warning." Snopes.com (2015). Published electronically 2015.

Latner, Richard. "'Here Are No Newters': Witchcraft and Religious Discord in Salem Village and Andover." *New England Quarterly* 79, no. 1 (2006): 92–122.

Leeson, Peter T., and Jacob W. Russ. "Witch Trials." *Economic Journal* 128, no. 613 (2018): 2066–105.

Lind, Dara. "The Conspiracy Theory That Led to the Pittsburgh Synagogue Shooting, Explained." *Vox.com* (2018). Published electronically October 29, 2018.

Lowry, Rich. "Bernie's Conspiracy Theory." *National Review* (2015). Published electronically October 30, 2015.

Marrs, Jim. *Population Control: How Corporate Owners Are Killing Us*. New York: William Morrow, 2015.

Martin, Sean. "UFO Hunters Discover Alien Base on Google Moon Maps—Bizarre Pyramid Found." *Express* (2018). Published electronically September 30, 2018.

McHoskey, John W. "Case Closed? On the John F. Kennedy Assassination: Biased Assimilation of Evidence and Attitude Polarization." *Basic and Applied Social Psychology* 17, no. 3 (1995): 395.

McLaren, Lindsay, Steven Patterson, Salima Thawer, Peter Faris, Deborah McNeil, Melissa Potestio, and Luke Shwart. "Measuring the Short-Term Impact of Fluoridation Cessation on Dental Caries in Grade 2 Children Using Tooth Surface Indices." *Community Dentistry and Oral Epidemiology* 44, no. 3 (2016): 274–82.

McMahon, Darrin M. "Conspiracies So Vast: Conspiracy Theory Was Born in the Age of Enlightenment and Has Metastasized in the Age of the Internet. Why Won't It Go Away?" *Boston Globe*, February 1, 2004.

"MH370 Conspiracy Theories: What Really Happened to the Missing Malaysia Airlines Flight?" *The Week* (2018). Published electronically August 22, 2018.

Miller, Justin. "How Greg Abbott Got Played by the Russians during His Jade Helm Freakout." *Texas Observer* (2018). Published electronically May 3, 2018.

Morton, Brian. "The Guns of Spring." *City Paper Baltimore* (2009). Published electronically April 15, 2009.

Musgrave, Paul. "Conspiracy Theories Are for Losers. QAnon Is No Exception." *Washington Post* (2018). Published electronically August 2, 2018.

NASA. "Apollo 11 Mission Overview." NASA.gov. May 15, 2019. https://www.nasa.gov/mission_pages/apollo/missions/apollo11.html.

Nyhan, Brendan. "9/11 and Birther Misperceptions Compared." *Brendan-nyhan.com/blog* (2009).

Oliver, Eric, and Thomas Wood. "Medical Conspiracy Theories and Health Behaviors in the United States." *JAMA Internal Medicine* 174, no. 5 (2014): 817–18.

Olmsted, Kathryn S. *Real Enemies: Conspiracy Theories and American Democracy, World War I to*

9/11. New York: Oxford University Press, 2008.

Orr, Martin, and Ginna Husting. "Media Marginalization of Racial Minorities:'Conspiracy Theorists' in U.S. Ghettos and on the 'Arab Street.'" In *Conspiracy Theories and the People Who Believe Them*, edited by Joseph E. Uscinski, 82–93. New York: Oxford University Press, 2018.

Osher, Christopher N. "Bike Agenda Spins Cities toward U.N. Control, Maes Warns." *Denverpost.com*, August 4, 2010.

Pickard, James. "Corbyn Lashes Out at Financial Sector 'Speculators and Gamblers.'" *Financial Times* (2017). Published electronically November 30, 2017.

Rosenthal, Andrew. "No Comment Necessary: Conspiracy Nation." *New York Times* (2013). Published electronically January 17, 2013.

Russakoff, Dale, and Serge F. Kovaleski. "An Ordinary Boy's Extraordinary Rage." *Washington Post* (1995). Published electronically July 2, 1995.

Sabato, Larry J. *The Kennedy Half-Century: The Presidency, Assassination, and Lasting Legacy of John F. Kennedy*. New York: Bloomsbury USA, 2013.

Selk, Avi. "Falsely Accused of Satanic Horrors, a Couple Spent 21 Years in Prison. Now They're Owed Millions." *Washington Post* (2017). Published electronically August 25, 2017.

Shackford, Scott. "Backpage Founder's 93 Charges Lack Actual Sex-Trafficking Claims." *Reason* (2018). Published electronically April 9, 2018.

Shenon, Philip. "Files Will Shed Light on a JFK Shooting Conspiracy—but Not the One You Think." *The Guardian* (2017). Published electronically October 26, 2017.

Smallpage, Steven M., Adam M. Enders, and Joseph E. Uscinski. "The Partisan Contours of Conspiracy Theory Beliefs." *Research & Politics* 4, no. 4 (2017): 2053168017746554.

Stanley-Becker, Isaac. "'We Are Q': A Deranged Conspiracy Cult Leaps from the Internet to the Crowd at Trump's 'Maga' Tour." *Washington Post* (2018). Published electronically August 1, 2018.

Stolworthy, Jacob. "Stanley Kubrick's Daughter Debunks Moon Landing Conspiracy Theory." *Independent* (2016). Published electronically July 6, 2016.

Thomas, Kenn. "Clinton Era Conspiracies! Was Gennifer Flowers on the Grassy Knoll? Probably Not, but Here Are Some Other Bizarre Theories for a New Political Age." *Washington Post*, January 16, 1994.

Tupy, Marian. "Europe's Anti-GMO Stance Is Killing Africans." *Reason* (2017). Published electronically September 5, 2017.

"Turkey Academic Jailed after Raids on Professors and Activists." *Aljazeera.com* (2018). Published electronically November 19, 2018.

Uscinski, Joseph E., Karen Douglas, and Stephan Lewandowsky. "Climate Change Conspiracy Theories." In *Oxford Research Encyclopedia of Climate Science*. Oxford: Oxford University Press, 2017, 1–43.

Uscinski, Joseph E., and Joseph M. Parent. *American Conspiracy Theories*. New York: Oxford University Press, 2014.

van der Linden, Sander. "The Conspiracy-Effect: Exposure to Conspiracy Theories (about Global

Warming) Decreases Pro-Social Behavior and Science Acceptance." *Personality and Individual Differences* 87: 171–73.

Victor, Jeffrey S. "Moral Panics and the Social Construction of Deviant Behavior: A Theory and Application to the Case of Ritual Child Abuse." *Sociological Perspectives* 41, no. 3 (1998): 541–65.

"The Warren Commission Report." *New York Times*, September 28, 1964, 1.

Wiles, Tay. "Conspiracy Theories Inspire Vigilante Justice in Tucson." *High Country News* (2018). Published electronically September 12, 2018.

第二章

Achen, Christopher H., and Larry M. Bartels. *Democracy for Realists: Why Elections Do Not Produce Responsive Government*. Princeton, NJ: Princeton University Press, 2017.

Allcott, Hunt, and Matthew Gentzkow. "Social Media and Fake News in the 2016 Election." *Journal of Economic Perspectives* 31, no. 2 (2017): 211–36.

Baker, Robert A. "The Aliens among Us: Hypnotic Regression Revisited." In *The Hundredth Monkey and Other Paradigms of the Paranormal: A Skeptical Inquirer Collection*, edited by Kendrick Frazier, 54–69. Buffalo, NY: Prometheus Books, 1991.

Baker, Sinead. "The Mystery of MH370 Is about to Be Laid to Rest for Good—Here Are All the Theories, Dead Ends, and Unanswered Questions from the Most Bizarre Airline Disaster of the Century." *Business Insider* (2018). Published electronically July 28, 2018.

Banjo, Shelly. "Facebook, Twitter and the Digital Disinformation Mess." *Washington Post* (2019). Published electronically May 23, 2019.

"BBC 'Proves' Nessie Does Not Exist." BBC News (2003). Published electronically July 27, 2003.

Benson, Herbert, Jeffery A. Dusek, Jane B. Sherwood, Peter Lam, Charles F. Bethea, William Carpenter, Sidney Levitsky, et al. "Study of the Therapeutic Effects of Intercessory Prayer (STEP) in Cardiac Bypass Patients: A Multicenter Randomized Trial of Uncertainty and Certainty of Receiving Intercessory Prayer." *American Heart Journal* 151, no. 4 (January 4, 2006): 934–42.

Berinsky, Adam J. "Telling the Truth about Believing the Lies? Evidence for the Limited Prevalence of Expressive Survey Responding." *Journal of Politics* 80, no. 1 (2018): 2011–224.

Bessi, Alessandro, Mauro Coletto, George Alexandru Davidescu, Antonio Scala, Guido Caldarelli, and Walter Quattrociocchi. "Science vs. Conspiracy: Collective Narratives in the Age of Misinformation." *PLoS ONE* 10, no. 2 (2015): e0118093.

Blackmore, Susan J. *Dying to Live: Near-Death Experiences*. Buffalo, NY: Prometheus Books, 1993.（スーザン・ブラックモア『生と死の境界：臨死体験を科学する』由布翔子訳、読売新聞社、1996年）。

Bost, P. R. "The Truth Is around Here Somewhere: Integrating the Research on Conspiracy Beliefs." In *Conspiracy Theories and the People Who Believe Them*, edited by Joseph E. Uscinski, 269–82. New York: Oxford University Press, 2018.

Boudry, Maarten, and Johan Braeckman. "Immunizing Strategies and Epistemic Mechanisms." *Philosophia* 39 (2011): 145–61.

Brotherton, Rob, Christopher C. French, and Alan D. Pickering. "Measuring Belief in Conspiracy Theories: The Generic Conspiracist Beliefs Scale." *Frontiers in Psychology* 4, Article 279 (2013).

Buenting, Joel, and Jason Taylor. "Conspiracy Theories and Fortuitous Data." *Philosophy of the Social Sciences* 40, no. 4 (2010): 567–78.

Bullock, John G., Alan S. Gerber, Seth J. Hill, and Gregory A. Huber. "Partisan Bias in Factual Beliefs about Politics." *Quarterly Journal of Political Science* 10 (2015): 519–78.

Carey, John M., Brendan Nyhan, Benjamin Valentino, and Mingnan Liu. "An Inflated View of the Facts? How Preferences and Predispositions Shape Conspiracy Beliefs about the Deflategate Scandal." *Research & Politics* 3, no. 3 (2016): 2053168016668671.

Claassen, Ryan L., and Michael J. Ensley. "Motivated Reasoning and Yard-Sign-Stealing Partisans: Mine Is a Likable Rogue, Yours Is a Degenerate Criminal." *Political Behavior* 38, no. 2 (2016): 317–35.

Clarke, Steve. "Conspiracy Theories and Conspiracy Theorizing." *Philosophy of the Social Sciences* 32, no. 2 (2002): 131–50.

Corsi, Jerome R. *Where's the Birth Certificate?: The Case That Barack Obama Is Not Eligible to Be President*. Washington, DC: WND Books, 2011.

Cox, Archibald. "Watergate and the U.S. Constitution." *British Journal of Law and Society* 2, no. 1 (1975): 1–13.

Daegling, David J. *Bigfoot Exposed: An Anthropologist Examines America's Enduring Legend*. Lanham, MD: AltaMira Press, 2004.

Dagnall, Neil, Kenneth Drinkwater, Andrew Parker, Andrew Denovan, and Megan Parton. "Conspiracy Theory and Cognitive Style: A Worldview." *Frontiers in Psychology* 6 (2015).

Dean, John W. *The Nixon Defense: What He Knew and When He Knew It*. New York: Viking, 2014.

DeHaven-Smith, Lance. *Conspiracy Theory in America*. Austin: University of Texas Press, 2013.

Dennett, Michael. "Evidence for Bigfoot? An Investigation of the Mill Creek 'Sasquatch Prints.'" *Skeptical Inquirer* 13, no. 3 (1989): 264–72.

Dentith, M. R. X. "Conspiracy Theories and Philosophy: Bringing the Epistemology of a Freighted Term into the Social Sciences." In *Conspiracy Theories and the People Who Believe Them*, edited by Joseph E. Uscinski, 94–108. New York: Oxford University Press, 2018.

Dunbar, David, and Brad Reagan. *Debunking 9/11 Myths: Why Conspiracy Theories Can't Stand Up to the Facts*. New York: Sterling, 2006.

Edelson, Jack, Alexander Alduncin, Christopher Krewson, James A. Sieja, and Joseph E. Uscinski. "The Effect of Conspiratorial Thinking and Motivated Reasoning on Belief in Election Fraud." *Political Research Quarterly* 70, no. 4 (2017).

Einstein, Katherine Levine, and David M. Glick. "Do I Think BLS Data Are BS? The Consequences of Conspiracy Theories." *Political Behavior* 37, no. 3 (2014): 1–23.

Engel, Richard, Kate Benyon-Tinker, and Kennett Werner. "Russian Documents Reveal Desire to Sow Racial Discord—and Violence—in the U.S." NBC News (2019). Published electronically May 20, 2019.

Flynn, D. J., Brendan Nyhan, and Jason Reifler. "The Nature and Origins of Misperceptions: Understanding False and Unsupported Beliefs about Politics." *Political Psychology* 38 (2017):

127–50.

Frazier, Kendrick. “Double-Blind Test of Astrology Avoids Bias, Still Refutes the Astrological Hypothesis.” In *The Outer Edge: Classic Investigations of the Paranormal*, edited by Barry Karr, Joe Nickell, and Tom Genoni, 40–43. New York: CSICOP, 1996.

———. *Science Confronts the Paranormal*. Buffalo, NY: Prometheus Books, 1986.

Griffin, David Ray. *Debunking 9/11 Debunking: An Answer to* Popular Mechanics *and Other Defenders of the Official Conspiracy Theory*. N.p.: Interlink Books, 2007.

Grimes, David Robert. “On the Viability of Conspiratorial Beliefs.” *PloS ONE* 11, no. 1 (2016): e0147905.

Harambam, Jaron, and Stef Aupers. “‘I Am Not a Conspiracy Theorist’: Relational Identifications in the Dutch Conspiracy Milieu.” *Cultural Sociology* 11, no. 1 (2017): 113–29.

Hill, Frances. *A Delusion of Satan: The Full Story of the Salem Witch Trials*. Tantor eBooks, 2014.

Hines, Terence. *Pseudoscience and the Paranormal*. Buffalo, NY: Prometheus Books, 2003.（テレンス・ハインズ『ハインズ博士再び「超科学」をきる：代替医療はイカサマか？』井山弘幸訳、化学同人、2011年）。

Hyman, Ray. “Cold Reading: How to Convince Strangers That You Know All about Them [1977].” In *Pseudoscience and Deception: The Smoke and Mirrors of Paranormal Claims*, edited by Bryan Farha. Lanham, MD: University Press of America (2014): 39–56.

Icke, David. *Children of the Matrix: How an Interdimensional Race Has Controlled the World for Thousands of Years—and Still Does*. Wildwood, MO: Bridge of Love Publications USA, 2001.（デーヴィッド・アイク『マトリックスの子供たち』上下巻、安永絹江訳、ヒカルランド、2019年）。

———. *Human Race Get Off Your Knees: The Lion Sleeps No More*. Isle of Wight: David Icke Books, 2010.（『ムーンマトリックス』1 ～ 5、内海聡監修、為清勝彦訳、ヒカルランド、2019年）。

Jenson, Tom. “Democrats and Republicans Differ on Conspiracy Theory Beliefs.” *Public Policy Polling* (2013). Published electronically April 2, 2013.

Kean, Thomas. *The 9/11 Commission Report: Final Report of the National Commission on Terrorist Attacks upon the United States*. Washington, DC: Government Printing Office, 2011.

Keeley, Brian. “Of Conspiracy Theories.” *Journal of Philosophy* 96, no. 3 (1999): 109–26.

Klofstad, Casey A., Joseph E. Uscinski, Jennifer M. Connolly, and Jonathan P. West. “What Drives People to Believe in Zika Conspiracy Theories?” *Palgrave Communications* 5, no. 1 (2019): 36.

Knight, Peter. “Conspiracy Theories in America: A Historical Overview.” In *Conspiracy Theories in American History*, vol. 1, edited by Peter Knight, 1–13. Santa Barbara, CA: ABC-CLIO, 2003.

Latner, Richard. “‘Here Are No Newters’: Witchcraft and Religious Discord in Salem Village and Andover.” *New England Quarterly* 79, no. 1 (2006): 92–122.

Lazer, David M. J., et al. “The Science of Fake News.” *Science* 359, no. 6380 (2018): 1094–96.

Levy, Neil. “Radically Socialized Knowledge and Conspiracy Theories.” *Episteme* 4, no. 2 (2007): 181–92.

Lilienfeld, Scott O. “New Analyses Raise Doubts about Replicability of ESP Findings.” *Skeptical Inquirer* 23 (1999): 9–10.

Lodge, Milton, and Charles S. Taber. *The Rationalizing Voter*. New York: Cambridge University Press, 2013.

Lopez, Jesse, and D. Sunshine Hillygus. "Why So Serious?: Survey Trolls and Misinformation." *SSRN*, March 14, 2018. https://ssrn.com/abstract=3131087 or http://dx.doi.org/10.2139/ssrn.3131087.

Lozier, J. D., P. Aniello, and M. J. Hickerson. "Predicting the Distribution of Sasquatch in Western North America: Anything Goes with Ecological Niche Modelling." *Journal of Biogeography* 36, no. 9 (2009): 1623–27.

Mandik, Pete. "Shit Happens." *Episteme* 4, no. 2 (2007): 205–18.

Manwell, Laurie A. "In Denial of Democracy: Social Psychological Implications for Public Discourse on State Crimes against Democracy Post-9/11." *American Behavioral Scientist* 53, no. 6 (2010): 848–84.

Mays, Vickie M., Courtney N. Coles, and Susan D. Cochran. "Is There a Legacy of the U.S. Public Health Syphilis Study at Tuskegee in HIV/AIDS-Related Beliefs among Heterosexual African Americans and Latinos?" *Ethics & Behavior* 22, no. 6 (2012): 461–71.

McKenzie-McHarg, Andrew. "Conspiracy Theory: The Nineteenth-Century Prehistory of a Twentieth-Century Concept." In *Conspiracy Theories and the People Who Believe Them*, edited by Joseph E. Uscinski, 62–81. New York: Oxford University Press, 2018.

McKenzie-McHarg, Andrew, and Rolf Fredheim. "Cock-Ups and Slap-Downs: A Quantitative Analysis of Conspiracy Rhetoric in the British Parliament 1916–2015." *Historical Methods: A Journal of Quantitative and Interdisciplinary History* 50, no. 3 (2017): 156–69.

Miller, Joanne M., Kyle L. Saunders, and Christina E. Farhart. "Conspiracy Endorsement as Motivated Reasoning: The Moderating Roles of Political Knowledge and Trust." *American Journal of Political Science* 60, no. 4 (2016): 824–44.

Nathan, Debbie, and Michael Snedeker. *Satan's Silence: Ritual Abuse and the Making of a Modern American Witch Hunt*. iUniverse, 2001.

Nickell, Joe. "Bigfoot as Big Myth: Seven Phases of Mythmaking." *Skeptical Inquirer* 41, no. 5 (September/October 2017).

Nickell, Joe, Barry Karr, and Tom Genoni. *The Outer Edge: Classic Investigations of the Paranormal*. Committee for the Scientific Investigation of Claims of the Paranormal, 1996.

Norman, Matthew. "Whoever Wins the US Presidential Election, We've Entered a Post-Truth World—There's No Going Back Now." *The Independent* (2016). Published electronically November 8, 2016.

Oliver, Eric, and Thomas Wood. "Conspiracy Theories and the Paranoid Style(s) of Mass Opinion." *American Journal of Political Science* 58, no. 4 (2014): 952–66.

Olmsted, Kathryn S. *Challenging the Secret Government: The Post-Watergate Investigations of the CIA and FBI*. Chapel Hill: University of North Carolina Press, 2000.

Orr, Martin, and Ginna Husting. "Media Marginalization of Racial Minorities: 'Conspiracy Theorists' in U.S. Ghettos and on the 'Arab Street.'" In *Conspiracy Theories and the People Who Believe Them*, edited by Joseph E. Uscinski, 82–93. New York: Oxford University Press, 2018.

Peck, Michael. "The CIA's Secret Plan to Crush Russia during the Cold War: Super Psychic Powers." *National Interest* (2017). Published electronically March 20, 2017.

Popper, Sir Karl R. *Conjectures and Refutations*. London: Routledge & Kegan Paul, 1972.（カール・R・ポパー『推測と反駁—科学的知識の発展—』藤本隆志・石垣壽郎・森博訳、法政大学出版局、2009年）。

———. *The Open Society and Its Enemies. Vol. 2: The High Tide of Profecy: Hegel, Marx, and the Aftermath*. 5th ed. London: Routledge & Kegan Paul, 1966.（『開かれた社会とその敵』第1部・第2部、内田詔夫・小河原誠訳、未来社、1980年）。

"Possible Bigfoot Sighting in Whitehall, NY." WHEC Channel 10 (2018). Published electronically August 13, 2018.

Public Policy Polling. "Clinton's Florida Lead Continues to Grow." (2016). Published electronically October 14, 2016.

Radford, Benjamin. "Bigfoot at 50: Evaluating a Half-Century of Bigfoot Evidence." *Skeptical Inquirer* 26, no. 2 (2002): 29–34.

———. *Tracking the Chupacabra: The Vampire Beast in Fact, Fiction, and Folklore*. Albuquerque: University of New Mexico Press, 2011.

Raikka, Juha, and Lee Basham. "Conspiracy Theory Phobia." In *Conspiracy Theories and the People Who Believe Them*, edited by Joseph E. Uscinski, 178–86. New York: Oxford University Press, 2018.

Randi, James. *The Magic of Uri Geller*. New York: Ballantine Books, 1975.

———. *The Truth about Uri Geller*. Buffalo, NY: Prometheus Books, 1982.

Regal, Brian. *Pseudoscience: A Critical Encyclopedia*. Westport, CT: ABC-CLIO, 2009.

Richards, Gareth. "Digit Ratio (2d: 4d) and Beliefs in Superstitions, Conspiracy Theories and the Paranormal." *Developmental Psychology Section* (2017): 21.

Sagan, Carl. *The Demon-Haunted World: Science as a Candle in the Dark*. New York: Ballantine Books, 1997.（カール・セーガン『カール・セーガン科学と悪霊を語る』青木薫訳、新潮社、1997年）。

Sheldrake, Rupert, and Pamela Smart. "Psychic Pets: A Survey in North-West England." *Journal-Society for Psychical Research* 61 (1997): 353–64.

Shermer, Michael. *Why People Believe Weird Things: Pseudoscience, Superstition, and Other Confusions of Our Time*. New York: Macmillan, 2002.（マイクル・シャーマー『なぜ人はニセ科学を信じるのか』1～2、岡田靖史訳、早川書房、2003年）。

Street, Jon. "Sen. Elizabeth Warren: Middle Class Is Not Defined by Income Level." *CNSNews.com* (2013). Published electronically January 8, 2013.

Sykes, Bryan C., Rhettman A. Mullis, Christophe Hagenmuller, Terry W. Melton, and Michel Sartori. "Genetic Analysis of Hair Samples Attributed to Yeti, Bigfoot and Other Anomalous Primates." *Proceedings of the Royal Society B* 281, no. 1789 (2014): 20140161.

Tingley, Dustin, and Gernot Wagner. "Solar Geoengineering and the Chemtrails Conspiracy on Social Media." *Palgrave Communications* 3, no. 1 (2017): 12.

Uscinski, Joseph E. "The Psychology behind Why People Believe Conspiracy Theories about Scalia's Death." *Washington Post*, February 19, 2016.

van Prooijen, Jan-Willem, and Karen M. Douglas. "Conspiracy Theories as Part of History: The Role of Societal Crisis Situations." *Memory Studies* 10, no. 3 (2017): 323–33.

van Prooijen, Jan-Willem, and Mark van Vugt. "Conspiracy Theories: Evolved Functions and Psychological Mechanisms." *Perspectives on Psychological Science* 13, no.6 (2018): 770–88.

Walker, Jesse. "What We Mean When We Say 'Conspiracy Theory.'" In *Conspiracy Theories and the People Who Believe Them*, edited by Joseph E. Uscinski, 53–61. New York: Oxford University Press, 2018.

Wang, Amy. "'Post-Truth' Named 2016 Word of the Year by Oxford Dictionaries." *Washington Post* (2019). Published electronically November 16, 2016.

Zaller, John. *The Nature and Origins of Mass Opinion.* Cambridge: Cambridge University Press, 1992.

第三章

Bailey, Ronald. "New Useless and Costly USDA Bioengineered Food Disclosure Regulations Issued." *Reason* (2018). Published electronically December 27, 2018.

———. "Vermont GMO Labeling Hits Kosher Foods." *Reason* (2016). Published electronically July 11, 2016.

Barkan, Ross. "'Their Greed Has No End': Bernie Sanders Makes a Surprise Appearance in Manhattan." *Observer* (2015). Published electronically October 26, 2015.

Blumgart, Jake. "What's the Matter with Portland?" *Slate*, May 17, 2013.

Bogart, Laura M., and Sheryl Thorburn. "Are HIV/AIDS Conspiracy Beliefs a Barrier to HIV Prevention among African Americans?" *JAIDS Journal of Acquired Immune Deficiency Syndromes* 38, no. 2 (2005): 213–18.

Bogart, Laura M., and Sheryl Thorburn Bird. "Exploring the Relationship of Conspiracy Beliefs about HIV/AIDS to Sexual Behaviors and Attitudes among African-American Adults." *Journal of the National Medical Association* 95, no. 11 (2003): 1057.

Broniatowski, David A., Karen M. Hilyard, and Mark Dredze. "Effective Vaccine Communication during the Disneyland Measles Outbreak." *Vaccine* 34, no. 28 (June 14, 2016): 3225–28.

Butler, Lisa D., Cheryl Koopman, and Philip G. Zimbardo. "The Psychological Impact of Viewing the Film *JFK*: Emotions, Beliefs, and Political Behavioral Intentions." *Political Psychology* 16, no. 2 (1995): 237–57.

Carlson, Darren. "Life on Mars? Over a Third of Americans Say They Believe Life in Some Form Exists on the Red Planet." *Gallup.com* (2001). Published electronically February 27, 2001.

CBS News. "CBS Poll: JFK Conspiracy Lives." *CBSNews.com*, November 20, 1998 (July 25, 2011).

Chigwedere, Pride, George R. Seage III, Sofia Gruskin, Tun-Hou Lee, and M. Essex. "Estimating the Lost Benefits of Antiretroviral Drug Use in South Africa." *JAIDS Journal of Acquired Immune Deficiency Syndromes* 49, no. 4 (2008): 410–15.

CNN. "Poll: U.S. Hiding Knowledge of Aliens." *CNN.com* (1997). Published electronically June 15, 1997. http://articles.cnn.com/1997-06-15/us/9706_15_ufo.poll_1_ufo-aliens-crash-site?_s=PM:US.

"Conspiracy Theories: Separating Fact from Fiction." *Time.com* (2009). Published electronically July 20, 2009.

Craciun, Catrinel, and Adriana Baban. "'Who Will Take the Blame?': Understanding the Reasons Why Romanian Mothers Decline HPV Vaccination for Their Daughters." *Vaccine* 30, no. 48

(2012): 6789–93.

Dahlgreen, Will. "British People More Likely to Believe in Ghosts Than a Creator." *YouGov* (2016). Published electronically March 26, 2016.

Dredze, Mark, David A. Broniatowski, and Karen M. Hilyard. "Zika Vaccine Misconceptions: A Social Media Analysis." *Vaccine* 34, no. 30 (May 20, 2016): 3441–42.

Drobnic Holan, Angie, and Louise Jacobson. "Michele Bachmann Says HPV Vaccine Can Cause Mental Retardation." *Politifact.com* (2011). Published electronically September 16, 2011.

Drochon, Hugo. "Study Shows 60% of Britons Believe in Conspiracy Theories." *The Guardian* (2018). Published electronically November 22, 2018.

———. "Who Believes in Conspiracy Theories in Great Britain and Europe?" In *Conspiracy Theories and the People Who Believe Them*, edited by Joseph E. Uscinski, 337–46. New York: Oxford University Press, 2018.

Dubock, Adrian. "Golden Rice, Part 3: A Thoroughly Studied GMO Crop Approved by Australia, Canada, New Zealand and the US." *Genetic Literacy Project* (2019). Published electronically May 28, 2019.

Edelson, Jack, Alexander Alduncin, Christopher Krewson, James A. Sieja, and Joseph E. Uscinski. "The Effect of Conspiratorial Thinking and Motivated Reasoning on Belief in Election Fraud." *Political Research Quarterly* 70, no. 4 (2017): 933–46.

"8 in 10 French People Believe a Conspiracy Theory: Survey." *France24* (2018). Published electronically January 8, 2018.

Einstein, Katherine Levine, and David M. Glick. "Cynicism, Conspiracies, and Contemporaneous Conditions Moderating Experimental Treatment Effects." Unpublished paper (2015).

———. "Do I Think BLS Data Are BS? The Consequences of Conspiracy Theories." *Political Behavior* 37, no. 3 (2014): 1–23.

English, Cameron. "Quit the Glyphosate Conspiracy Theories." *RealClearScience* (2018). Published electronically January 19, 2018.

Frankovic, Kathy. "Americans Think Ghosts Are More Likely Than Aliens on Earth." *YouGov* (2018).

Frazier, Kendrick. *Science Confronts the Paranormal.* Buffalo, NY: Prometheus Books, 1986.

Funk, Cary, Brian Kennedy, and Meg Hefferon. "Public Perspectives on Food Risks." *Pew Internet* (2018). Published electronically November 10, 2019.

Gaston, Sophia, and Joseph E. Uscinski. "Out of the Shadows: Conspiracy Thinking on Immigration." Henry Jackson Society, 2018. https://henryjacksonsociety.org/wp-content/uploads/2018/12/Out-of-the-Shadows-Conspiracy-thinking-on-immigration.pdf.

Goertzel, Ted. "The Conspiracy Theory Pyramid Scheme." In *Conspiracy Theories and the People Who Believe Them*, edited by Joseph E. Uscinski, 226–42. New York: Oxford University Press, 2018.

Griffin, Marcus, Darren Shickle, and Nicola Moran. "European Citizens' Opinions on Water Fluoridation." *Community Dentistry and Oral Epidemiology* 36, no. 2 (2008): 95–102.

Hill, Kyle. "Why Portland Is Wrong about Water Fluoridation." *Scientific American*, May 22, 2013.

Icke, David. *Children of the Matrix: How an Interdimensional Race Has Controlled the World for*

Thousands of Years—and Still Does. Wildwood, MO: Bridge of Love Publications USA, 2001.（デーヴィッド・アイク『マトリックスの子供たち』上・下、安永絹江訳、ヒカルランド、2019年）。

Ipsos. "Majority of Americans Believe in Ghosts (57%) and UFOs (52%)." (2008). Published electronically October 31, 2008.

Jenkins, Krista. "The Best Medicine Is Truth." July 31, 2018. http://view2.fdu.edu/publicmind/2018/180731/.

Jenson, Tom. "Democrats and Republicans Differ on Conspiracy Theory Beliefs." *Public Policy Polling* (2013). Published electronically April 2, 2013.

Klass, Philip J. *The Real Roswell Crashed-Saucer Coverup*. Buffalo, NY: Prometheus Books, 1997.

Leiser, David, Nofar Duani, and Pascal Wagner-Egger. "The Conspiratorial Style in Lay Economic Thinking." *PLoS ONE* 12, no. 3 (2017): e0171238.

Lyons, Linda. "Paranormal Beliefs Come (Super)Naturally to Some." *News.gallup.com* (2005). Published electronically November 1, 2005.

MacGregor, Karen. "Conspiracy Theories Fuel Row over AIDS Crisis in South Africa." *Independent.co.uk* (2000).

Markley, Robert. "Alien Assassinations: The X-Files and the Paranoid Structure of History." *Camera Obscura* 14, no. 1–2/40–41 (1997): 75–102.

McHoskey, John W. "Case Closed? On the John F. Kennedy Assassination: Biased Assimilation of Evidence and Attitude Polarization." *Basic and Applied Social Psychology* 17, no. 3 (1995): 1995.

McLaren, Lindsay, Steven Patterson, Salima Thawer, Peter Faris, Deborah McNeil, Melissa Potestio, and Luke Shwart. "Measuring the Short-Term Impact of Fluoridation Cessation on Dental Caries in Grade 2 Children Using Tooth Surface Indices." *Community Dentistry and Oral Epidemiology* 44, no. 3 (2016): 274–82.

Michael, Meron Tesfa. "Africa Bites the Bullet on Genetically Modified Food Aid." *World Press* (2002). Published electronically September 26, 2002

Moore, David. "Three in Four Americans Believe in Paranormal." *Gallup.com* (2005). Published electronically June 16, 2005.

Nattrass, Nicoli. "How Bad Ideas Gain Social Traction." *The Lancet* 380, no. 9839 (2012): 332–33.

Nguyen, Hoang. "Most Flat Earthers Consider Themselves Very Religious." *YouGov* (2018). Published electronically April 2, 2018.

Oliver, Eric, and Thomas Wood. "Conspiracy Theories and the Paranoid Style(s) of Mass Opinion." *American Journal of Political Science* 58, no. 4 (2014): 952–66.

———. "Medical Conspiracy Theories and Health Behaviors in the United States." *JAMA Internal Medicine* 174, no. 5 (2014): 817–18.

"Paranormal America 2017." Chapman University. Published electronically October 11, 2017. https://blogs.chapman.edu/wilkinson/2017/10/11/paranormal-america-2017/. Pollard, John. "Skinhead Culture: The Ideologies, Mythologies, Religions and Conspiracy Theories of Racist Skinheads." *Patterns of Prejudice* 50, no. 4–5 (October 19, 2016): 398–419.

Public Policy Polling. "Clinton Leads in NC for First Time since March" (2016). Published electronically August 9, 2016.

———. "Support for Impeachment at Record High" (2017). Published electronically October 31, 2017.

Sinclair, Betsy, Steven S. Smith, and Patrick D. Tucker. "'It's Largely a Rigged System': Voter Confidence and the Winner Effect in 2016." *Political Research Quarterly* 71, no. 4 (2018): 1065912918768006.

Smallpage, Steven M., Adam M. Enders, and Joseph E. Uscinski. "The Partisan Contours of Conspiracy Theory Beliefs." *Research & Politics* 4, no. 4 (2017): 2053168017746554.

Street, Andrew P. "Why Do Australians Believe Silly Things?" ABC News (2017). Published electronically September 29, 2017.

Swift, Art. "Majority in U.S. Still Believe JFK Killed in a Conspiracy." *Gallup.com*, November 15, 2013.

Tupy, Marian. "Europe's Anti-GMO Stance Is Killing Africans." *Reason* (2017). Published electronically September 5, 2017.

Uscinski, Joseph E., Karen Douglas, and Stephan Lewandowsky. "Climate Change Conspiracy Theories." *Oxford Research Encyclopedia of Climate Science* (Oxford: Oxford University Press, 2017): 1–43.

Uscinski, Joseph E., and Casey Klofstad. "Commentary: Florida Believes in Conspiracy Theories Too." *Orlando Sentinel* (2018). Published electronically September 6, 2018.

———. "New Poll: The QAnon Conspiracy Movement Is Very Unpopular." *Washington Post* (2018). Published electronically August 30, 2018.

Wesseler, Justus, Richard D. Smart, Jennifer Thomson, and David Zilberman. "Foregone Benefits of Important Food Crop Improvements in Sub-Saharan Africa." *PLoS ONE* 12, no. 7 (2017): e0181353.

YouGov. "Yougov NY Psychics and Mediums" (2017). https://d25d2506sfb94s.cloudfront.net/cumulus_uploads/document/921030f7y9/Copy%20of%20Results%20for%20YouGov%20NY%20(Psychics%20and%20Mediums)%20227%2010.30.2017.pdf.

第四章

Aarnio, Kia, and Marjaana Lindeman. "Paranormal Beliefs, Education, and Thinking Styles." *Personality and Individual Differences* 39, no. 7 (November 1, 2005): 1227–36.

Adorno, Theodor W., Else Frenkel-Brunswick, Daniel J. Levinson, and R. Nevitt Sanford. *The Authoritarian Personality*. New York: Harper, 1950.（T・W・アドルノ『現代社会学大系 12 権威主義的パーソナリティ』田中義久・矢沢修次郎・小林修一訳、青木書店、1980年）。

Bilewicz, Michal, and Ireneusz Krzeminski. "Anti-Semitism in Poland and Ukraine: The Belief in Jewish Control as a Mechanism of Scapegoating." *International Journal of Conflict and Violence* 4, no. 2 (2010): 234–43.

Bost, Preston R., and Stephen G. Prunier. "Rationality in Conspiracy Beliefs: The Role of Perceived Motive." *Psychological Reports: Sociocultural Issues in Psychology* 113, no. 1 (2013): 118–28.

Bronstein, Michael V., Gordon Pennycook, Adam Bear, David G. Rand, and Tyrone D. Cannon. "Belief in Fake News Is Associated with Delusionality, Dogmatism, Religious Fundamentalism, and Reduced Analytic Thinking." *Journal of Applied Research in Memory and Cognition*

(October 24, 2018).

Brotherton, Rob, and Silan Eser. "Bored to Fears: Boredom Proneness, Paranoia, and Conspiracy Theories." *Personality and Individual Differences* 80 (2015): 1–5.

Brotherton, Rob, and Christopher C. French. "Belief in Conspiracy Theories and Susceptibility to the Conjunction Fallacy." *Applied Cognitive Psychology* 28, no. 2 (2014): 238–48.

———. "Intention Seekers: Conspiracist Ideation and Biased Attributions of Intentionality." *PloS ONE* 10, no. 5 (2015): e0124125.

Cichocka, Aleksandra, Marta Marchlewska, and Agnieszka Golec de Zavala. "Does Self-Love or Self-Hate Predict Conspiracy Beliefs? Narcissism, Self-Esteem, and the Endorsement of Conspiracy Theories." *Social Psychological and Personality Science* 7, no. 2 (2016): 157–66.

Claassen, Ryan L., and Michael J. Ensley. "Motivated Reasoning and Yard-Sign-Stealing Partisans: Mine Is a Likable Rogue, Yours Is a Degenerate Criminal." *Political Behavior* 38, no. 2 (2016): 317–35.

Comsides, L. "The Logic of Social Exchange: Has Natural Selection Shaped How Humans Reason? Studies with the Wason Selection Task." *Cognition* 31, no. 3 (1989): 187–276.

Dagnall, Neil, Kenneth Drinkwater, Andrew Parker, Andrew Denovan, and Megan Parton. "Conspiracy Theory and Cognitive Style: A Worldview." *Frontiers in Psychology* 6 (2015): 206.

Darwin, Hannah, Nick Neave, and Joni Holmes. "Belief in Conspiracy Theories. The Role of Paranormal Belief, Paranoid Ideation and Schizotypy." *Personality and Individual Differences* 50, no. 8 (2011): 1289–93.

Davis, David Brion. *The Slave Power Conspiracy and the Paranoid Style*. Baton Rouge: Louisiana State University Press, 1969.

Douglas, K. M., Joseph E. Uscinski, R. M. Sutton, Aleksandra Cichocka, Turkay Nefes, Jim Ang, and Farzin Deravi. "Understanding Conspiracy Theories." *Advances in Political Psychology* 6 (2019).

Drinkwater, Ken, Neil Dagnall, and Andrew Parker. "Reality Testing, Conspiracy Theories, and Paranormal Beliefs." *Journal of Parapsychology* 76, no. 1 (2012): 57.

Dyer, Kathleen D., and Raymond E. Hall. "Effect of Critical Thinking Education on Epistemically Unwarranted Beliefs in College Students." *Research in Higher Education* 60, no. 3 (May 1, 2019): 293–314.

Freeman, Daniel, and Richard P. Bentall. "The Concomitants of Conspiracy Concerns." *Social Psychiatry and Psychiatric Epidemiology* 52, no. 5 (2017): 1–10.

French, Christopher C., Julia Santomauro, Victoria Hamilton, Rachel Fox, and Michael A. Thalbourne. "Psychological Aspects of the Alien Contact Experience." *Cortex* 44, no. 10 (November 1, 2008): 1387–95.

Gaudette, Emily. "Starbucks Continues So-Called 'War on Christmas' with Lesbian Positive Ad." *Newsweek* (2017). Published electronically November 21, 2017.

Green, Ricky, and Karen M. Douglas. "Anxious Attachment and Belief in Conspiracy Theories." *Personality and Individual Differences* 125 (April 15, 2018): 30–37.

Grzesiak-Feldman, Monika, and Monika Irzycka. "Right-Wing Authoritarianism and Conspiracy Thinking in a Polish Sample." *Psychological Reports* 105 (2009): 389–93.

Imhoff, Roland, and Pia Lamberty. "How Paranoid Are Conspiracy Believers? Toward a More Fine – Grained Understanding of the Connect and Disconnect between Paranoia and Belief in Conspiracy Theories." *European Journal of Social Psychology* 48, no. 7 (2018).

———. "Too Special to Be Duped: Need for Uniqueness Motivates Conspiracy Beliefs." *European Journal of Social Psychology* 47, no. 6 (2017): 724–34.

Jolley, Daniel, Rose Meleady, and Karen Douglas. "Exposure to Intergroup Conspiracy Theories Promotes Prejudice Which Spreads across Groups." *British Journal of Psychology* (March 13, 2019).

Lee, Spike. "Spike Lee on Real Time with Bill Maher." HBO, 2007.

Leone, Luigi, Mauro Giacomantonio, Riccardo Williams, and Desiree Michetti. "Avoidant Attachment Style and Conspiracy Ideation." *Personality and Individual Differences* 134 (November 1, 2018): 329–36.

Lodge, Milton, and Charles S. Taber. *The Rationalizing Voter*. New York: Cambridge University Press, 2013.

Lord, Charles G., Lee Ross, and Mark R. Lepper. "Biased Assimilation and Attitude Polarization: The Effects of Prior Theories on Subsequently Considered Evidence." *Journal of Personality and Social Psychology* 37, no. 11 (1979): 2098–109.

Marchlewska, Marta, Aleksandra Cichocka, and Małgorzata Kossowska. "Addicted to Answers: Need for Cognitive Closure and the Endorsement of Conspiracy Beliefs." *European Journal of Social Psychology* 48, no. 2 (2018).

Miller, Joanne M., Kyle L. Saunders, and Christina E. Farhart. "Conspiracy Endorsement as Motivated Reasoning: The Moderating Roles of Political Knowledge and Trust." *American Journal of Political Science* 60, no. 4 (2016): 824–44.

Newheiser, Anna-Kaisa, Miguel Farias, and Nicole Tausch. "The Functional Nature of Conspiracy Beliefs: Examining the Underpinnings of Belief in the *Da Vinci Code* Conspiracy." *Personality and Individual Differences* 51, no. 8 (2011): 1007–11.

Nyhan, Brendan. "9/11 and Birther Misperceptions Compared." *Brendan-nyhan.com/blog* (2009).

Nyhan, Brendan, Jason Reifler, and Peter A. Ubel. "The Hazards of Correcting Myths about Health Care Reform." *Medical Care* 51, no. 2 (2013): 127–32.

Oliver, Eric, and Thomas Wood. "Conspiracy Theories and the Paranoid Style(s) of Mass Opinion." *American Journal of Political Science* 58, no. 4 (2014): 952–66.

———. *Enchanted America: How Intuition and Reason Divide Our Politics*. Chicago: University of Chicago Press, 2018.

Richey, Sean. "A Birther and a Truther: The Influence of the Authoritarian Personality on Conspiracy Beliefs." *Politics & Policy* 45, no. 3 (2017): 465–85.

Rogers, Paul, John E. Fisk, and Dawn Wiltshire. "Paranormal Belief and the Conjunction Fallacy: Controlling for Temporal Relatedness and Potential Surprise Differentials in Component Events." *Applied Cognitive Psychology* 25, no. 5 (2011): 692–702.

Smallpage, Steven M., Adam M. Enders, and Joseph E. Uscinski. "The Partisan Contours of Conspiracy Theory Beliefs." *Research & Politics* 4, no. 4 (2017): 2053168017746554.

Soral, Wiktor, Aleksandra Cichocka, Michał Bilewicz, and Marta Marchlewska. "The Collective

Conspiracy Mentality in Poland." In *Conspiracy Theories and the People Who Believe Them*, edited by Joseph E. Uscinski, 372–84. New York: Oxford University Press, 2018.

Stahl, Tomas, and Jan-Willem van Prooijen. "Epistemic Rationality: Skepticism toward Unfounded Beliefs Requires Sufficient Cognitive Ability and Motivation to Be Rational." *Personality and Individual Differences* 122 (2018): 155–63.

Sunstein, Cass, and Adrian Vermeule. "Conspiracy Theories." *SSRN eLibrary* (2008).

Thomas, S. B., and S. C. Quinn. "The Tuskegee Syphilis Study, 1932 to 1972: Implications for HIV Education and AIDS Risk Education Programs in the Black Community." *American Journal of Public Health* 81, no. 11 (November 1, 1991): 1498–505.

Tversky, Amos, and Daniel Kahneman. "Extensional versus Intuitive Reasoning: The Conjunction Fallacy in Probability Judgment." *Psychological Review* 90, no. 4 (1983): 293.

Uscinski, Joseph E. "The Psychology behind Why People Believe Conspiracy Theories about Scalia's Death." *Washington Post*, February 19, 2016.

Uscinski, Joseph E., and Joseph M. Parent. *American Conspiracy Theories*. New York: Oxford University Press, 2014.

van Prooijen, Jan-Willem. "Why Education Predicts Decreased Belief in Conspiracy Theories." *Applied Cognitive Psychology* 31, no. 1 (2017): 50–58.

第五章

Arceneaux, Kevin, Martin Johnson, and Chad Murphy. "Polarized Political Communication, Oppositional Media Hostility, and Selective Exposure." *Journal of Politics* 74, no. 1 (2012): 174–86.

Barkan, Ross. "'Their Greed Has No End': Bernie Sanders Makes a Surprise Appearance in Manhattan." *Observer* (2015). Published electronically October 26, 2015.

Baum, Matthew A. "Partisan Media and Attitude Polarization." In *Regulatory Breakdown: The Crisis of Confidence in U.S. Regulation*, edited by Cary Coglianese, 118–42. Philadelphia: University of Pennsylvania Press, 2012.

Benjamin, Medea. "America Dropped 26,171 Bombs in 2016. What a Bloody End to Obama's Reign." *The Guardian* (2017). Published electronically January 9, 2017.

Berelson, Bernard, Paul Lazarsfeld, and William McPhee. *Voting: A Study of Opinion Formation in a Presidential Campaign*. Chicago: University of Chicago Press, 1954.

Bessi, Alessandro, Mauro Coletto, George Alexandru Davidescu, Antonio Scala, Guido Caldarelli, and Walter Quattrociocchi. "Science vs. Conspiracy: Collective Narratives in the Age of Misinformation." *PLoS ONE* 10, no. 2 (2015): e0118093.

Bineham, Jeffery L. "A Historical Account of the Hypodermic Model in Mass Communication." *Communication Monographs* 55, no. 3 (1988): 230–46.

Bost, P. R. "The Truth Is around Here Somewhere: Integrating the Research on Conspiracy Beliefs." In *Conspiracy Theories and the People Who Believe Them*, edited by Joseph E. Uscinski, 269–82. New York: Oxford University Press, 2018.

Broockman, David E., and Daniel M. Butler. "The Causal Effects of Elite Position-Taking on Voter Attitudes: Field Experiments with Elite Communication." *American Journal of Political Science*

61, no. 1 (2017): 208–21.

Brotherton, Rob, Christopher C. French, and Alan D. Pickering. "Measuring Belief in Conspiracy Theories: The Generic Conspiracist Beliefs Scale." *Frontiers in Psychology* 4, Article 279 (2013).

Bryan, Bob. "Krugman: It's Looking More and More Like the Election Was Swung by the FBI in Virtual 'Alliance with Putin.'" *Business Insider* (2016). Published electronically November 17, 2016.

Campbell, Angus, Philip Converse, Warren Miller, and Donald E. Stokes. *The American Voter*, unabridged edition. Chicago: The University of Chicago Press, 1960.

Clark, Cory, Brittany Liu, Bo Winegard, and Peter Ditto. "Tribalism Is Human Nature." *Current Directions in Psychological Science* (August 20, 2019).

Dahl, Robert A. "A Critique of the Ruling Elite Model." *American Political Science Review* 52, no. 2 (1958): 463–69.

Daly, Christopher. "For Vermont's Sanders, Victory Followed Long Path." *Washington Post* (1990). Published electronically November 11, 1990.

Dunning, Brian. *Conspiracies Declassified: The Skeptoid Guide to the Truth behind the Theories.* Avon, MA: Adams Media, 2018.

Dwyer, Paula. "Everything Is 'Rigged.'" *Chicago Tribune* (2016). Published electronically February 4, 2016.

Edelson, Jack, Alexander Alduncin, Christopher Krewson, James A. Sieja, and Joseph E. Uscinski. "The Effect of Conspiratorial Thinking and Motivated Reasoning on Belief in Election Fraud." *Political Research Quarterly* 70, no. 4 (2017): 933–46.

"8 in 10 French People Believe a Conspiracy Theory: Survey." *France24* (2018). Published electronically January 8, 2018.

Enns, Peter K. "Relative Policy Support and Coincidental Representation." *Perspectives on Politics* 13, no. 4 (2015): 1053–64.

Fetzer, Jim, and Mike Palecek, eds. *Nobody Died at Sandy Hook.* US: Moon Rock Books, 2015.

Finkel, Steven E. "Reexamining the 'Minimal Effects' Model in Recent Presidential Campaigns." *Journal of Politics* 55, no. 1 (1993): 1–21.

Frizell, Sam. "Bernie Sanders' Long History with Alternative Medicine." *Time.com* (2016). Published electronically March 6, 2016.

Gelman, Andrew, and Gary King. "Why Are American Presidential Election Polls So Variable When Votes Are So Predictable?" *British Journal of Political Science* 23, no. 4 (1993): 409–51.

Gershtenson, Joseph, Jeffrey Ladewig, and Dennis L. Plane. "Parties, Institutional Control, and Trust in Government." *Social Science Quarterly* 87, no. 4 (2006): 882–902.

Gilens, Martin, and Benjamin I. Page. "Testing Theories of American Politics: Elites, Interest Groups, and Average Citizens." *Perspectives on Politics* 12, no. 3 (2014):564–81.

Gordon, Sarah Ann. *Hitler, Germans, and the "Jewish Question."* Princeton, NJ: Princeton University Press, 1984.

Green, Donald P., Bradley Palmquist, and Eric Schickler. *Partisan Hearts and Minds: Political Parties and the Social Identities of Voters.* New Haven, CT: Yale University Press, 2002.

Icke, David. *Human Race Get Off Your Knees: The Lion Sleeps No More.* Isle of Wight: David Icke

Books, 2010.（デーヴィッド・アイク『ムーンマトリックス』1～5、内海聡監修、為清勝彦訳、ヒカルランド、2019年）。

Jasperson, Amy E., Dhavan V. Shah, Mark Watts, Ronald J. Faber, and David P. Fan. "Framing and the Public Agenda: Media Effects on the Importance of the Federal Budget Deficit." *Political Communication* 15, no. 2 (1998): 205–24.

Jenson, Tom. "Democrats and Republicans Differ on Conspiracy Theory Beliefs." *Public Policy Polling* (2013). Published electronically April 2, 2013.

Karp, Paul. "Conspiracy Theorist David Icke Hits Back after Australia Revokes Visa." *The Guardian*, February 20, 2019. https://www.theguardian.com/news/2019/feb/20/conspiracy-theorist-david-icke-hits-back-after-australia-revokes-visa.

Katz, E., and Paul Lazarsfeld. *Personal Influence, the Part Played by People in the Flow of Mass Communications*. New York: The Free Press, 1955.（E・カッツ、P・F・ラザースフェルド『パーソナル・インフルエンス：オピニオン・リーダーと人びとの意思決定』竹内郁郎訳、培風館、1965年）。

Klofstad, Casey, Joseph E. Uscinski, Jennifer Connolly, and Jon West. "What Drives People to Believe in Zika Conspiracy Theories?" *Palgrave Communications* 5, no. 36 (2019).

Krugman, Paul. "Attack of the Crazy Centrists." *Washington Post* (2014). Published electronically August 23, 2014.

———. "Who's Crazy Now?" *New York Times* (2006). Published electronically May 8, 2006.

Kurt, Daniel. "Are You in the Top One Percent of the World?" *Investopedia* (2019). Published electronically February 9, 2019.

Lazarsfeld, Paul, Bernard Berelson, and Hazel Gaudet. *The People's Choice*. New York: Columbia University Press, 1944.（ポール・F・ラザースフェルド、ヘーゼル・ゴーデット、バーナード・ベレルソン『ピープルズ・チョイス：アメリカ人と大統領選挙』有吉広介訳、芦書房、1987年）。

Leiser, David, Nofar Duani, and Pascal Wagner-Egger. "The Conspiratorial Style in Lay Economic Thinking." *PLoS ONE* 12, no. 3 (2017): e0171238.

Liataud, Alexa. "White House Acknowledges the U.S. Is at War in Seven Countries." *Vice News* (2018). Published electronically March 15, 2018.

Lord, Charles G., Lee Ross, and Mark R. Lepper. "Biased Assimilation and Attitude Polarization: The Effects of Prior Theories on Subsequently Considered Evidence." *Journal of Personality and Social Psychology* 37, no. 11 (1979): 2098–109.

Lowry, Rich. "Bernie's Conspiracy Theory." *National Review* (2015). Published electronically October 30, 2015.

Machiavelli, Niccolo. *Discourses on Livy*. Translated by Harvey Mansfield and Nathan Tarcov. Chicago: University of Chicago Press, 1996.（ニッコロ・マキァヴェッリ『ディスコルシ：「ローマ史」論』永井三明訳、筑摩書房、2011年）。

Marrs, Jim. *Population Control: How Corporate Owners Are Killing Us*. New York: William Morrow, 2015.

Marzilli, Ted. "Cain's Candidacy Splits Pizza Scores." *YouGov: BrandIndex* (2011). Published electronically November 15, 2011.

McCarthy, Justin. "Highest GOP Satisfaction with U.S. Direction since 2007." *Gallup.com* (2018).

Published electronically January 15, 2018.

McClosky, Herbert, and Dennis Chong. “Similarities and Differences between Left-Wing and Right-Wing Radicals.” *British Journal of Political Science* 15, no. 3 (1985): 329–63.

McCombs, Maxwell E., and Donald L. Shaw. “The Agenda-Setting Function of Mass Media.” *Public Opinion Quarterly* 36, no. 2 (1972): 176–87.

McHoskey, John W. “Case Closed? On the John F. Kennedy Assassination: Biased Assimilation of Evidence and Attitude Polarization.” *Basic and Applied Social Psychology* 17, no. 3 (1995): 1995.

Muller, Jan-Werner. *What Is Populism?* London: Penguin UK, 2017. (ヤン=ヴェルナー・ミュラー『ポピュリズムとは何か』板橋拓己訳、岩波書店、2017年)。

Nyhan, Brendan. “9/11 and Birther Misperceptions Compared.” *Brendan-nyhan.com/blog* (2009).

Oliver, Eric, and Thomas Wood. “Conspiracy Theories and the Paranoid Style(s) of Mass Opinion.” *American Journal of Political Science* 58, no. 4 (2014): 952–66.

Pickard, James. “Corbyn Lashes Out at Financial Sector ‘Speculators and Gamblers.’” *Financial Times* (2017). Published electronically November 30, 2017.

Prignano, Christina. “Here’s How People Are Reacting to Elizabeth Warren’s ‘Wealth Tax’ Proposal.” *Boston Globe* (2019). Published electronically January 30, 2019.

Rosenberg, Paul. “QAnon, Tampa and Donald Trump: Not All Conspiracy Theories Are the Same.” *Salon.com* (2018). Published electronically August 18th, 2018.

Rosenblatt, Joel. “Champagne Remark May Cost Lawyer $289 Million Bayer Award.” *Bloomberg* (2018). Published electronically October 11, 2018.

Saad, Lydia. “Americans Say Economy Is ‘Most Important Thing Going Well.’” *Gallup.com* (2018). Published electronically July 19, 2018.

Sabato, Larry J. *The Kennedy Half-Century: The Presidency, Assassination, and Lasting Legacy of John F. Kennedy*. New York: Bloomsbury Publishing USA, 2013.

Sanders, Bernie. “Gambling on Wall Street.” *Politico.com* (2009). Published electronically July 21, 2009.

Scheufele, Dietram A., and David Tewksbury. “Framing, Agenda Setting, and Priming: The Evolution of Three Media Effects Models.” *Journal of Communication* 57, no. 1 (2007): 9–20.

Shapiro, Dina. “The Risk of Disease Stigma: Threat and Support for Coercive Public Heath Policy.” APSA Pre-Conference on Political Communication of Risk. Seattle, WA, 2011.

Smallpage, Steven M., Adam M. Enders, and Joseph E. Uscinski. “The Partisan Contours of Conspiracy Theory Beliefs.” *Research & Politics* 4, no. 4 (2017): 2053168017746554.

Swift, Art. “Majority in U.S. Still Believe JFK Killed in a Conspiracy.” *Gallup.com*, November 15, 2013.

Tankersley, Jim. “Sorry, Bernie Sanders. Deodorant Isn’t Starving America’s Children.” *Washington Post* (2015). Published electronically May 26, 2015.

Tarrant, Brenton. “The Great Replacement.” Unpublished manifesto, 2019.

Tesler, Michael. “How Democrats Derailed Marijuana Legalization in California.” *Washington Post —The Monkey Cage* (2014). Published electronically November 10, 2014.

Thomas, S. B., and S. C. Quinn. “The Tuskegee Syphilis Study, 1932 to 1972: Implications for HIV Education and AIDS Risk Education Programs in the Black Community.” *American Journal of*

Public Health 81, no. 11 (November 1, 1991): 1498–505.

Uscinski, Joseph E. *The People's News: Media, Politics, and the Demands of Capitalism*. New York: New York University Press, 2014.

Uscinski, Joseph E., and Casey Klofstad. "New Poll: The QAnon Conspiracy Movement Is Very Unpopular." *Washington Post* (2018). Published electronically August 30, 2018.

Uscinski, Joseph E., Casey Klofstad, and Matthew Atkinson. "Why Do People Believe in Conspiracy Theories? The Role of Informational Cues and Predispositions." *Political Research Quarterly* 69, no. 1 (2016): 57–71.

Uscinski, Joseph E., and Joseph M. Parent. *American Conspiracy Theories*. New York: Oxford University Press, 2014.

van Prooijen, Jan-Willem, and Mark van Vugt. "Conspiracy Theories: Evolved Functions and Psychological Mechanisms." *Perspectives on Psychological Science* 13, no. 6 (2018): 770–88.

Weigel, David. "Trump's Foes Say He's a 9/11 Truther. Truthers Would Disagree." *Washington Post* (2016). Published electronically February 16, 2016.

Williams, Jennifer, Alex Ward, Jen Kirby, and Amanda Sakuma. "Christchurch Mosque Shooting: What We Know So Far." *Vox.com* (2019). Published electronically March 18, 2019.

Wood, Michael, Karen Douglas, and Robbie Sutton. "Dead and Alive: Beliefs in Contradictory Conspiracy Theories." *Social Psychological and Personality Science* 3, no. 6 (January 25, 2012): 767–73.

Wood, Michael J. "Some Dare Call It Conspiracy: Labeling Something a Conspiracy Theory Does Not Reduce Belief in It." *Political Psychology* 37, no. 5 (2016): 695–705.

Zaller, John. *The Nature and Origins of Mass Opinion*. Cambridge: Cambridge University Press, 1992.

第六章

Atkinson, Matthew D., and Darin DeWitt. "The Politics of Disruption: Social Choice Theory and Conspiracy Theory Politics." In *Conspiracy Theories and the People Who Believe Them*, edited by Joseph E. Uscinski, 122–34. New York: Oxford University Press, 2018.

Atkinson, Matthew D., Darin DeWitt, and Joseph E. Uscinski. "How Conspiracy Theories Helped Power Trump's Disruptive Politics." *Vox.com*, May 2, 2017.

Barkan, Ross. "Will Rachel Maddow Face a Reckoning over Her Trump-Russia Coverage?" *The Guardian* (2019). Published electronically March 28, 2019.

Bendery, Jennifer. "Roy Moore Is Fueling a Crazy Conspiracy Theory about George Soros." *Huffington Post* (2017). Published electronically December 5, 2017.

Berman, Ari. "The Democratic Primary Wasn't Rigged." *The Nation* (2016). Published electronically June 16, 2016.

Bessi, Alessandro, Mauro Coletto, George Alexandru Davidescu, Antonio Scala, Guido Caldarelli, and Walter Quattrociocchi. "Science vs. Conspiracy: Collective Narratives in the Age of Misinformation." *PLoS ONE* 10, no. 2 (2015): e0118093.

Bock, Alan W. "Ambush at Ruby Ridge." *Reason*, 1993. http://reason .com/archives/1993/10/01/ambush-at-ruby-ridge.

Borchers, Callum. "How on Earth Is the Media Supposed to Cover Trump's Wacky JFK-Cruz Conspiracy Theory?" *Washington Post* (2016). Published electronically May 3, 2016.

Cassino, Dan. "Fairleigh Dickinson University's Publicmind Poll Finds Trump Supporters More Conspiracy-Minded Than Other Republicans." News release, May 4, 2016.

Chait, Jonathan. "I Wrote an Article Suggesting Trump Was Compromised by Russia. I Was Right." *New York Magazine* (2019). Published electronically April 2, 2019.

———. "Will Trump Be Meeting with His Counterpart—or His Handler?" (2018). Published electronically July 2018.

Clarke, Steve. "Conspiracy Theories and the Internet: Controlled Demolition and Arrested Development." *Episteme* 4, no. 2 (2007): 167–80.

Coppins, McKay. "How the Left Lost Its Mind." *The Atlantic* (2017). Published electronically July 2, 2017.

DelReal, Jose A. "Here Are 10 More Conspiracy Theories Embraced by Donald Trump." *Washington Post* (2016). Published electronically September 16, 2016.

Drochon, Hugo. "Study Shows 60% of Britons Believe in Conspiracy Theories." *The Guardian* (2018). Published electronically November 22, 2018.

Drucker, David. "Romney Was Right about Russia." *CNN.com* (2017). Published electronically July 31, 2017.

Dwyer, Paula. "Everything Is 'Rigged.'" *Chicago Tribune* (2016). Published electronically February 4, 2016.

Ehrenfreund, Max. "What Is Hillary Clinton Trying to Say with This Ad about Donald Trump and Putin?" *Washington Post* (2016). Published electronically August 7, 2016.

Fandos, Nicholas, and Adam Goldman. "Barr Asserts Intelligence Agencies Spied on the Trump Campaign." *New York Times* (2019). Published electronically April 10, 2019.

Gillespie, Nick. "Are Google and YouTube Evil? No, but Don't Let That Get in the Way of Your Feelings." *Reason* (2019). Published electronically June 10, 2019.

Greenwald, Glenn. "Beyond Buzzfeed: The 10 Worst, Most Embarrassing U.S. Media Failures on the Trump-Russia Story." *The Intercept* (2019). Published electronically January 20, 2019.

———. "Robert Mueller Did Not Merely Reject the Trump-Russia Conspiracy Theories. He Obliterated Them." *The Intercept* (2019). Published electronically April 18, 2019.

Jacobsen, Annie. "The United States of Conspiracy: Why, More and More, Americans Cling to Crazy Theories." *NYDailyNews.com*, August 7, 2011. http://articles .nydailynews .com/2011-08-07/news/29878465_1_conspiracy-theories-bavarian-illuminati-nefarious-business.

Keller, Jared. "'The Internet Made Me Do It': Stop Blaming Social Media for Our Behavioral Problems." *Pacific Standard* (2017). Published electronically June 14, 2017.

Klein, Ezra. "Facebook Is a Capitalism Problem, Not a Mark Zuckerberg Problem." *Vox.com* (2019). Published electronically May 10, 2019.

LaFrance, Adrienne. "Going Online in the Age of Conspiracy Theories: A Video Claiming *Back to the Future* Predicted 9/11 Is the Latest in a Long and Often Bizarre Tradition of Questioning Key Moments in History." *The Atlantic*, October 21, 2015.

Lei, Richard, and George Lardner Jr. "Seige Guided by Hastily Revised Rules of Engagement."

Washington Post (1995). Published electronically September 4, 1995.

Lewandowsky, Stephan, John Cook, Klaus Oberauer, Scott Brophy, Elisabeth A. Lloyd, and Michael Marriott. "Recurrent Fury: Conspiratorial Discourse in the Blogosphere Triggered by Research on the Role of Conspiracist Ideation in Climate Denial." *Journal of Social and Political Psychology* 3, no. 1 (2015): 142–78.

Lewandowsky, Stephan, Naomi Oreskes, James S. Risbey, Ben R. Newell, and Michael Smithson. "Seepage: Climate Change Denial and Its Effect on the Scientific Community." *Global Environmental Change* 33 (2015): 1–13.

Maddus, Gene. "Harvey Weinstein Hired Investigators to Spy on Accusers, *New Yorker* Reports." *Variety*, November 6, 2017.

Mathis-Lilley, Ben. "Watch Hillary Shred Trump on Releasing His Taxes." *Slate* (2016). Published electronically September 26, 2016.

Moore, Alfred. "On the Democratic Problem of Conspiracy Theory Politics." In *Conspiracy Theories and the People Who Believe Them*, edited by Joseph E. Uscinski. New York: Oxford University Press, 2018.

Nyhan, Brendan. "Fake News and Bots May Be Worrisome, but Their Political Power Is Overblown." *New York Times* (2018). Published electronically February 13, 2018.

Oliver, J. Eric, and Wendy M. Rahn. "Rise of the Trumpenvolk: Populism in the 2016 Election." *The ANNALS of the American Academy of Political and Social Science* 667, no. 1 (2016): 189–206.

Oreskes, Naomi. "The Scientific Consensus on Climate Change." *Science* 306, no. 5702 (2004): 1686–86.

Rosenblum, Nancy L., and Russell Muirhead. *A Lot of People Are Saying: The New Conspiracism and the Assault on Democracy*. Princeton, NJ: Princeton University Press, 2019.

Sagan, Carl. *The Demon-Haunted World: Science as a Candle in the Dark*. New York: Ballantine Books, 1997.（カール・セーガン『カール・セーガン科学と悪霊を語る』青木薫訳、新潮社、1997年）。

Shackford, Scott. "Backpage Founder's 93 Charges Lack Actual Sex-Trafficking Claims." *Reason* (2018). Published electronically April 9, 2018.

Shelbourne, Mallory. "Trump Claims Voter Fraud without Evidence, Says 'I Won the Popular Vote.'" *The Hill* (2016). Published electronically November 27, 2016.

Simon, Arthur M., and Joseph E. Uscinski. "Prior Experience Predicts Presidential Performance." *Presidential Studies Quarterly* 42, no. 3 (2012): 514–48.

Stewart, Charles, III. "Donald Trump's 'Rigged Election' Talk Is Changing Minds. Democrats' Minds, That Is." *Washington Post* (2016). Published electronically October 19, 2016.

Sunstein, Cass R. *Conspiracy Theories and Other Dangerous Ideas*. New York: Simon & Schuster, 2014.

Taibbi, Matt. "Taibbi: On Russiagate and Our Refusal to Face Why Trump Won." *Rolling Stone* (2019). Published electronically March 29, 2019.

Tani, Maxwell. "The Conspiracy Candidate? 13 Outlandish Theories Donald Trump Has Floated on the Campaign Trail." *Busness Insider* (2016). Published electronically September 16, 2016.

Uscinski, Joseph E. "Down the Rabbit Hole We Go!" In *Conspiracy Theories and the People Who*

Believe Them, edited by Joseph E. Uscinski, 1–32. New York: Oxford University Press, 2018.

———. “If Trump’s Rhetoric around Conspiracy Theories Follows Him to the White House, It Could Lead to the Violation of Rights on a Massive Scale.” *Impact of American Politics & Policy Blog* (2016).

———. “Lots of Americans Agree with Donald Trump about ‘Rigged Elections.’” *Washington Post* (2016). Published electronically August 8, 2016.

Uscinski, Joseph E., Karen Douglas, and Stephan Lewandowsky. “Climate Change Conspiracy Theories.” *Oxford Research Encyclopedia of Climate Science.* Oxford: Oxford University Press, 2017, 1–43.

Uscinski, Joseph E., and Joseph M. Parent. *American Conspiracy Theories*. New York: Oxford University Press, 2014.

Walker, Jesse. “Ruby Ridge Is History, but the Mindset That Led to Ruby Ridge Is Thriving.” *Reason* (2012). Published electronically August 22, 2016.

Wilstein, Matt. “Bill O’Reilly Lashes Out at Critics in Conspiracy-Laden Glenn Beck Interview.” *The Daily Beast* (2017). Published electronically October 23, 2017.

Photo by Karl Withakay

【著者・訳者略歴】

ジョゼフ・E・ユージンスキ（Joseph E. Uscinski）

マイアミ大学教養学部政治学教授。「陰謀論」研究の第一人者として、米国内外の主要メディアから500回以上のインタビューを受けている。「人はなぜ陰謀論を信じるのか」という問いを追究し、全国調査と実験を用いて、人が陰謀論を受け入れるか、受け入れないかを決定する要因の解明に努めている。

北村京子（きたむら・きょうこ）

ロンドン留学後、会社員を経て翻訳者に。訳書にP・ストーカー『なぜ、1%が金持ちで、99%が貧乏になるのか？』、P・ファージング『犬たちを救え！』、A・ナゴルスキ『ヒトラーランド』、W・ペセック『ジャパナイゼーション』、D・ストラティガコス『ヒトラーの家』、M・ブルサード『AIには何ができないか』(以上、作品社)、『ビジュアル科学大辞典 新装版』(日経ナショナルジオグラフィック社、共訳)など。

陰謀論入門――誰が、なぜ信じるのか？

2022年 5月10日　初版第1刷印刷
2022年 5月15日　初版第1刷発行

著　者　ジョゼフ・E・ユージンスキ
訳　者　北村京子

発行者　福田隆雄
発行所　株式会社 作品社
〒102-0072 東京都千代田区飯田橋 2-7-4
電　話　03-3262-9753
ＦＡＸ　03-3262-9757
振　替　00160-3-27183
ウエブサイト　https://www.sakuhinsha.com

装　丁　小川惟久
本文組版　米山雄基
印刷・製本　シナノ印刷株式会社

Printed in Japan
ISBN978-4-86182-894-2　C0030

トランス
ヒューマニズム

人間強化の欲望から不死の夢まで

マーク・オコネル
松浦俊輔訳

シリコンバレーを席巻する「超人化」の思想。人体冷凍保存、サイボーグ化、脳とAIの融合……。最先端テクノロジーで人間の限界を突破しようと目論む「超人間主義（トランスヒューマニズム）」。ムーブメントの実態に迫る衝撃リポート！

AIには何ができないか

データジャーナリストが現場で考える

メレディス・ブルサード
北村京子訳

AlphaGo、ドローン、音声アシスタント、自動運転……。人工知能は本当のところ、いったい何ができる／できないのか？　実際のソフトウェア開発経験もある気鋭のデータジャーナリストが、コンピューターの基本的仕組みから出発して、自身の実践的取り組みや、ジェンダー・人種・格差などの社会的文脈をも交えつつ、わかりやすく解説。今、さまざまな現場で本当に起きていることを冷静に見つめ、人間×テクノロジーのよりよい未来を展望する！